*QUANDO
JESUS VOLTAR*

QUANDO JESUS VOLTAR

David Pawson

Anchor Recordings

Copyright © 2023 David Pawson Ministry CIO

Quando Jesus Voltar
English original: When Jesus Returns

Os direitos autorais referentes a este livro são assegurados a David Pawson, de acordo com a Lei de Direitos Autorais, Desenhos Industriais e Patentes de 1988 (Reino Unido).

Esta tradução para o português foi publicada pela primeira vez na Inglaterra, em 2022, por Anchor, nome comercial de David Pawson Publishing Ltd.
Synegis House, 21 Crockhamwell Road,
Woodley, Reading RG5 3LE, UK

Traduzido por Cláudia Vassão Ruggiero
Revisado por Elisabete da Fonseca

Nenhuma parte desta publicação pode ser reproduzida ou distribuída, em qualquer forma ou por quaisquer meios, sejam eles eletrônicos ou mecânicos, incluindo fotocópias e gravações, ou por qualquer sistema de armazenamento e recuperação de informações, sem autorização prévia, por escrito, da Editora.

A menos que indicado de outra forma, todas as referências das Escrituras são da Biblia Sagrada, Nova Versão Internacional®, NVI® Copyright © 1993, 2000 by Biblica®. Usado com permissão. Todos os direitos reservados.

Para obter outros materiais de ensino de David Pawson, inclusive DVDs e CDs, acesse www.davidpawson.com

PARA DOWNLOADS GRATUITOS
www.davidpawson.org

Mais informações pelo e-mail
info@davidpawsonministry.org

ISBN 978-1-913472-65-8

Impresso por Ingram Spark

CONTEÚDO

Prefácio   9
O fascinante futuro   15

A. A VINDA ESTÁ PRÓXIMA   21
1. Entendendo a volta de Cristo   23
   Quem?   24
   Onde?   28
   Como?   31
   Quando?   36
      Sinal 1: Desastres no mundo (Mt 24.4-8)   41
      Sinal 2: Desertores na igreja (Mt 24.9-14)   42
      Sinal 3: Ditador no Oriente Médio (Mt 24.15-28)   44
      Sinal 4: Escuridão no céu (Mt 24.29-31)   47
   Por Quê?   57
      Completar a salvação dos santos   59
      Converter os judeus   62
      Derrotar o diabo   68
      Governar o mundo   73
      Condenar os ímpios   79
2. A certeza de estar pronto   89
   Fé individual   91
   Serviço contínuo   93
   Santidade pessoal   97
   Comunhão com os irmãos   100
   Evangelismo global   103
   Ação social   105
   Perseverança leal   109

B. O ENIGMA DE APOCALIPSE — 115

3. Diferenças de opinião — 117
   - Opinião humana — 117
   - Opinião satânica — 118
   - Opinião divina — 119
4. A natureza do texto apocalíptico — 123
5. Escolas de interpretação — 133
   - Preterista — 134
   - Historicista — 135
   - Futurista — 136
   - Idealista — 137
6. Senso de propósito — 147
   - Leitores comuns — 148
   - Razões práticas — 150
7. A estrutura de Apocalipse — 157
8. Os conteúdos de Apocalipse — 161
   - Capítulos 1–3: A Igreja na terra — 161
   - Capítulos 4–5: Deus no céu — 171
   - Capítulos 6–16: Satanás na terra — 174
   - Capítulos 17–18: O homem na terra — 193
   - Capítulos 19–20: Cristo na terra — 201
   - Capítulos 21–22: O céu na terra — 206
9. A centralidade de Cristo — 217
10. As recompensas do estudo — 223
    - A completude da Bíblia — 223
    - Uma defesa contra a heresia — 223
    - Uma interpretação da história — 224
    - Uma esperança bem fundamentada — 224
    - Uma razão para evangelizar — 224
    - Um estímulo à adoração — 225
    - Um antídoto contra o mundanismo — 225
    - Um incentivo à retidão — 225
    - Uma preparação para a perseguição — 226
    - Um entendimento a respeito de Cristo — 226

C. A BASE LÓGICA DO ARREBATAMENTO 229
11. A nova doutrina 231
12. O fundamento bíblico 239
13. A alegação duvidosa 243
    Proximidade 243
    Surpresa 245
    Linguagem 247
    Expectativa 249
    Igreja 252
    Ira 255
    Consolo 260

D. A CONFUSÃO EM TORNO DO MILÊNIO 263
14. Uma decepção geral 265
    Judeus 265
    Gentios 267
    Cristãos 267
15. A passagem base (Apocalipse 20) 273
    Satanás removido (20.1-3) 283
    Os santos reinam (20.4-6) 285
    Satanás libertado (20.7-10) 291
16. O contexto mais amplo 297
    Ausência de confirmação 298
    Existência de contradição 305
17. O problema filosófico 309
18. As diferentes perspectivas 319
    Amilenismo cético 319
    Amilenismo mítico 321
    Pós-milenismo espiritual 324
    Pós-milenismo político 327
    Pré-milenismo clássico 332
    Pré-milenismo dispensacionalista 336
19. Minha conclusão pessoal 343

PREFÁCIO

Enquanto eu trabalhava neste livro, preguei em dois cultos fúnebres, uma experiência rara para mim desde que comecei meu ministério itinerante. Um deles foi o sepultamento da minha sogra, falecida aos 98 anos; o outro foi o sepultamento da minha filha, que morreu alguns meses depois, aos 36 anos de idade. Ambas viveram e morreram firmes em sua confiança pessoal em Jesus como Salvador e Senhor.

Nas duas ocasiões, falei sobre a situação atual das duas mulheres. Elas estão plenamente conscientes, são capazes de se comunicar com outros (embora não conosco) e, acima de tudo, estão desfrutando da presença de Jesus.

Passei então a falar de suas perspectivas futuras. Um dia, elas terão corpos novos, em nada sujeitos à fragilidade de ossos quebradiços nem à destruição da leucemia septicêmica. No entanto, elas só receberão esse novo corpo depois que voltarem a viver aqui na terra. Não se trata da "reencarnação" das suas almas, afinal elas retornam exatamente como são, mas sim da "ressurreição" de seus corpos.

Isso acontecerá quando o próprio Senhor descer dos céus (1Ts 4.16), pois "Deus trará, mediante Jesus e juntamente com ele, aqueles que nele dormiram" (1Ts 4.14). Esse acontecimento é o ponto central da esperança cristã para o futuro e altera, no tempo e no espaço, o enfoque da nossa expectativa.

O Novo Testamento fala muito pouco sobre nossa existência imediatamente após a morte. Embora seja verdade que os cristãos fiéis "subirão ao céu para estar com Jesus",[1] esse não é o enfoque principal do consolo apostólico. Afinal, o céu é apenas uma sala de espera! O momento mais sublime será o ajuntamento de todos os crentes, tanto dos que já morreram quanto dos que ainda estão vivos, para estarem "com o Senhor para sempre" (1Ts 4.17).

Isso contudo, não será no céu. Será na terra – ou, a princípio, um pouco acima dela, nos ares, entre nuvens (1Ts 4.17). Se nosso destino imediato após a morte é o céu, nosso destino final é a terra, mas ambos terão sido completamente reciclados, restaurados à sua condição original.

O cristianismo é uma religião muito realista. Teve início quando o Filho do homem desceu a nós. Continuou com o envio do Espírito Santo à terra, e será consumado quando o próprio Pai mudar de endereço ("Pai nosso que estás nos céus") e fizer seu "tabernáculo", seu lugar de habitação, sua casa, "com os homens" (Ap 21.3). No fim, que na verdade também é o início, não vamos morar com ele no céu; ele é que virá à terra morar conosco.

Antes que isso possa acontecer, o Filho precisa fazer uma segunda visita. Há mais a ser feito por ele aqui na terra antes que a história possa ser encerrada. Esse é o tema básico de Quando Jesus Voltar, que se divide em quatro partes.

A primeira é a reprodução de um livreto que os leitores provavelmente já conhecem: *Understanding the Second Coming* [Compreendendo a segunda vinda].[2] Sou grato às duas editoras por concordarem em compartilhar este material. Ele reúne o que costumo pregar a respeito do tema. Por uma questão de espaço e objetivo, fui obrigado a omitir as controvérsias associadas a esse tema e simplesmente apresentar minhas conclusões, que é o que deveríamos fazer no púlpito. Não se desperta a fé por meio de conjecturas, mas sim através de

---

[1] Linguagem que até mesmo os incrédulos ousam utilizar quando explicam a morte às crianças.
[2] Este título foi publicado em inglês em 1993 pela Sovereign World. Consulte também a versão em português sobre a segunda vinda da série "A Bíblia Explica".

PREFÁCIO

declarações convincentes. Muitos, contudo, indagam como cheguei às minhas convicções. O livro que você tem em mãos traz uma resposta que compartilha a reflexão presente em meu estudo. Há, portanto, um contraste radical de estilo, conteúdo e vocabulário no restante do livro. Embora a primeira parte seja leite condensado, o restante é alimento sólido!

A segunda parte é uma introdução ao livro de Apocalipse, o único livro do Novo Testamento cujo tema principal é a segunda vinda. Embora abordemos muitos enigmas e problemas na esperança de que sejam esclarecidos, o intuito não era escrever um comentário.

A esperança é que um panorama razoavelmente detalhado leve o leitor a familiarizar-se com um livro que intimida muitos. Espero que a reação seja: "Ah, agora entendo do que se trata!"

A terceira parte fala da principal diferença do que veio a ser chamado de "arrebatamento". Muitos dos cristãos que, em algum momento, aprenderam a respeito da volta de Cristo foram ensinados a aguardar por esse evento a qualquer momento, pois Jesus virá para arrebatar deste mundo os crentes antes que sobrevenha a Grande Tribulação. Sou impelido a apresentar as razões pelas quais penso que esta suposição é falsa e perigosa.

A quarta parte entra em um campo minado teológico! O Milênio tem sido tema de tantas discussões e até cisões, que muitos cristãos não desejam nem ouvir a respeito. É trágico que haja mais pessoas seguras do que não acreditam sobre o tema. Penso que a principal explicação é que as opções que lhes foram apresentadas não incluíam a visão defendida universalmente pela Igreja dos primeiros séculos, chamada de "pré-milenismo clássico". Estou convencido de que chegou a hora de falar sobre isso e não peço desculpas por minha defesa apaixonada.

A controvérsia não é algo estranho para mim;[3] mas não

---
[3] Qualquer pessoa que escreve livros a respeito do inferno, batismo na água e liderança de homens deve estar preparado para ela.

a busco por si mesma. Entre todos os personagens da obra O Peregrino, de John Bunyan, identifico-me claramente com o "sr. Obstinado pela verdade". Isso não significa que eu acredite ter o monopólio da verdade ou que sempre a tenha compreendido. Mas penso que o debate honesto afia não somente minha própria mente, mas também a mente daqueles de quem discordo.

E não creio que as cisões entre os crentes sejam justificadas pelas discordâncias nessa área em especial. Vêm à minha mente as sábias palavras de outro autor:

> Suponha que você não esteja convencido. Por acaso nós, que confiamos no mesmo Redentor, fomos gerados pelo mesmo Deus, temos o mesmo Espírito habitando em nós, pertencemos ao mesmo Corpo, recebemos o mesmo evangelho, somos assediados pelo mesmo diabo, odiados pelo mesmo mundo, libertos do mesmo inferno e destinados à mesma glória – com tantas coisas em comum, nos permitiremos ser separados em coração ou conduta simplesmente por termos uma opinião diferente sobre essa questão secundária? Que Deus assim não permita. (DOUTY, 1956)

Mas atenção, não posso concordar que as promessas de Deus para o futuro se caracterizem como uma questão secundária, embora talvez seja assim que as interpretemos. A escatologia,[4] o estudo do fim dos tempos, é vista como um ramo um tanto especulativo da teologia. Na verdade, o evangelho como um todo é em si mesmo escatológico. É uma proclamação de que o futuro invadiu o presente. O amanhã tornou-se hoje. O reino futuro já está aqui.

Mas não todo ele. O reino de Deus não pode ser plenamente visto agora, embora já tenha sido inaugurado. É possível entrar nele agora, mas somente poderemos herdá-lo mais tarde, quando for consumado ao ser estabelecido

---

4 Da palavra grega *eschaton*, que significa "fim" ou "último".

em todo o mundo. Essa tensão entre o "já e ainda não"[5] é fundamental para a compreensão do Novo Testamento. Corresponde exatamente à primeira e à segunda vinda de Jesus ao planeta Terra. Enfatizar o presente em detrimento do futuro, ou o futuro à custa do presente é distorcer a boa nova.

Minha esperança era incluir uma seção completa sobre o reino de Deus e outra sobre o povo de Israel, tópicos extremamente relevantes ao meu tema. No entanto, temos limitações de espaço; meu manuscrito já excedeu o tamanho especificado em contrato pela editora. De qualquer forma, cada um desses temas merece um livro exclusivo. Se Deus permitir, talvez eu ainda consiga escrevê-los.

Meu próximo livro já está saindo do forno e aborda de forma muito mais completa um tema que, para muitos, será o ponto mais instigante neste trabalho. Se eu disser que seu possível título será "Uma vez salvo, salvo para sempre? Um estudo sobre perseverança e herança", o leitor entenderá o tema a que me refiro. Poucas perguntas podem ser mais cruciais à vida cristã. Ela surge de forma incisiva pelo propósito do livro de Apocalipse apresentado aqui.

Resta apenas acrescentar que boa parte do conteúdo deste volume está disponível para streaming ou download gratuito no site www.davidpawson.org.

Os que preferirem ouvi-los individualmente ou reunir grupos para assistir pela televisão são encorajados a usar esses recursos.

Minha oração sincera é que meus esforços para concluir este livro sob intensa pressão familiar levem "ao encontro do Senhor nos ares" aqueles que, de outra forma, não estariam lá quando ele voltar.

J. David Pawson
Sherborne St John, 1994.

---

5 Nota do Tradutor (NdT): *Now and not yet* é uma expressão cunhada pelo teólogo holandês Geerhardus Vos em referência à tensão entre a realidade presente a expectativa futura.

O FASCINANTE FUTURO

Nossa atitude em relação ao futuro é ambígua: uma mescla de temor e fascínio. Queremos saber o que acontecerá a nós e ao restante da raça humana e, ao mesmo tempo, não fazemos muita questão de saber! Quem entre nós gostaria de saber a data de nossa morte ou do fim do mundo, se isso fosse possível?

Somos a primeira geração a viver com a possibilidade de que essas duas datas coincidam. Certa pesquisa descobriu que metade dos adolescentes acreditava que sua morte e a morte do nosso planeta aconteceriam simultaneamente. Seja pelo holocausto nuclear (um temor que se atenua) ou pela poluição ambiental (um temor crescente), nossos dias de vida na terra parecem estar contados.

Mais uma vez, nossa reação é incoerente, até contraditória. Por um lado, muitos tentam esquecer o futuro e extrair do presente o máximo possível de propósito e prazer. "Comamos e bebamos, porque amanhã morreremos".[6] Existencialismo é o nome dessa filosofia de vida bastante difundida.

Por outro lado, há mais interesse hoje no futuro e nos esforços para mudá-lo do que jamais houve; um entusiasmo que beira o pânico. As atitudes cobrem um amplo espectro que vai desde o otimismo exaltado até o pessimismo deprimido, oscilando, às vezes, de forma descontrolada, de um extremo a outro, da fé ao fatalismo.

---

6   Isso de fato está na Bíblia! Isaías 22.13, citado em 1Coríntios 15.32.

De modo geral, existem três maneiras pelas quais podemos transpor o véu que nos oculta o futuro.

Em primeiro lugar, o método *supersticioso*. A adivinhação é uma prática antiga, mas ainda está muito viva. Clarividentes e médiuns, bolas de cristal e tabuleiros ouija, cartas de tarô e folhas de chá – são muitas as formas. Seis entre dez homens e sete entre dez mulheres consultam seu horóscopo diariamente; nenhum jornal ou revista popular ousaria negligenciar os astros.

No entanto, estima-se que nenhum desses métodos tenha mais do que 5% de precisão, o que significa que estão, pelo menos, 95% equivocados. Somente aqueles que esperam ou até desejam ser enganados ignoram os erros e concentram-se nos poucos acertos.

O segundo método é o *científico*. A dedução a partir da observação é a ferramenta básica da ciência moderna. Calcular as tendências presentes e projetá-las é a preocupação da futurologia, como é chamada a nova técnica. Cátedras universitárias, especialmente as voltadas à tecnologia, estão sendo instituídas no tema. As esferas industrial, comercial e política têm seus *think-tanks*.[7] Mais de um computador projetou para 2040 a data provável do fim do mundo.[8]

A média de precisão dos resultados publicados tem sido de aproximadamente 25%, ou, por uma perspectiva negativa, de até 75% de erro. As previsões de curto prazo, como seria de esperar, são muito mais confiáveis do que as de longo prazo.

O terceiro método é o *bíblico*. As declarações sobre os eventos futuros são uma caraterística marcante no texto

---

7   NdT: Instituições que se dedicam a produzir conhecimento sobre temas políticos, econômicos ou científicos.

8   Levando em consideração o crescimento populacional, as fontes de alimento e energia, a crise ambiental, etc.

bíblico. A Bíblia afirma conter as palavras de Deus,[9] a única pessoa que pode afirmar: "Desde o início faço conhecido o fim, desde tempos remotos, o que ainda virá" (Is 46.10). Mais de um quarto de todos os versículos da Bíblia contém uma previsão a respeito do futuro. Ao todo, 737 profecias foram feitas; algumas mencionadas uma única vez e outras, centenas de vezes.

Dentre essas, 594 (mais de 80%) já se cumpriram. Visto que todas as profecias que não se cumpriram referem-se ao fim dos tempos, o que obviamente ainda não aconteceu, a Bíblia, na verdade, alcançou 100% de precisão. Tudo o que poderia ter acontecido já aconteceu, e isso por si só serviria de base para confiar que o restante também se cumprirá.[10]

É espantoso, portanto, que as pessoas prefiram dar ouvidos à ladainha satânica ou à razão humana do que à revelação divina. Parte da culpa é da própria Igreja, que nunca se posicionou de forma suficientemente clara e confiante ao partilhar seu conhecimento, uma consequência de permitir que o ceticismo científico a respeito do sobrenatural minasse a autoridade da Bíblia.

A Bíblia revela seus segredos àqueles que a leem com reverência e obediência, com espírito humilde, aberto ao aprendizado. Ela contribui mais com a inteligência simples do que com o intelectualismo sofisticado. Foi escrita para pessoas comuns em linguagem comum (o grego do Novo Testamento é a língua das ruas, não dos acadêmicos). Deve ser considerada literalmente e encarada com seriedade. Quando isso acontece, uma imagem límpida emerge.

Há previsões de todo tipo – pessoais e políticas, sociais e ambientais, morais ou meteorológicas. Um evento, contudo, se destaca acima de todos: o retorno a este mundo de uma

---

9 A frase "Assim diz o Senhor" ocorre 3.808 vezes!
10 Essas estatísticas, bem com uma análise detalhada de cada previsão, podem ser encontradas na Enciclopédia de Profecia Bíblica (PAYNE, 1973).

pessoa que aqui viveu há dois mil anos – um carpinteiro da vila de Nazaré. Se ele fosse apenas um ser humano, isso seria inacreditável. Se ele era o que afirmava ser, divino e humano, o único Deus-homem, então seu retorno se torna crível e coerente. Rejeitado por um mundo incrédulo, é no mínimo correto que ele seja publicamente vindicado.

Esse evento é prenunciado com maior frequência do que qualquer outro e domina a profecia bíblica. A pergunta: "Para onde vai o mundo?" transforma-se em "Para quem vai o mundo?" ou, ainda melhor, "Quem virá ao mundo?"

A história chegará ao seu ponto final. E isso acontecerá por meio de um ser humano. Não será pressionando o botão que inicia um ataque nuclear na terra, mas rompendo os selos de um livro no céu no qual já se encontra a contagem regressiva dos eventos do mundo (Ap 5.1; 6.1). No ápice da crise, o próprio Jesus reaparecerá no palco do mundo para assumir pessoalmente o controle do *grand finale*.

Esse é o ponto central da esperança cristã para o futuro. Jesus é a única esperança, a única pessoa com habilidade, autoridade, caráter e compaixão suficientes para endireitar o que está errado neste mundo enfermo, triste e pecador. Em sua primeira visita ao nosso planeta, ele demonstrou que *podia fazê-lo*; e prometeu que, em sua segunda visita, ele de fato *fará*.

Na teoria, a Igreja de Jesus Cristo dá importância ao retorno de Cristo. Os credos repetidos com mais regularidade – o Credo Apostólico e o Niceno – incluem a segunda vinda como parte fundamental da fé. O pão e o vinho nos ajudam a lembrar de sua vinda anterior e de sua ausência hoje "até que ele venha" (1Co 11.26). Conforme o calendário litúrgico, a celebração do Advento ocorre em dezembro, sendo que na primeira parte [duas primeiras semanas], a liturgia convida a vigiar e esperar a vinda do Salvador.

Na prática, no entanto, dissemina-se a negligência dessa verdade vital. Mesmo durante o Advento, qualquer pensamento a respeito da segunda vinda de Cristo é rapidamente esquecido na celebração de sua primeira vinda, as festividades do Natal. Alguns se viram tão confusos e impacientes diante das diferenças doutrinárias a respeito do tema que se refugiaram no agnosticismo. Muitos outros se conformaram à obsessão do mundo com o presente concentrando-se na aplicação dos ensinamentos e esforços cristãos às necessidades pessoais e políticas do nosso tempo.

Permanecem agora estes três: a fé, a esperança e o amor, mas o mais fraco deles é a esperança!

Em um mundo onde a depressão e o desespero estão disseminados, essa postura é trágica. A Bíblia descreve os incrédulos como "sem esperança e sem Deus no mundo" (Ef 2.12). Nessa escuridão, os cristãos deveriam ser faróis reluzentes de esperança. Afinal, eles são os únicos que conhecem o final da história. Sabem que tudo terminará bem, que o bem triunfará sobre o mal, que seu Senhor vencerá o diabo e que o reino de Deus virá à terra assim como no céu.

Essa esperança é "âncora da alma, firme e segura" (Hb 6.19). A violenta tempestade dos eventos mundiais se agravará até que todas as regiões do mundo sejam afetadas. Que a leitura deste livro o ajude a lançar a âncora agora!

A.

A VINDA ESTÁ PRÓXIMA

CAPÍTULO UM

ENTENDENDO A VOLTA DE CRISTO

As mais de 300 referências à segunda vinda encontradas no Novo Testamento nos alertam de que o problema não é a falta de informações, mas a abundância delas. Ajustar todas essas referências é como montar um quebra-cabeça com peças intercambiáveis.

Talvez isso explique por que há tantas diferenças de entendimento, mesmo entre cristãos que confiam de forma tácita nas Escrituras. Todos estão de acordo a respeito do fato central da vinda de Cristo, mas discordam veementemente quando se trata dos eventos que a antecedem e sucedem.

Em vez de acrescentar mais um gráfico ou uma sequência de eventos a tantos que já foram publicados, este estudo terá uma abordagem temática. Os dados coletados serão divididos em cinco perguntas:

Quem – ele virá como o pré-existente Filho de Deus ou como o Filho do homem encarnado?
Onde – ele virá para o mundo todo de uma vez ou apenas para um lugar específico?
Como – a segunda vinda será como a primeira ou totalmente diferente?
Quando – ele virá em breve e repentinamente ou apenas após sinais evidentes?
Por que – o que ele pode realizar somente vindo uma segunda vez e quanto tempo ficará?

Algumas das respostas podem surpreender e até chocar aqueles que foram expostos a apenas uma linha de pensamento ou que já têm ideias predefinidas sobre o tema. Os leitores que mantiverem sua mente e sua Bíblia abertas serão os mais beneficiados.

QUEM?

Quem não teve a experiência de continuar a olhar à distância muito tempo depois da partida de um trem ou avião que levava uma pessoa querida, especialmente se acreditava tratar-se de uma separação definitiva? Essa relutância em reconhecer a partida seria uma tentativa de adiar a dor? É menos provável que façamos isso se tivermos certeza de que veremos a pessoa novamente, de que ela voltará de sua jornada.

Foi exatamente o que aconteceu aos homens da Galileia quando Jesus desapareceu entre as nuvens, menos de dois meses depois de ter ressuscitado e retornado ao meio deles. Um bom tempo depois da ascensão de Jesus, eles ainda fitavam o ponto no céu onde o viram pela última vez. Foi necessário que dois anjos os tranquilizassem e trouxessem sua atenção novamente para a terra.

Os anjos garantiram aos discípulos que Jesus *voltaria*, deixando implícito que eles não o veriam novamente até a sua volta. O que nos interessa é a frase que usaram: "Este mesmo Jesus [...] voltará" (At 1.11).

Dois detalhes merecem nossa atenção. O primeiro deles é o fato de usarem o nome humano de Jesus, e não qualquer um de seus títulos divinos. E o segundo é que eles enfatizaram que Jesus não mudaria nesse espaço de tempo.

Um de nossos temores mais comuns é que depois de um longo período de separação as pessoas mudem a ponto de não ser mais possível reatar o relacionamento anterior. Os discípulos de Jesus não precisavam se preocupar. Eles podem mudar, na verdade, devem mudar para melhor, mas Jesus não mudará nem precisa fazê-lo. Ele é "o mesmo, ontem, hoje e para sempre" (Hb 13.8).

Nunca é demais enfatizar que o Cristo divino e o Jesus humano são uma e a mesma pessoa. As tentativas conscientes e as percepções inconscientes criaram uma barreira entre eles. Mesmo nos círculos cristãos, presume-se que o Filho de Deus apenas fez-se carne, encarnou por um período de trinta e três anos e agora retornou à sua antiga condição.

A verdade é que ele se tornou humano e mantém seu corpo ressurreto pelo resto da eternidade. Ele continua sendo um ser humano. É o único mediador entre Deus e o homem precisamente porque ainda é "o homem" (1Tm 2.5). Por isso ele é o perfeito sumo sacerdote, que pode simultaneamente compadecer-se de nossas fraquezas e nos representar perante Deus (Hb 4.15). Incrivelmente, um ser humano perfeito tem a autoridade sobre todo o universo (Mt 28)!

Não devemos nos esquecer de que esse que "subiu acima de todos os céus" é o mesmo que "desceu às profundezas da terra" (Ef 4.9-10). O local de seu batismo é, na verdade, o ponto mais baixo na superfície terrestre!

O exaltado foi primeiramente humilhado – como bebê em Belém, como menino em Nazaré. Trabalhou como carpinteiro por dezoito anos e, então, durante três anos, realizou maravilhas.[11] Esse último período o fez conhecido entre seu povo, alvo da atenção de amigos e inimigos. Sua morte indigna com tão pouca idade foi horrivelmente pública.

Tudo isso significa que ele era conhecido de forma ampla e profunda. É claro que havia graus variáveis de proximidade, diferentes círculos de conhecimento.

---

11 A mesma proporção de seis para um, como seu Pai celestial: Gênesis 1.

Milhares de pessoas ouviram seus ensinamentos; 70 foram enviados para anunciar sua missão; três partilharam com ele de experiências singulares;[12] um era mais chegado do que qualquer outro.[13]

A humanidade de Jesus aparece nos quatro Evangelhos. Os autores pintam um retrato claro de uma pessoa singular, amada por pecadores, odiada por hipócritas, adorada pelos pobres e temida pelos poderosos. Os olhos de Jesus podiam encher-se de lágrimas de compaixão pelos oprimidos e queimar de ira contra o opressor. Suas mãos podiam erguer o caído e açoitar o ganancioso. Sua língua podia ser mais branda e mais afiada do que qualquer outra.

É esse Jesus que um dia retornará ao planeta Terra. Ele não terá sofrido qualquer mudança. Não será menos humano do que era quando percorreu as estradas empoeiradas, reclinou-se à mesa para comer, dormiu em um barco, montou em um jumento ou lavou os pés dos discípulos.

No entanto, é preciso dizer que, mesmo antes que ele deixasse a terra, uma grande mudança ocorreu em sua humanidade. Quando o fez ressurgir da tumba, Deus lhe deu um novo corpo.[14]

Esse corpo glorioso (Fp 3.21) tem a mesma aparência, até mesmo com a desfiguração causada pela crucificação: cicatrizes na cabeça, nas costas, no lado, nas mãos e nos pés. Porém não está mais sujeito ao processo natural de envelhecimento, degradação e morte. Quando Jesus voltar, seu corpo será o de um homem em seus 33 anos, sua melhor fase – exceto por seu cabelo que estará branco como a neve (Ap 1.14).[15]

---

12 Pedro, Tiago e João, no monte da transfiguração, por exemplo.
13 João, "o discípulo amado", aos cuidados de quem Jesus confiou sua enlutada mãe.
14 Para mais detalhes, leia *Understanding the Resurrection*, de minha autoria (2017, sem tradução para o português).
15 Um símbolo de que partilha da natureza de seu Pai, o "Ancião de dias"; Daniel 7.13.

Essa transformação do corpo de Jesus não o tornou menos humano, pelo contrário, tornou-o mais humano, e esse era o plano de Deus para todos os homens e, por sua graça, assim será para muitos. Dessa forma, Jesus é o autor da nossa salvação (Hb 2.10), aquele que abre o caminho e nos convida a segui-lo. Jesus, contudo, não nos deixará sozinhos em nossa busca; ele voltará e nos levará para estarmos com ele, pois ele próprio é "o caminho" (Jo 14.3-6).

Então, assim como Jesus, nós também teremos corpos glorificados. Seremos, contudo, as mesmas pessoas que sempre fomos, razão pela qual os cristãos falam em ressurreição, e não em reencarnação; termo que implica uma mudança de identidade.

Precisamos nos lembrar que Jesus nem sempre foi um ser humano. Na verdade, nem sempre ele foi "Jesus"; esse nome lhe foi dado em sua encarnação, corporificação, quando ele se tornou humano (Mt 1.21). Diferentemente de nós, ele existia antes de ser concebido e foi a única pessoa que pôde escolher nascer. Ele era o eterno Filho de Deus, o Senhor da glória, o Verbo. Era o ser divino antes do ser humano.

Desse modo, é muito significativo que os anjos usassem seu nome humano quando prometeram que ele voltaria ao planeta Terra. É o "Filho do homem" que surgirá entre as nuvens (Dn 7.13; Mc 14.62). É o Jesus encarnado que retornará ao planeta Terra, e não uma aparição intangível do Filho de Deus (Dn 3.25).

Alguns, encontrando certa dificuldade em aceitar esse retorno corpóreo, espiritualizaram sua vinda, identificando-a com a descida do Espírito sobre a Igreja no Pentecoste ou sua vinda a cada indivíduo em sua conversão. Nenhuma dessas interpretações, no entanto, faz jus à promessa de que "este mesmo Jesus [...] voltará" (At 1.11).

O Jesus que podia ser tocado pelos discípulos, que comeu peixe diante deles, que caminhou a Emaús e partiu o pão, que incentivou Tomé a examinar suas feridas, que preparou uma refeição às margens do mar da Galileia – é esse Jesus que um dia voltará.

Crer nisso, porém, traz uma implicação que precisamos encarar: um Jesus encarnado aqui na terra pode estar em apenas um lugar de cada vez. Mesmo com seu glorioso corpo ressurreto, ele podia estar apenas em Emaús ou em Jerusalém ou na Galileia. Jesus nunca apareceu simultaneamente em dois lugares diferentes.

Portanto, quando retornar à terra, ele será capaz de estar em apenas uma localização geográfica. Que lugar será esse?

ONDE?

Se a volta de Jesus é física, deve ter um local específico. Seu Espírito pode estar em todos os lugares, mas seu corpo deve estar em apenas um. Antes de subir aos céus, Jesus não podia estar em dois lugares ao mesmo tempo.

Por essa razão, ele disse aos discípulos que, para o bem deles próprios, ele os deixaria e enviaria um substituto, o Conselheiro, para ocupar seu lugar (Jo 16.7). Ele havia prometido estar com eles para sempre, até o fim dos tempos (Mt 18.20); porém, eles seriam *enviados* aos confins da terra (At 1.8). A única maneira de fazer isso era removendo seu corpo e substituindo sua presença física por seu Espírito eterno e onipresente, sem limitação de tempo ou espaço.

Essa situação não se reverterá quando ele voltar. Os crentes não perderão seu Espírito, mas desfrutarão também da presença física de Jesus. Serão duplamente abençoados!

No entanto, visto que seu corpo, assim como o nosso, precisa estar em um ponto da superfície terrestre, seus discípulos precisarão ser *reunidos* de todas as partes do globo na ocasião do seu retorno. Somente assim eles poderão experimentar a presença corpórea de Cristo. É precisamente o que o Novo Testamento afirma que acontecerá.

Então, onde ele aparecerá? Onde seu povo se reunirá para recebê-lo?

As cidades competem para sediar eventos de prestígio como, por exemplo, os Jogos Olímpicos. Qual delas terá a honra de receber o Rei dos reis? Será uma das capitais da política mundial – Washington, Pequim, Bruxelas ou Déli? Talvez um dos centros financeiros como Nova York, Tóquio, Londres ou Hong Kong? Será um local de reputação eclesiástica como Roma, Genebra ou Cantuária?

Nenhum deles. Esses podem ser locais importantes para os homens, mas não são significativos para Deus. Para sua capital, ele escolheu o lugar mais improvável: uma cidade escondida entre colinas, distante de estradas e de rios; um refúgio montanhoso inexpressivo que continuaria desconhecido se Deus não tivesse escolhido associar seu nome ao local. Há nações do mundo que ainda não a reconhecem e recusam-se a estabelecer ali suas embaixadas. Uma cidade que passou por muitos conflitos e tragédias, mais do que qualquer outra cidade, e ainda pode ser a faísca que acenderá o conflito que envolverá todo o Oriente Médio.

Os eventos mais importantes da história do homem transcorreram ali; eventos que dividiram o tempo em duas partes: *a.C.* e *d.C.* Foi ali que o Filho Unigênito de Deus foi injustamente executado por crimes que não havia cometido, levando sobre si os pecados de todo o mundo. Foi ali que ele derrotou seu último inimigo – a morte – tornando-se a primeira pessoa a ter um corpo imortal.

Dessa cidade ele partiu para voltar ao seu lar no céu e para essa cidade, do céu, ele retornará. Chamou-a de "a cidade do grande Rei" (Mt 5.35). É a cidade pela qual ele chorou, dizendo aos cidadãos que não os veria novamente até que eles dissessem: "Bendito é o que vem em nome do Senhor" (Mt 23.37-39, citando um dos salmos "Halel" cantado pelos que peregrinam até Jerusalém para dar as boas-vindas ao seu Messias).

A história dessa cidade está distante de seu final. Eventos futuros são desvendados no livro de Apocalipse, onde ela é descrita como "a grande cidade" (11.8) e a "cidade amada" (20.9). É a essa cidade que as nações um dia se voltarão para a resolução de disputas internacionais, possibilitando o desarmamento multilateral (Is 2.1-4; Mq 4.1-5). Pois essa é Jerusalém, ou Sião, onde o Senhor reinará.

A cidade está estrategicamente localizada para que desempenhe um papel internacional. Encontra-se quase literalmente no centro da massa terrestre do mundo e no local de convergência de três continentes: Europa, África e Ásia. Parece mesmo o ponto de encontro ideal dos seguidores de Jesus.

Mas quantos estarão lá, considerando que a multidão incluirá os cristãos que já morreram e que ressuscitarão na ocasião? Hoje, esse número estaria na casa dos bilhões! Nenhum estádio do planeta tem capacidade para isso. Toda a cidade de Jerusalém não seria grande o suficiente.

A Bíblia nos dá uma resposta dupla.

Em primeiro lugar, tudo acontecerá *fora* da cidade. Jesus subiu aos céus do monte das Oliveiras, um pico a leste com vista de toda a cidade de Jerusalém de um lado e, do outro, do deserto até o mar Morto. As encostas desse monte foram usadas como acampamento pelos milhares que peregrinavam para as três festas judaicas anuais; e foi ali onde a multidão, com ramos de palmeira, deu as boas-vindas a Jesus que chegava montado em um jumentinho (Mc 11.8-10). O mesmo profeta que previu esse evento (Zc 9.9) também profetizou: "Naquele dia os seus pés estarão sobre o monte das Oliveiras" (Zc 14.4). Jesus retornará ao mesmo ponto de onde partiu. No entanto, a montanha dificilmente terá espaço para os milhões de pessoas que ali estarão.

Segundo, tudo acontecerá *acima* da montanha! "Seremos arrebatados juntamente com eles nas nuvens, para o encontro com o Senhor nos ares" (1Ts 4.17). Certamente há espaço suficiente no céu, mas como a lei da gravidade será controlada? Será então que receberemos nossos corpos imortais (1Co 15.51-53), exatamente como o corpo glorioso de Jesus (Fp 3.21), que estava igualmente à vontade na terra como no céu, era capaz de comer peixe e fazer o café da manhã, atravessar portas trancadas e ir ao espaço sem trajes espaciais.

Imagine essa imensa multidão flutuando entre as nuvens. Poucos elementos da criação de Deus nos oferecem uma imagem mais clara de sua glória. Quem já viajou de avião e viu as nuvens *cumulus* banhadas pelo sol radiante entenderá. A visão é gloriosa.

Isso quer dizer que, naquele dia, o vento soprará do oeste, trazendo umidade do Mediterrâneo. Ventos do leste, vindos do deserto da Arábia, trazem apenas um calor seco e abrasador. Era assim que Deus abençoava ou punia seu povo, Israel (1Reis 17.1; 18.44). O retorno do seu Messias será a maior bênção que jamais receberão.

COMO?

Esse aspecto da volta de Jesus é mais bem abordado se for comparado com sua ascensão e contrastado com seu advento. Sua segunda vinda será como sua primeira partida, mas diferente de sua primeira vinda.

Foram anjos os primeiros a traçar um paralelo entre a ascensão e a volta: "Este mesmo Jesus [...] voltará da mesma forma como o viram subir" (At 1.11).

Em outras palavras, se um dos discípulos gravasse em vídeo a partida e o desaparecimento de Jesus nas nuvens, essas imagens seriam usadas para ilustrar seu retorno, bastava que fossem mostradas na ordem inversa! Um evento é apenas o inverso do outro. Estão conectados; embora um seja passado, o outro é futuro.

Alguns estudiosos contemporâneos consideram a ascensão um mito e a descartam, entendem-na como ficção, e não fato, como se expressasse uma verdade teológica a respeito de quem era Jesus, mas não a verdade histórica sobre o lugar para onde ele foi. Eles se consideram sofisticados demais para aceitar a ideia de que o céu está "lá em cima". Não nos surpreende, portanto, que isso represente um verdadeiro obstáculo para a ideia de que ele retornará. A maioria deles simplesmente prefere evitar o assunto!

Em quem vamos acreditar, nos anjos ou nos acadêmicos? Jesus virá em uma nuvem, da mesma forma como foi levado? Ou tudo isso é apenas um conto de fadas? A escolha é sua!

Aqueles que aceitam o testemunho dos que viram Jesus com os próprios olhos não têm dificuldade em acreditar que ele voltará da mesma forma. Sua vinda será visível, audível e tangível.

No entanto, embora o papel de Jesus no evento seja o mesmo, outros aspectos serão muito diferentes.

Apenas dois anjos estavam presentes na ascensão de Jesus, mas milhares acompanharão sua volta (Mt 25.31; Jd v.14). Somente 11 homens o viram partir, mas milhões verão quando ele voltar. Uma multidão estará presente.

E além do que poderá ser visto, ainda mais haverá para se ouvir. Uma descrição bíblica do retorno de Jesus foi considerada o versículo mais barulhento da Bíblia (1Ts 4.16). Deus fala, o arcanjo proclama, a trombeta ressoa e fica difícil imaginar que milhões de pessoas que estarão, pela primeira vez, diante daquele a quem amam há tanto tempo assistam a tudo em silêncio.

Tudo isso contrasta de forma vívida com a primeira vinda

de Jesus. Durante seus primeiros nove meses na terra, Jesus ficou completamente invisível, oculto na obscuridade do ventre de Maria. Somente alguns parentes próximos sabiam da sua presença. Exceto por alguns pastores, seu nascimento passou relativamente despercebido, até que sábios do Oriente (provavelmente descendentes dos muitos judeus que permaneceram na Babilônia após o exílio) alertaram Herodes sobre um rival em potencial. Havia anjos para anunciar a primeira vinda de Jesus, é claro, assim como acontecerá na segunda; e havia a estrela, um pontinho de luz no céu, cujo significado só foi percebido por aqueles que estavam à sua procura. O "Rei dos judeus" nasceu especificamente em Belém, cidade da linhagem real de Davi, tão somente porque um imperador distante instituiu um novo tributo comunitário. Mesmo assim, seu berço foi uma manjedoura.

É evidente que o mundo desconhecia totalmente o que estava acontecendo ou quem havia chegado. Foi como se o próprio Deus quisesse que a intervenção de seu Filho na história tivesse o mínimo possível de publicidade. Deveria ser uma visita furtiva ao planeta Terra, vista apenas pelos olhos da fé.

A segunda vinda de Jesus não poderia ser mais diferente da primeira; ele não virá como uma criança indefesa, mas como um homem maduro; sua vinda será anunciada não apenas por uma única estrela no céu, mas por relâmpagos que cruzam o céu de leste a oeste (Mt 24.27); não em fraqueza, mas em poder; não em humildade, mas em glória; não em mansidão, mas em majestade.

Haverá consciência universal e reconhecimento instantâneo. Todos saberão que ele veio e quem ele é. Será o evento mais público e divulgado da história.

Os autores do Novo Testamento buscaram na língua grega palavras que descrevessem esse evento ímpar. Optaram por três palavras, cada uma com associações especiais, tanto na tradução das Escrituras hebraicas para o grego quanto no uso geral da sociedade contemporânea.

Parousia era o termo favorito. Significa "estar ao lado" e era geralmente usado quando alguém chegava para unir-se a outros que o aguardavam. No entanto, duas aplicações especiais tornavam o termo peculiarmente apropriado para falar sobre a segunda vinda, e ambas estavam relacionadas à realeza. Uma delas era quando um rei estrangeiro chegava com seu exército na fronteira de uma terra que pretendia invadir, conquistar e ocupar. A outra aplicação era quando o rei local chegava com sua corte para visitar uma de suas cidades; nesse caso, os cidadãos ilustres saíam para encontrar-se com ele do lado de fora dos muros da cidade para que pudessem prestar-lhe honras cruzando os portões da cidade ao seu lado. Essas duas imagens unem perfeitamente o aspecto duplo da volta de Jesus. Os incrédulos o verão como um invasor estrangeiro; os crentes o receberão e honrarão como seu soberano.

Epiphaneia pode ser traduzido como "aparecer em cena", com a conotação de algo súbito, não gradual. Mais uma vez, o termo era usado em referência à invasão de um exército ou à visita de um rei a seus súditos – mais ou menos como a família real britânica aparece na sacada do Palácio de Buckingham diante da multidão ali presente. Seu uso mais frequente acontece no contexto da adoração, quando Deus se manifesta visualmente – como a glória *shekiná* que enchia o tabernáculo ou o templo. Essa última aplicação tinha a nuance de trazer consolo e apoio. Deus aparecia em cena para ajudar seu povo, especialmente em momentos críticos de necessidade. O mesmo sentido pode ser ilustrado pelos filmes de faroeste, quando, no último instante, os soldados da cavalaria surgiam no horizonte para *salvar* os colonos do ataque dos indígenas. É uma epifania, e explica por que motivo a palavra é usada tanto no relato da primeira quanto da segunda vinda de Jesus.

Apokalypsis leva a ideia de chegada e aparição um passo adiante. A raiz da palavra significa "ocultar", mas o prefixo muda seu sentido para "revelar o que estava oculto". Se aplicado a pessoas, significa desvendar. Aplicado à realeza, significaria usar coroa, roupas e joias condizentes com as de um soberano. É ser totalmente revelado como verdadeiramente é a fim de que todos vejam. Por razões óbvias, esse termo não poderia ser usado em referência à primeira vinda de Jesus, mas é totalmente apropriado para referir-se à segunda, quando ele vem "com poder e grande glória" (Mt 24.30).

Em certa história infantil, um imperador, disfarçado de mendigo, mistura-se com os súditos um dia antes da visita real planejada, com o intuito de descobrir que tratamento receberia como pessoa comum; o dia seguinte é seu *apokalypsis*, com séquito e traje completo, acontecimento que provoca grande embaraço quando o mendigo é reconhecido como o governante supremo. Assim será quando Jesus aparecer como Rei dos reis e Senhor dos senhores. De forma significativa, o livro de Apocalipse, que fala mais do que qualquer outro sobre a segunda vinda de Jesus, começa com as palavras: "Revelação [*Apokalypsis*] de Jesus Cristo [...]" (Ap 1.1). É um entre vários livros apocalípticos da Bíblia que revelam o futuro oculto.[16]

Essas três palavras juntas oferecem uma descrição vívida desse evento singular. É importante observar que elas são usadas de forma intercambiável para indicar diferentes aspectos da mesma ocasião, e não estágios separados de uma sequência mais longa, como, equivocadamente, pensaram alguns.

O verbo que une as três palavras é "vir". Jesus virá. Virá

---

16 Daniel e Ezequiel são alguns exemplos.

como um rei vitorioso. Virá para salvar seu povo.

Ele virá como realmente é. O mundo o viu crucificado; agora o verá coroado. Finalmente, "todo joelho se dobrará e toda língua confessará que Jesus Cristo é Senhor, para a glória de Deus Pai" (Fp 2.10-11).

Mas quando ele virá? Quanto tempo mais teremos de esperar?

QUANDO?

Se soubéssemos a resposta a essa pergunta, teríamos descoberto o maior segredo do mundo. Ninguém sabe, exceto o próprio Deus. Até mesmo Jesus, quando estava na terra, confessou ignorar essa data no calendário do seu Pai (Mt 24.36). E disse aos seus discípulos que não lhes competia descobri-la (Mc 13.32-35 cf. At 1.7). Parece importante que *não* saibamos.[17]

Então, não há mais nada a ser dito? Ou será que ainda podemos fazer mais perguntas?

Sua vinda será repentina, totalmente inesperada? Ou haverá indicações de seu iminente retorno? Em outras palavras, será uma interrupção completa do processo histórico ou o clímax de uma série de eventos que antecedem seu retorno? Se não podemos ter a data exata, podemos deduzir uma data aproximada? Ou seja, teremos algum alerta para sua chegada?

A essa última pergunta, o Novo Testamento parece oferecer duas respostas contraditórias: sim e não!

Por um lado, além das passagens que enfatizam a ignorância do fato, há outras tantas retratando que sua vinda será tão inesperada como a de um ladrão à noite (Mt 24.43; 1Ts 5.2; Ap 16.15); certo conhecido filme cristão tem esse mesmo título. Visto que a essência de um roubo bem-sucedido é o

---

17 Paradoxalmente, como veremos, há mais probabilidade de que estejamos prontos se não tivermos conhecimento da data.

elemento surpresa, a implicação é que não haverá alerta para sua vinda, nem mesmo uma indicação de que está próxima. Isso significa que Jesus poderia voltar a qualquer momento (uma frase usada hoje para caracterizar essa visão).

Por outro lado, outras passagens falam de eventos que antecedem a volta de Jesus; fatos que precisam acontecer primeiro; *sinais* de que ele está "às portas" (Mt 24.33), prestes a retornar ao palco da história. Em consonância com isso estão as frequentes exortações para que *vigiemos* e *oremos* por sua vinda. Isso certamente não significa viver de olhos fixos nas nuvens do céu! Além de ser perigoso, não será de grande ajuda, pois ele aparecerá somente sobre Jerusalém. O contexto, portanto, deve ser sempre o dos eventos mundiais, pressagiando o fim da era. Na verdade, os discípulos perguntaram a Jesus quais seriam os sinais de sua vinda (Mt 14.3); e ele lhes respondeu com detalhes bem específicos. A implicação prática disso é que ele não pode voltar (ou não o fará) até que "todas estas coisas" aconteçam (Mt 24.33). Não podemos, portanto, esperá-lo "a qualquer momento" ou mesmo em um futuro imediato – embora seja válido que cada geração de crentes espere que aconteça em seu tempo de vida.

Há uma tensão evidente entre essas duas vertentes bíblicas. Os estudiosos da Bíblia a resolveram de formas diferentes. Vamos ver três delas, duas das quais considero questionáveis.

Alguns resolvem a questão escolhendo uma e simplesmente ignorando a outra. Adotam a abordagem "a qualquer momento" ou a "buscando sinais". No entanto, construir uma doutrina com base em parte do que a Bíblia afirma a respeito de determinado tema leva ao desequilíbrio e ao extremismo, com resultados práticos desastrosos.

Uma solução mais popular, principalmente entre fundamentalistas norte-americanos, é presumir que haverá *duas* segundas vindas, separadas no tempo. Jesus viria duas vezes: a primeira de forma secreta e inesperada para buscar sua noiva, a Igreja, e a segunda publicamente – fato que será precedido por sinais – para estabelecer seu reino. Essa teoria é relativamente recente[18] e tem sido amplamente aceita. Segundo essa visão, os crentes serão arrebatados do cenário terreno antes que possam assistir aos sinais da sua vinda.

Há uma maneira muito mais simples e mais bíblica de entender o paradoxo. Não são duas vindas, mas dois grupos de pessoas em uma única vinda de Jesus. Para um desses grupos, será um choque absoluto, para o outro, surpresa nenhuma.

O próprio Jesus comparou o dia da sua volta aos dias de Noé (Mt 24.37-39). Na ocasião, a maioria das pessoas estava comendo e bebendo, casando-se e dando-se em casamento, totalmente inconsciente do desastre que chegou sem aviso. Noé e sete outras pessoas, no entanto, estavam prontos, cientes não apenas do que estava para acontecer, mas também do que não poderia acontecer até que a arca fosse concluída. O barco em si era um sinal de longo prazo; a busca pelos animais e o armazenamento de comida eram um sinal de curto prazo. Mas aqueles que ignoraram ou duvidaram dos sinais foram tomados de total surpresa.

Essa resposta dupla está presente em muitas passagens do Novo Testamento. Para os *incrédulos*, a vinda de Jesus será uma grande surpresa, um choque terrível. Para estes, Jesus aparecerá como um ladrão que roubará deles tudo pelo que dedicaram suas vidas. A vinda de Jesus será repentina como as contrações dolorosas de uma grávida e igualmente inevitável (1Ts 5.3). Mas o versículo seguinte afirma que os *crentes* não ficarão surpresos (1Ts 5.4), pois manterão os olhos bem abertos, perceberão os sinais e

---

18 Ganhou popularidade por volta de 1830.

estarão à sua espera. Serão como o dono da casa que soube quando o ladrão viria e permaneceu acordado, "de guarda", atento a qualquer sinal da sua chegada (Mt 24.42-43). No entanto, até mesmo os crentes são exortados a serem sóbrias sentinelas que estão sempre alertas, para que não caiam de estupor do mundo e sejam pegos despreparados (1Ts 5.6-9).

Então, quais são os sinais da sua vinda? Para o que devemos estar alertas? A quais eventos devemos prestar especial atenção enquanto lemos os jornais e assistimos à TV?

Aqui encontramos um problema. Temos muita informação, talvez até demais, mas ela está espalhada por todo o Novo Testamento – parte nos Evangelhos (principalmente os três primeiros), um pouco mais nas Epístolas (particularmente as duas aos Tessalonicenses) e grande parte no livro de Apocalipse.

Por onde começamos? Como encaixaremos todas as informações? É como tentar montar um quebra-cabeça sem ter como modelo a figura na tampa da caixa. O que precisamos é de uma estrutura básica na qual todas as peças se ajustem. Existe um esboço desse tipo em algum lugar do Novo Testamento?

Muitos acreditam que esse esboço esteja no livro de Apocalipse, que, aparentemente, oferece uma sequência dos eventos futuros (retratados como selos, trombetas e taças). A ordem, contudo, é muito complicada e um exame cuidadoso revela que ela não é estritamente cronológica.[19] Na verdade, o livro não foi escrito como um cronograma dos fatos futuros, e tratá-lo dessa forma desvirtua o propósito prático por trás de cada uma de suas partes: encorajar os crentes a serem vencedores na crise que virá (Ap 3.5 e 21.7 são as chaves).

---

19 Eventos passados são recapitulados e eventos futuros são antecipados em intervalos regulares.

Isso não significa que não haja uma ordem em suas previsões. Na verdade, a sequência torna-se muito mais clara à medida que se aproxima do fim, quando as más notícias abrem espaço para as boas notícias. Nos capítulos centrais, contudo, a sequência está longe de ser clara ou simples – motivo que levou à produção de comentários com muitos gráficos. Se aceitarmos que o principal objetivo é ajudar os crentes a enfrentar o sofrimento, ficamos livres para procurar em outro lugar a ajuda para a identificação dos sinais.

Felizmente, os discípulos fizeram a Jesus a mesma pergunta que temos em mente: "Qual será o sinal da sua vinda e do final dos tempos?" A resposta de Jesus está em cada um dos Evangelhos chamados "Sinópticos" – que têm perspectivas similares (Mt 24, Mc 13 e Lc 21). Infelizmente, naquele mesmo momento eles também perguntaram quando se cumpriria a previsão de Jesus sobre a destruição do templo.[20] Jesus deu uma única resposta às duas perguntas, pois os eventos do ano 70 d.C. mesclam-se com os sinais de sua vinda.[21]

Das três versões, Lucas concentra-se no primeiro evento e Mateus, no último. É neste último que encontramos o esboço mais claro, uma estrutura dividida em quatro eventos futuros que sinalizam sua volta, na qual todas as outras informações podem ser inseridas.

Depois de identificar os quatro sinais básicos na sequência, Jesus acrescenta a cada um deles um alerta sobre um risco associado e sugere qual deveria ser a resposta adequada dos discípulos. Portanto, para cada sinal há uma descrição, um risco e um dever.[22] Há uma ênfase especial no risco que cada sinal trará – a saber, o engano dos crentes

---

[20] Possivelmente, eles pensaram que seria na mesma ocasião, sem imaginar que os eventos estavam separados por, pelo menos, dezenove séculos!

[21] O que talvez não seja um total equívoco, visto há muito em comum entre os dois eventos; um prenuncia o outro.

[22] Os leitores podem fazer uma tabela própria que os ajude a memorizar.

tanto em sua crença quanto em sua conduta.

Sinal 1: Desastres no mundo (Mt 24.4-8)

Três sinais são mencionados especificamente: guerras, terremotos e fome. A lista não está completa. Muitos outros são mencionados em Apocalipse, por exemplo: poluição de rios e oceanos, grandes pedras de granizo. Os quatro cavaleiros cobrem uma expansão imperial e suas consequências: derramamento de sangue, fome, enfermidade e morte. É evidente que esses desastres têm causas tanto naturais quanto políticas.

Um aumento exponencial de tais catástrofes rapidamente alastra pânico e insegurança. Com esse estado de espírito, as pessoas procuram um salvador que as livre da tragédia, o contexto perfeito para o surgimento de pretendentes inescrupulosos que iludirão a si mesmos e levarão outros a acreditar que eles são o Cristo. O perigo é uma onda de falsos messias.

Os discípulos devem proteger a si mesmos de tal engano não permitindo que o pânico os torne vulneráveis. Eles podem fazer isso entendendo essas calamidades dolorosas da forma oposta como faz o mundo: não como dores de morte do que é velho, mas dores de parto do que é novo; não como o fim de todas as coisas boas, mas o início de coisas muito melhores. A resposta apropriada não é o pânico ou a ansiedade, mas um senso de expectativa.

Esse sinal é claramente visível. Mais de 40 conflitos internacionais ocorreram desde a Segunda Guerra Mundial, sem falar dos tumultos civis. Os terremotos parecem dobrar em quantidade a cada dez anos. A fome é comum no mundo em desenvolvimento. Quanto tempo essas condições persistirão ou até que ponto elas se agravarão, não podemos imaginar. Mas é o primeiro sinal importante da vinda de Jesus.

Sinal 2: Desertores na igreja (Mt 24.9-14)

As mudanças serão de intensidade, e não de tipo, mas terão escala universal. Mais uma vez, três características são mencionadas, que estão relacionadas entre si.

A primeira é *oposição*. Os seguidores de Jesus serão odiados por todas as nações, o que resultará no correspondente aumento do número de martírios. Hoje, há aproximadamente 250 nações no mundo. Os cristãos sofrem pressões em todas, exceto 30 delas, e esse número diminui anualmente. As igrejas de todos os lugares precisam preparar seus membros para o sofrimento e o sacrifício. Os primeiros três capítulos do livro de Apocalipse oferecem um currículo para essa preparação: na verdade, todo o livro foi escrito como um manual para o martírio e cobre todas as crises que podem ser enfrentadas pelos fiéis.

A segunda é *redução*. Tais pressões revelam rapidamente a diferença entre cristãos genuínos e nominais. Os meros frequentadores de igreja desistirão. Seu amor se esfriará como resultado das concessões morais a um mundo cada vez mais perverso. Eles se afastarão da fé, traindo Cristo e os cristãos.

A terceira é *expansão*. Paradoxalmente, uma igreja purificada sob pressões torna-se uma igreja que proclama. Isso se confirma ao longo de toda a história e é particularmente verdadeiro na China hoje. Esse terceiro desdobramento será a conclusão da tarefa de evangelização do mundo. Somente então a história pode ser encerrada: a missão foi concluída.

Durante essa fase, o perigo não está nos falsos messias, mas nos falsos profetas, que têm muito mais probabilidade de enganar os crentes, pois o ministério e a mensagem dos verdadeiros profetas têm uma espécie de continuidade na igreja. Será preciso haver discernimento. No Antigo Testamento, encontramos alguma orientação sobre o conteúdo das falsas profecias. Estas oferecem "Paz, paz – quando não há paz alguma" (Jr 6.14; 8.11). Diante dos problemas, trazem um conforto falso. Sua mensagem poderia ser resumida na frase "Não se preocupe, talvez nunca aconteça". Um exemplo atual é o ensinamento de que todos os cristãos serão retirados deste mundo antes do início da Grande Tribulação (veja o Sinal 3, a seguir). Como resultado, muitos cristãos estão despreparados para as provações e tribulações que virão, muitas delas já enfrentadas hoje por irmãos ao redor do mundo.

Outra característica da falsa profecia é relevar o pecado entre o povo de Deus, como se os eleitos, os escolhidos de Deus, independentemente de sua condição moral ou espiritual, estivessem eternamente seguros e isentos de enfrentar qualquer tipo de sofrimento pessoal. O clichê "Uma vez salvo, salvo para sempre", frase que não aparece em lugar algum na Bíblia, encoraja esse tipo de pensamento. Jesus deixa claro que não é bem assim. "Aquele que perseverar até o fim será salvo" (Mt 10.22; 24.13). A penalidade para o crente que apostata de sua fé, rejeitando publicamente a Cristo, é a perda da salvação futura. "Mas aquele que me negar diante dos homens, eu também o negarei diante do meu Pai que está nos céus" (Mt 10.33). O livro de Apocalipse segue a mesma linha. Os vencedores herdarão o novo céu e a nova terra, mas os covardes serão lançados no lago de fogo (Ap 21.7-8).

Quantos conseguirão permanecer firmes até o fim? É um grave alerta ler a previsão de Jesus de que *muitos* abandonarão a fé e que o amor da maioria esfriará. A deserção não será algo insignificante.

No entanto, está por vir uma crise ainda maior que poderia extinguir até mesmo o remanescente fiel, não fosse pelo fato de que Deus, em seu poder soberano, limitará rigidamente sua duração.

Sinal 3: Ditador no Oriente Médio (Mt 24.15-28)

Os problemas que sempre afligiram o povo de Deus chegarão ao seu ápice em uma intensa, porém breve, crise conhecida como a Grande Tribulação (Ap 7.14).

Jesus falou mais sobre esse penúltimo sinal do que sobre os outros três, mas o fez de forma mais indireta. Suas palavras requerem um exame cuidadoso.

Ele baseou seu alerta em uma frase usada três vezes pelo profeta Daniel no século 6 antes de Cristo: "sacrilégio terrível" ou "abominação desoladora" (Dn 9.27; 11.31; 12.11, ARA). Um estudo cuidadoso revela que Daniel referia-se a um conquistador humano que, na mesma cidade onde Deus havia sido honrado, proferiria blasfêmias e cometeria atos obscenos que trariam grande sofrimento mental e físico ao povo de Deus.

Essa profecia foi parcialmente cumprida no império selêucida, pelo rei da Síria Antíoco IV Epifânio, cujo significado é "glorioso", embora pelas suas costas ele fosse chamado "Epimanes", que significa "louco". Em um reino de terror sobre Jerusalém que durou três anos e meio no segundo século antes de Cristo, ele obrigou os judeus a abandonar as leis de Deus, erigiu um altar grego ao deus Zeus no templo, sacrificou porcos e encheu os aposentos dos sacerdotes com prostitutas. Sua tirania terminou durante uma revolta liderada pela família dos Hasmoneus,[23] e ele morreu com perturbações mentais.

Até mesmo Daniel percebeu que haveria outro evento assim, senão pior, no tempo do fim (Dn 11.35,40; 12.4,9,12,13). Jesus, de forma clara, falando muito tempo depois de Antíoco, endossou esse segundo cumprimento como se ainda fosse futuro. E as semelhanças são notáveis.

Terá o *mesmo período* de duração. Embora Jesus dissesse

---

23 Conhecida também pelo apelido Macabeus.

simplesmente que os dias de tirania desse déspota seriam *abreviados*, o livro de Apocalipse é mais específico: mil duzentos e sessenta dias, quarenta e dois meses ou três anos e meio ("um tempo, tempos e meio tempo", Ap 12.14).

Será no *mesmo local*. Jesus aconselha a todos os que, à época, viverem na Judeia a partirem o mais rápido possível, sem sequer parar para fazer as malas. Eles não devem permanecer no mesmo lugar que esse homem. Esse conselho se mostra relevante quando sabemos que nenhum cristão morreu quando Jerusalém foi destruída em 70 d.C., embora um milhão de judeus tenham perecido; os cristãos tiveram que fugir pelo Jordão até a cidade de Pela assim que o imperador Tito e seus soldados chegaram. Tito, no entanto, não era Antíoco. Esperamos que, no fim dos tempos, os crentes em Jerusalém e nas proximidades estejam preparados para agir tão prontamente. Eles devem orar para que não seja no *shabat*, quando não haverá transporte disponível, nem no inverno, pois terão que dormir ao relento. As mulheres grávidas e que amamentam terão ainda mais dificuldade para acompanhar os que fogem.

Outras passagens do Novo Testamento falam sobre esse último ditador. Somente João o chama de "o anticristo" (1Jo 2.18),[24] embora seja esse o título pelo qual a maioria dos cristãos o identifica. Paulo fala sobre esse "homem do pecado", que "se opõe e se exalta acima de tudo o que se chama Deus ou é objeto de adoração, a ponto de se assentar no santuário de Deus, proclamando que ele mesmo é Deus"; mas ele é o "filho da perdição" (2Ts 2.3-4). A maior das blasfêmias.

Novamente, o livro de Apocalipse nos dá mais informações, especialmente no capítulo 13. Ali, ele é descrito como uma besta, assim como seu colega e parceiro

---

24 Observe que, no grego, *anti* significa "no lugar de", um substituto, e não um antagonista.

de conspiração, o falso profeta. Juntos eles estabelecem um regime totalitário no qual somente aqueles que se submetem à sua autoridade, que recebem sua marca, têm permissão de comprar e vender bens e mantimentos. A marca será um número (666); todo o seu significado ficará óbvio quando o momento chegar, mas 6 é um algarismo humano, sempre aquém da divina perfeição do 7.

Tendo em vista que a autoridade dessa tirania será universal, e não apenas local (Ap 13.7), o sofrimento será sem precedentes. Nada igual se enfrentará antes ou depois, disse Jesus. Será a maior pressão que seus seguidores jamais conheceram; terrivelmente cruel, mas misericordiosamente breve.

No entanto, o maior perigo será o engano. Tais condições produzirão uma abundância de falsos profetas *e* falsos messias, tão ansiosos por sua parte quanto os abutres que se agrupam ao redor de um animal que foi atacado. Com demonstrações sobrenaturais de forças ocultas, eles tentarão, "se possível, enganar até os eleitos", imitando o exemplo do anticristo e do falso profeta (Ap 13.3, 14-15).

Haverá muitos boatos sobre a volta de Cristo e sobre o local onde os crentes podem encontrá-lo. Não se deve dar ouvidos a esses rumores. O sinal da vinda de Jesus será visto por todos, onde quer que estejam (veja o Sinal 4, a seguir). Somente os que estão na Judeia devem viajar, não para encontrar-se com Cristo, mas para fugir do anticristo. Os outros devem permanecer onde estão, mantendo os ouvidos fechados e os olhos bem abertos. Devem vigiar e orar.

Esse cenário extraordinário é algo difícil de imaginar ou acreditar. Temos, contudo, a palavra de Jesus a respeito: "Vejam que eu os avisei antecipadamente" (Mt 24.25). É uma questão de confiar na sua presciência e veracidade. O Senhor foi tão bom e cheio de compaixão ao nos fornecer tantas informações detalhadas. Aqueles que aceitam e agem em conformidade estarão preparados quando vier a tormenta.

Antes de analisarmos o último sinal, há dois pontos muito importantes a observar no final da Grande Tribulação. Primeiro, *Cristo ainda não voltou*. Há muitos rumores de que isso já aconteceu, mas não é verdade. Segundo, *os cristãos ainda não partiram*. Eles permanecem na terra, enfrentando a grande angústia. Os únicos que escapam são os que foram martirizados, embora constituam uma grande multidão (Ap 6.9-11; 7.9-17; 13.15; 20.4). Outros estarão seguramente escondidos em áreas desertas (Ap 12.6, 14). O alerta de que todos os que adoram a besta e aceitam sua marca serão "atormentados com enxofre ardente [...] para todo o sempre" é visto como um chamado à perseverança e à fidelidade dos santos (Ap 14.9-12) para que não partilhem desse mesmo destino.

Essa crise, no entanto, pode ser medida em dias e logo passará. Haverá apenas mais um sinal antes da volta do Senhor.

Sinal 4: Escuridão no céu (Mt 24.29-31)

Isso acontecerá "imediatamente após a tribulação daqueles dias". Não haverá demora. Portanto, aqueles que viverem para ver o terceiro sinal terão uma ideia clara de quando Jesus voltará. Esse conhecimento deveria encorajá-los a resistir durante esses meses terríveis.

O último sinal será inconfundível. Todas as fontes naturais de luz serão extintas, deixando todo o céu escuro como tinta. Qualquer que seja a hora do dia parecerá a mais escura noite. O sol, a lua e as estrelas deixarão suas órbitas, e não poderão brilhar sobre o planeta Terra. Os profetas hebreus assim previram (Is 13.10; 34.4; Jl 2.31, citado em Atos 2.20).

O céu já refletiu eventos-chave na vida de Cristo. A estrela brilhante em seu nascimento e o eclipse solar em sua morte são prenúncios das boas-vindas cósmicas ao seu retorno.

A ausência de luz natural deixará mais perceptível a iluminação sobrenatural. O céu, antes escuro como breu, será tomado por uma luz brilhante; a glória do Filho Unigênito de Deus, vislumbrada brevemente pelos três discípulos no monte Hermom (Mc 9.3; Jo 1.14; 2Pe 1.16-17), agora resplandece em todo o globo e é vista por todos.

No teatro, o apagar das luzes é um sinal de que a peça está prestes a começar. A plateia, em expectativa, sabe que não será preciso esperar muito para que as cortinas se abram e revelem um palco bem iluminado, muitas vezes com uma cena de multidão e o ator principal ao centro. Assim será naquele dia.

As nações verão não somente o "relâmpago que sai do Oriente e se mostra no Ocidente", mas também Jesus descendo sobre as nuvens.[25] À medida que os incrédulos tiverem plena percepção do que está acontecendo, serão tomados pela dor. Como puderam estar tão errados! Que oportunidades desperdiçaram! Serão eles os que enfrentarão sofrimento sem precedentes.

Não será assim com os crentes que tanto aguardaram por esse dia. Eles verão o relâmpago, mas também ouvirão o som da trombeta, estrondoso o bastante para despertar os mortos! O soar do chifre de carneiro (*shofar* em hebraico) era uma convocação, um chamado para que o povo do Senhor se reunisse; e assim será com a trombeta. Os anjos acompanharão os crentes vindos dos quatro cantos da terra; para muitos, será a primeira viagem à Terra Santa; para todos, o primeiro voo gratuito! Eles já terão novos corpos, assim como os crentes que já morreram e que os precederão no maior encontro de todos.

Esse evento é geralmente conhecido como "arrebatamento". Na linguagem moderna, a palavra tem

---

[25] Não há explicação de como isso acontecerá; uma câmera de TV gravará o momento?

um forte tom emocional, que não seria inapropriado. Mas o termo, na verdade, vem do latim *rapto, raptere* e é encontrado em 1Ts 4.17: "[...] seremos arrebatados juntamente com eles nas nuvens". O mesmo sentido duplo pode ser encontrado no sinônimo "transportado".

À medida que os crentes forem transportados para Israel, os incrédulos, é claro, serão deixados para trás. Como Jesus disse, dois homens estarão no campo: um será levado e o outro deixado, o mesmo acontecerá com duas mulheres que trabalham juntas na cozinha (Mt 24.40-41). Até famílias serão divididas para sempre (Lc 12.51-53).

Mas os fiéis seguidores de Jesus ficarão unidos para sempre, uns com os outros e todos com o Senhor (1Ts 4.17). Onde quer que Jesus estiver, ele terá voltado para que os fiéis possam desfrutar de sua companhia e contemplar a sua glória (Jo 14.3; 17.24).

São esses os sinais da sua vinda que Jesus revelou aos seus discípulos, e, por meio deles, a nós também. Seu conteúdo e sua sequência são claros; além disso, ocorrerão em intervalos cada vez menores e com intensidade cada vez maior.

Jesus nos encorajou a ficarmos atentos a esses sinais na história e a interpretá-los corretamente, assim como são interpretados os sinais da natureza. A seiva que circula na figueira e faz brotar as folhas sinaliza a chegada do verão.[26] A analogia é entre as folhas que brotam e os quatro sinais aos quais ele se refere. "Assim também, quando virem todas estas coisas [isto é: até o escurecimento do céu], saibam que ele [ou sua vinda] está próximo[a], às portas" (Mt 24.33).

É crucial perceber que o propósito de Jesus com essa previsão detalhada não era debater datas, mas evitar riscos.

---

26 Jesus está fazendo uma analogia simples com o mundo natural; não há nenhuma pista de que esteja se referindo metaforicamente à independência política de Israel e sua restauração à sua própria terra. Embora o Antigo Testamento ocasionalmente compare a nação a uma figueira, a comparação mais frequente é com a videira.

Seu objetivo era a aplicação prática, e não a especulação intelectual. Infelizmente, a história está repleta de exemplos de pessoas que, com base no "achômetro" estimaram a data real. Martinho Lutero calculou que seria em 1636, John Wesley pensou que seria em 1874; ambos foram sábios o bastante para escolher um ano bem distante da sua época, assim não precisariam lidar com seus erros! Não foi assim com William Miller, fundador dos Adventistas do Sétimo Dia, que escolheu 1844, ou Charles Russell, fundador dos Testemunhas de Jeová, que escolheu 1914; ambos morreram pouco depois das datas que haviam previsto. Recentemente, houve uma enxurrada de propostas, muitas destacando 1988, o quadragésimo ano após o florescimento da figueira, o Estado de Israel.

Considerando tudo o que foi exposto até aqui, é evidente que não sabemos o ano, nem podemos sabê-lo nesta fase em que somente os sinais mais gerais são claramente visíveis. Também fica claro que não poderá ser neste ano, no ano seguinte ou até mesmo nos próximos anos. A esperança de que isso aconteça em nosso tempo de vida depende de uma extraordinária aceleração dos eventos mundiais. O fim pode estar mais próximo do que imaginamos.

No entanto, há mais uma afirmação que podemos fazer sobre o momento da vinda de Jesus. Talvez não saibamos o ano, mas sabemos em que época do ano será! Deus incluiu no ritual judaico, especialmente no calendário anual de festas, prenúncios de sua obra redentora por meio de Cristo. As três grandes festas – eventos que reuniam muitas pessoas em Jerusalém – eram sinais do Messias. A primeira era a *Páscoa*,[27] com o sacrifício do cordeiro às 3 horas da tarde e, dias depois, a apresentação dos primeiros frutos da colheita – cumprido de forma clara na morte e

---

27 Março/abril em nosso calendário.

ressurreição de Jesus. O segundo era o *Pentecoste*,[28] em gratidão pela lei outorgada no monte Sinai, cinquenta dias após a primeira Páscoa, embora tenha causado a morte de três mil rebeldes (Êx 32.28). Cumpriu-se de forma clara no derramamento do Espírito sete semanas após o Calvário, levando vida a três mil pessoas que se arrependeram (At 2.41 cf 2Co 3.6).

A terceira, *Tabernáculos*,[29] é a grande festa em que os judeus, relembrando a provisão do maná no deserto, ficam em abrigos temporários e comemoram o final da colheita. Os cristãos celebram sua versão da Páscoa e do Pentecoste, sendo que nem sempre as datas coincidem com o calendário judaico. Consciente ou inconscientemente, entretanto, eles ignoram a Festa dos Tabernáculos, porque não percebem sua conexão com Cristo. Há muito mais relações do que eles conseguem ver.

É provável que Jesus tenha nascido durante essa festa. Ele pode até ter sido concebido no dia 25 de dezembro, mas muitos já sabem que ele não nasceu nessa festa pagã do solstício de inverno, que celebra o retorno do sol no hemisfério Norte. Uma breve pesquisa bíblica revela que Jesus nasceu 15 meses após o turno de Zacarias no templo, que acontecia no quarto mês (1Cr 24.10; Lc 1.5, 26, 36). A Festa dos Tabernáculos acontecia no sétimo mês. Seria por isso que João afirma: "Aquele que é a Palavra tornou-se carne e viveu [a palavra no grego é tabernaculou] entre nós" (Jo 1.14)?

Ele certamente esteve na festa. Seus irmãos, céticos, insistiram para que ele aproveitasse a ocasião, cientes de que era exatamente o período do ano em que os judeus esperavam a vinda de seu Messias.

A resposta de Jesus é muito reveladora: "Para mim

---

[28] Maio/junho.
[29] Setembro/outubro.

ainda não chegou o tempo certo; para vocês qualquer tempo é certo" (Jo 7.6). Mas ele foi à festa, sim. De forma reservada. E fez uma aparição pública no último e mais importante dia; aquele em que a água do tanque de Siloé era levada para ser derramada no altar com orações pedindo as primeiras chuvas e as chuvas temporãs, garantindo assim a colheita seguinte.[30] Nesse contexto, a mensagem anunciada por Jesus ganha um significado profundo: "Se alguém tem sede, venha a mim e beba. Quem crer em mim, como diz a Escritura, do seu interior fluirão rios de água viva" (Jo 7.37-38). Essa afirmação provocou um acirrado debate sobre sua identidade. Ironicamente, a possibilidade de que ele pudesse ser o Messias foi descartada, pois sua origem era Nazaré, e não Belém! Que autocontrole Jesus demonstrou ao permanecer calado.

No entanto, o verdadeiro cumprimento dessa festa em Cristo está em sua segunda vinda, não na primeira. Assim como ele morreu na Páscoa e enviou seu Espírito no Pentecoste, ele retornará na Festa dos Tabernáculos. No tempo certo. O tempo de Deus.

Todo judeu tem conhecimento disso. Seus próprios profetas já fizeram essa previsão. Zacarias previu que as nações "subirão de ano em ano para adorar o Rei, o Senhor dos Exércitos, e para celebrar a Festa dos Tabernáculos" (Zc 14.16, ARA). Todos os anos, na mesma época, os judeus oram para que os gentios venham à festa para receber o Messias. Caso seja necessária qualquer confirmação adicional, o fato de ser imediatamente precedida pela Festa das Trombetas deve resolver a questão (Lv 23.23–25; cf. Mt 24.31; 1Co 15.52; 1Ts 4.16; Ap 11.15).

No oitavo dia da festa, os judeus realizam uma cerimônia de casamento e casam-se com a Lei.[31] Naquele dia, inicia-

---
30 Não há chuva, apenas orvalho, durante os seis meses do verão.
31 Um pergaminho nas mãos de um rabino sob o dossel.

se novamente a leitura do Pentateuco, os cinco livros de Moisés. Um dia, aquele será o casamento do Cordeiro (Ap 19.7). Essa é apenas uma das razões pelas quais Jesus está retornando: para encontrar-se com sua noiva.

Começamos essa seção considerando o que a Bíblia quer dizer ao descrever a segunda vinda como repentina. Devemos concluir refletindo sobre as palavras "em breve" aplicadas ao mesmo evento. "Sim, venho em breve" (Ap 22.20). A primeira pergunta é: "Em breve quando?"

À primeira vista, a palavra dá a impressão de que poderia ser a qualquer momento. Mas as palavras precisam ser vistas no contexto de todo o ensinamento do Novo Testamento sobre qualquer assunto.

Alguns de seus autores acreditavam ser concebível que Jesus retornasse enquanto estivessem vivos. "Os que estivermos vivos seremos arrebatados" (1Ts 4.17; observe que os verbos "estivermos" e "seremos" referem-se a "nós" e não a "eles"). Paulo certamente esperava estar vivo (1Co 5.2-3). Ele não ansiava pela condição desencarnada entre a morte e a ressurreição, embora a preferisse em lugar de seu corpo físico.

Por outro lado, há indicações claras de que eles não esperavam que Jesus voltasse a qualquer momento, mas sabiam que haveria um espaço considerável de tempo. Os discípulos precisavam levar seu testemunho "até os confins da terra" (At 1.8). Jesus previu que Pedro seria crucificado na velhice (Jo 21.18,19), porém, no mesmo contexto, deu margem ao boato de que João viveria até o seu retorno. O próprio João corrige esse mal-entendido.

Foi desapontador para aquela geração e a seguinte. Eles haviam acreditado e anunciado que Jesus "em breve" retornaria como Rei. Isso não aconteceu. O assunto tornou-se motivo de chacota, antes mesmo que fossem escritas as últimas páginas do Novo Testamento. Os mestres ouviam zombarias: "O que houve com a promessa da sua vinda? Desde que os antepassados morreram, tudo continua como desde o princípio da criação" (2Pe 3.4).

O problema é ainda mais delicado para nós, pois mais de cinquenta gerações vieram e se foram. Talvez estejamos muito *mais próximos* do evento, mas uma demora tão longa nos faz imaginar se sequer podemos dizer que ele está *próximo*. As palavras "em breve" fazem algum sentido para nós hoje? Ousamos usá-las com confiança em nossa pregação? Como lidamos com essa ideia?

Alguns estudiosos simplesmente consideram o termo um erro e o descartam. Afirmam que Paulo e até o próprio Jesus usaram as palavras "em breve" de forma equivocada, mesmo que sinceramente acreditassem nelas. Embora essa explicação seja amplamente aceita nos círculos liberais, ela é insustentável para aqueles que acreditam que a Bíblia é a Palavra inspirada de Deus, e que ele não permitiria que ali fosse deixada uma informação tão enganosa.

A Bíblia é um livro que interpreta a si mesmo, uma passagem explica outra. Na verdade, no mesmo capítulo em que a zombaria da sua demora é mencionada, há uma resposta dupla à questão.

Em primeiro lugar, *o tempo é relativo*. Os gregos acreditavam que Deus estava além do tempo. Para os hebreus, o tempo estava em Deus. O tempo é real para Deus, embora ele mesmo não consiga mudar o passado; mas é relativo para ele. O tempo também é relativo para nós.[32] O tempo é ainda mais relativo para Deus. "Não se esqueçam disto, amados: para o Senhor um dia é como mil anos, e mil anos como um dia" (2Pe 3.8; citando Sl 90.4). O dia em que o Senhor deixou seu amado Filho sozinho na

---

[32] Quando Einstein foi desafiado a apresentar de forma simples sua teoria da relatividade do tempo, ele respondeu: "Um minuto sentado sobre uma grelha quente parece mais longo do que uma hora conversando com uma bela garota!"

cruz deve ter parecido longo como um milênio, mas desde o dia em que o levou para estar novamente ao seu lado parece que se passaram somente alguns dias.

Sendo assim, devemos interpretar a expressão "em breve" pela perspectiva de tempo de Deus, e não pela nossa. A segunda vinda é o próximo grande evento no calendário divino, mesmo que não esteja no nosso. Restam um ou dois "dias" mais, ou talvez apenas algumas "horas" pelo ponto de vista celeste. Observe o uso frequente das palavras "dia" e "hora" em conexão a esse acontecimento (Mt 24.36; Jo 5.28; Ap 14.7); talvez isso explique a frase "houve silêncio no céu por volta de meia hora" (Ap 8.1).

Portanto, "o Senhor não demora em cumprir a sua promessa, como julgam alguns" (2Pe 3.9). Nós é que temos a impressão de que ele se demora porque operamos em uma escala de tempo diferente, numa era de produtos instantâneos, e buscamos soluções imediatas. Perdemos a arte de esperar por algo, muito menos esperar no Senhor. Até mesmo os santos podem se cansar de esperar. Um deles, após ler o versículo: "Pois em breve, muito em breve Aquele que vem virá, e não demorará" (Hb 10.37), exclamou: "Mas, Senhor, esse 'em breve' está muito demorado!"

Então, por que o Senhor deixou na Bíblia a expressão *em breve*, sabendo que ela poderia ser mal interpretada, pela atribuição de um sentido humano, e não divino, levando consequentemente à frustração e à impaciência? Na verdade, o resultado é mais positivo de que negativo. De alguma forma, a expressão estimula a lembrança frequente dessa futura crise. A vida deve ser encarada por esse ângulo. De forma bem realista, a volta de Jesus é o grande evento tanto no nosso calendário quanto no de Deus. As palavras *em breve* nos lembram de começar a nos preparar agora. Afinal, como veremos na segunda parte dessa seção, Jesus se preocupa mais com o que fazemos em todo o tempo em que ele está distante do que com o que estaremos fazendo quando ele voltar. Precisamos ter sempre em mente que, naquele Dia, nós lhe prestaremos contas. A expressão *em breve* cumpre esse papel com eficácia.

Em segundo lugar, *a demora é benéfica*. Em vez de nos queixarmos, deveríamos nos alegrar. Ela significa que o julgamento também foi adiado. Expressa a relutância de Deus em fechar a porta para a salvação. "Ele é paciente com vocês, não querendo que ninguém pereça, mas que todos cheguem ao arrependimento" (2Pe 3.9). Esse mesmo Deus esperou mais de um século antes de enviar o dilúvio (Gn 6.3);[33] na verdade, ele aguardou quase um milênio – toda a vida de Matusalém – desde seu primeiro aviso a Enoque de que haveria um julgamento (Jd v.14-15). Hoje, esse mesmo Deus, pacientemente, nos estende a oportunidade de mudar nosso modo de viver antes que seja tarde. Observe quantas vezes Jesus traçou um paralelo entre os dias de Noé e o dia da sua volta (Mt 24.37), assim como fizeram seus discípulos depois dele (2Pe 3.5-6).

Em outras palavras, em vez de ficarem desapontados com a demora ao pensarem em si mesmos, os cristãos deveriam se alegrar pelo bem de outros! E refletir no fato de que, se não houvesse demora, eles mesmos jamais conheceriam o amor de Deus e tudo o que ele "preparou para aqueles que o amam" (1Co 2.9).

Mas somos humanos. Tendo experimentado "a bondade da palavra de Deus e os poderes da era que há de vir" (Hb 6.5), é natural que desejemos descansar o quanto antes. Diante da promessa de Jesus "Sim, em breve voltarei", nossa compreensível e instintiva reação é clamar "Amém. Vem, Senhor Jesus" (Ap 22.20).

---

33 Não se tratava de uma redução na expectativa de vida, visto que essa não era a média de vida posterior.

POR QUÊ?

Esta é, sem dúvida, a pergunta mais importante a se fazer a respeito da segunda vinda. Estranhamente, é a mais negligenciada!

Muitos cristãos que se alegram na garantia da volta de Jesus raramente refletem sobre o seu propósito. Para eles, parece ser suficiente aguardar ansiosamente para estar com ele outra vez.

Mas por que isso deveria produzir uma expectativa prazerosa, uma vez que todo crente pode ter a certeza de que estará com Jesus no céu imediatamente após a morte, "ausente do corpo e habitando com o Senhor" (2Co 5.8)? A comunhão com ele não será mais doce fora do contexto deste mundo triste, enfermo e pecador?

Por acaso eles têm esperança de que Jesus retorne enquanto ainda estiverem vivos, poupando-os completamente de enfrentar a morte (e o sepultamento ou a cremação)? Uma coisa é certa, ninguém aprecia a ideia de ter as medidas tiradas para caber em uma caixa de madeira! Ou será que eles, de alguma forma, sentem que a comunhão com a presença física de Jesus é mais real e desejável do que sua presença espiritual no céu?

Suponhamos que Jesus não volte à terra, mas que fique no céu até que todo o seu povo se una a ele ali, no lugar onde viverão ao seu lado para sempre.[34] Pergunte a si mesmo se isso realmente afetaria o que você crê ou, mais relevante ainda, se afetaria sua conduta. Qual é sua resposta sincera?

Até agora, estamos pensando subjetivamente nos efeitos disso em nós mesmos. Vamos analisar essa questão de forma mais objetiva, bem como seus efeitos para o mundo.

Por que Jesus precisa voltar? Por que o mundo precisa que ele volte? O que ele deixou de fazer em sua primeira vinda que exija a segunda? Ele não completou sua missão? O que ele

---

34 Uma ideia bastante comum tanto na Igreja quanto fora dela.

ainda fará na terra que não seja possível fazer permanecendo em sua posição de suprema autoridade no céu?

Algumas pessoas consideram essas perguntas inapropriadas, até desrespeitosas. Elas encaram essa investigação dos mistérios divinos como mera especulação. Contentam-se com o fato revelado da vinda de Jesus; sua posição é de "esperar e ver" o que ele fará quando vier. No entanto, há duas razões para irmos um pouco além.

Primeiramente, a própria Bíblia oferece várias razões claras para o retorno de Jesus e sugere outras. Temos liberdade para seguir todas as pistas. Em segundo lugar, quanto mais entendemos o propósito da sua vinda, mais podemos apreciar sua grande importância para nossa esperança futura e maior será o impacto na forma como vivemos no presente.[35]

Para estimular seus pensamentos, deixe-me apresentar duas outras questões sobre as quais os cristãos não parecem refletir com muita frequência.

Quanto tempo ele ficará? Sua primeira vinda teve a duração de um terço de século. A segunda vinda será mais breve ou mais longa? O que ele precisa fazer pode ser feito rapidamente ou exigirá certo tempo? Haverá outra ascensão ou ele ficará aqui permanentemente?

Por que precisamos voltar? Não é somente Cristo que retornará ao planeta Terra, mas também todos os crentes que hoje estão no céu. "Cremos também que Deus trará, mediante Jesus e juntamente com ele, aqueles que nele dormiram" (1Ts 4.14). Espera-se que os cristãos vivam nesta terra uma segunda vez! Você já ouviu essa pregação em um funeral?

Agora estamos prontos para perguntar por que Cristo e os cristãos precisam retornar à terra. Que objetivos o Senhor tem em mente? Há pelo menos cinco.

---

35 Esse último aspecto será explorado no próximo capítulo.

Completar a salvação dos santos

O primeiro ponto a entender é que a salvação é um processo contínuo, não uma mudança instantânea no momento da conversão. Ela não está completa em nenhum cristão, embora esteja mais desenvolvida em uns do que em outros.

Essa é a razão pela qual o Novo Testamento usa o verbo "salvar" em três tempos verbais: fomos salvos, estamos sendo salvos e seremos salvos. Os verbos correspondem às três fases conhecidas como justificação, santificação e glorificação, que juntas constituem a salvação.

O processo alcançará seu objetivo quando cada parte do nosso ser for restaurada à sua condição original, quando Deus nos criou à sua própria imagem. Sabemos como isso será, pois seu Filho é "a expressão exata de seu ser" (Hb 1.3).

A transformação estará completa quando ele voltar. "Sabemos que, quando ele se manifestar, seremos semelhantes a ele, pois o veremos como ele é" (1Jo 3.2). Assim como ele reflete com perfeição a imagem de seu Pai, nós também seremos seu reflexo perfeito.

Por isso a Bíblia pode afirmar: "Ele aparecerá segunda vez, não para tirar o pecado, mas para trazer salvação aos que o aguardam" (Hb 9.28). Por fim, os cristãos serão plenamente salvos.[36] Seu Salvador terá completado sua obra *neles*, assim como, em sua primeira visita, ele completou sua obra *para eles*, na cruz ("Está consumado!", Jo 19.30). Ele verá o resultado de todo o seu sofrimento e ficará satisfeito (Is 53.11).

Devemos tomar cuidado para não nos tornarmos excessivamente espirituais quando pensamos na salvação completa. Os cristãos do Ocidente tendem mais a essa distorção, pois sua cultura é mais influenciada pelo

---

[36] E somente então poderão afirmar com confiança "uma vez salvo, salvo para sempre!"

pensamento grego, segundo o qual o físico e o espiritual estão bem separados, tanto no aspecto moral quanto mental. A perfeição é definida em termos de uma alma no céu, e não de um corpo na terra. O misticismo oriental tem um desprezo semelhante pelo mundo material.

A criação, no entanto, é essencialmente boa, pois veio das mãos do bom Criador. Ele desejava um universo físico e planejou que os seres humanos tivessem corpos físicos. Embora a rebelião do pecado (de anjos e homens) tenha arruinado sua criação, o propósito de Deus é redimi-la, restaurando-a à sua condição original.

Ser salvo, portanto, implica transformar cada parte de nós, tanto física quanto espiritual. É frustrante ser meio-salvo, tentar viver essa nova vida espiritual em nosso velho corpo (e cérebro) físico, programado por anos de maus hábitos. Paulo explica bem essa tensão: "Pois, no íntimo do meu ser tenho prazer na lei de Deus; mas vejo outra lei atuando nos membros do meu corpo" (Rm 7.22-23).

É claro que a morte do corpo traz algum alívio. Mas é uma solução apenas parcial para o problema, pois a pessoa que Deus planejou está incompleta, despida, ausente do corpo (2Co 5.4,8).

Isso talvez seja suficiente para filósofos gregos e místicos orientais, mas nunca satisfará aqueles que sabem como Deus realmente é e o que ele deseja para os seus. "Nós mesmos, que temos os primeiros frutos do Espírito, gememos interiormente, esperando ansiosamente nossa adoção como filhos, a redenção do nosso corpo" (Rm 8.23).

Que paradoxo! Porque temos o Espírito, ansiamos por um corpo novo! Assim como acontece com a salvação, nossa adoção como filhos de Deus é tanto futura quanto passada (cf. Rm 8.15). O clímax de nossa restauração será a dádiva de um corpo totalmente novo, incontaminado por nosso pecado passado, ilimitado em sua expressão do espírito interior, não afetado pela enfermidade, decadência ou morte. Diferente do velho corpo, esse novo corpo se desenvolverá instantaneamente, "num momento, num abrir e fechar de olhos" (1Co 15.52). O que será que os evolucionistas vão pensar?!

Isso acontecerá ao soar da última trombeta, anunciando a vinda de Cristo. Sua volta e nossa ressurreição serão simultâneas. A promessa de que "seremos semelhantes a ele, pois o veremos como ele é" (1Jo 3.2) nos envolve integralmente: corpo, alma e espírito. Nosso novo corpo será "semelhante ao seu corpo glorioso" (Fp 3.21). O significado disso é que não seremos mais jovens ou mais velhos, mas, como ele, estaremos no auge da vida, certo?

Mas por que precisamos voltar à terra para experimentar essa metamorfose física? Por que não podemos receber nossos novos corpos no céu? E principalmente, por que temos que esperar o momento em que todos, de uma só vez, receberão esse novo corpo? Por que isso não acontece no momento da morte de cada um?

A resposta é realmente bem simples: não precisamos de corpos no céu, somente na terra. O céu é um lugar para seres espirituais. "Deus é espírito" (Jo 4.24). Os anjos ao redor do seu trono são "espíritos ministradores" (Hb 1.14). A "Jerusalém celestial" está cheia dos "espíritos dos justos aperfeiçoados" (Hb 12.23).

Entretanto, quando os seres celestiais vêm à terra, precisam de corpos. O Filho de Deus foi obrigado a encarnar-se – "um corpo me preparaste" (Hb 10.5). Anjos tiveram de assumir a forma humana (Gn 18.2; 19.1; cf Hb 13.2). Até mesmo os anjos caídos, chamados "demônios", habitam os corpos de outros, seres humanos ou animais (Mc 5.12-13). Para operar neste mundo físico, um corpo físico se faz necessário.

As implicações são profundas. Se os santos de todas as

épocas recebem novos corpos aqui na terra, isso certamente indica que estão sendo equipados para continuar a viver na terra, e não no céu. É como se tanto Cristo quanto os cristãos voltassem para ficar de vez, permanecer neste planeta. Isso significaria que os crentes que estiverem vivos na terra quando Jesus voltar jamais irão para o céu! Aqueles que foram para o céu quando morreram estavam em acomodações temporárias!

A Bíblia claramente retrata a "terra" como o destino de todos os que foram salvos. Não esta velha terra, mas uma nova em folha. O mesmo maravilhoso poder de Deus que redime nossos corpos também redimirá o meio ambiente. Haverá uma nova terra onde nossos novos corpos viverão. Vamos abordar esse tema mais adiante, bem como a questão de quanto tempo depois da volta de Jesus isso acontecerá.

Sabemos que nossa salvação será completa quando Jesus voltar, mas o propósito salvador de Deus não terá se cumprido até que todo o universo tenha sido restaurado à sua condição original.

Além dos aspectos individual e universal do plano de Deus para nosso mundo, deve haver uma restauração nacional.

Converter os judeus
Jesus era e é judeu. Ele nasceu e morreu como "Rei dos judeus" (Mt 2.2; 27.37). Foi "enviado apenas às ovelhas perdidas de Israel" (Mt 15.24). Jesus exerceu praticamente todo o seu ministério em sua própria terra e entre seu próprio povo. É verdade que a maioria não o recebeu (Jo 1.11), mas graças aos que o receberam nós temos a Bíblia e a Igreja.[37]

Muitos cristãos parecem ter se esquecido que seu Salvador é judeu e que "a salvação vem dos judeus"

---
[37] Todos os seus 40 autores, com exceção de um, eram judeus e todos os doze apóstolos e a maior parte dos primeiros membros eram judeus.

(Jo 4.22). A Igreja parece ter arrancado suas raízes judaicas; por exemplo, ao distanciar a Páscoa, o Pentecoste e o Natal das datas celebradas pelos judeus. Mais grave ainda é o fato de os cristãos ditarem o ritmo do antissemitismo ao longo da história da Igreja, notoriamente nas Cruzadas. Os judeus sofreram mais em países cristãos do quem em não cristãos, e prova disso é o Holocausto, na Alemanha [de Lutero]. Por trás dessa atitude estão dois erros grosseiros.

O primeiro equívoco é a acusação de *que os judeus mataram Jesus*. Toda a nação, no passado e presente, é considerada culpada de deicídio (o assassinato de Deus). Como podem os judeus de hoje ser responsabilizados, mesmo recusando-se a reconhecer Jesus como Filho de Deus? Há ainda mais gentios que fazem o mesmo. Os cristãos contemporâneos estão prontos para serem responsabilizados pelas Cruzadas? Mesmo no tempo de Jesus, não foi toda a nação judaica que teve participação na crucificação. Os judeus descritos no Evangelho de João são os habitantes da Judeia, ao Sul, não os galileus, do Norte. Jesus deixou claro que os gentios foram seus verdadeiros carrascos (Mt 20.19; Mc 10.33; Lc 18.32). E, de certo modo, somos todos responsáveis por sua morte, pois ele sofreu pelos pecados de toda a raça humana.

O segundo equívoco é a ideia de *que a Igreja substituiu Israel*. Uma vez que os judeus rejeitaram seu Messias, os gentios que o aceitam reivindicam a posição de "novo Israel". Os propósitos da aliança de Deus foram totalmente transferidos de um povo para outro. Os judeus virtualmente se tornaram gentios, apenas mais uma entre as muitas nações do mundo, alienados dos propósitos de Deus quanto ao seu reino. O plano de Deus para o futuro não incluía o povo judeu como tal. É o que dizem.

Isso certamente parece estar implícito em algumas afirmações de Jesus (Mt 21.43) e de Paulo (At 13.46;

15.17; 28.28; Rm 9.24-26). Muitas das descrições de Israel encontradas no Antigo Testamento são associadas à Igreja no Novo Testamento (1Pe 2.9-10); o mesmo se aplica a algumas das promessas feitas aos judeus (Hb 13.5-6). Mas essa não é toda a história.

A aliança de Deus com Abraão e seus descendentes era eterna e, portanto, incondicional (Gn 17.7). Para sanar qualquer dúvida, Deus explicou o que isso significaria: "Não os desprezarei, nem os rejeitarei, para destruí-los totalmente, quebrando a minha aliança com eles, pois eu sou o Senhor, o Deus deles" (Lv 26.44; cf Dt 4.31; 9.5-6; 2Sm 7.15; Sl 89.34; 94.14; 105.8-9; 106.45; 111.5; Am 9.8; Jr 30.11; 14.21; Ez 16.60; 20.44; Ml 3.6). Embora ele os tivesse espalhado por todas as nações quando descumpriram sua parte no pacto, Deus jamais quebraria sua promessa, mas os traria de volta "desde os quatro cantos da terra" (Dt 32.26; Is 11.12). Tal dispersão e retorno não aconteceram no exílio babilônico, mas estão acontecendo hoje. Foi a um povo restaurado à sua terra que ele prometeu um libertador de Sião, uma nova aliança e o derramamento do seu Espírito (Is 59.20-21; Jr 31.1-40; Jl 2.28-32). Apesar de todas as tentativas para aniquilá-los, esse povo sobreviveu fisicamente e um remanescente permaneceu espiritualmente fiel ao seu Deus (1Rs 19.18).

O Novo Testamento endossa tudo isso. Deus ainda é o "Deus de Abraão, e o Deus de Isaque, e o Deus de Jacó", pois eles ainda vivem (Lc 20.37-38). O nome "Israel" é mencionado mais de 70 vezes. É sempre usado para designar os descendentes naturais de Abraão, com uma exceção discutível.[38]

Jesus previu tanto a rejeição imediata de seus compatriotas quanto sua restauração final. Mesmo enquanto chorava por

---

38 Gálatas 6.16, se a palavra grega *kai* for traduzida por "até mesmo" em vez de seu sentido comum "e", como aparece em várias versões.

causa da recusa de Jerusalém em receber sua proteção, ele previu: "Vocês não me verão desde agora, *até* que digam: 'Bendito é o que vem em nome do Senhor'" (Mt 23.39; significativamente, esse é um dos salmos de Halel ou de Louvor – 113 a 118 – entoados na Festa dos Tabernáculos). Ele previu a queda de Jerusalém em 76 d.C., mas ela somente seria "pisada pelos gentios, *até* que os tempos deles se cumprissem" (Lc 21.24). A última pergunta dos discípulos a Jesus antes de sua ascensão referia-se ao tempo em que a monarquia seria restaurada a Israel. Ao invés de repreendê-los pela irrelevância de seu pensamento (como muitos cristãos fariam hoje), ele disse que não lhes competia saber a data já determinada por seu Pai – sua missão era serem suas testemunhas até os confins da terra; às nações gentílicas (At 1.6-8). Jesus já lhes havia dito que um dia eles julgariam as doze tribos (Mt 19.28; Lc 22.30), mas isso teria de esperar. A única certeza é que "não passará esta geração até que todas essas coisas aconteçam" (Mt 24.34; "essas coisas" são os sinais da sua vinda).

Em uma passagem que trata especificamente do futuro da raça judaica (Rm 9-11), Paulo ensina claramente que Deus não os rejeitou, embora tenha sido rejeitado por eles (11.1). Ele reconhece que nem todos os descendentes naturais de Abraão são seus filhos espirituais, que partilham da sua fé (9.6-7; cf 2.28-29). Muitos judeus não são salvos e precisam crer em Jesus (10.1). Paulo, com uma aflição semelhante à de Moisés a respeito de seu povo, estava disposto a ir para o inferno se isso possibilitasse que eles fossem para o céu (Rm 9.3; cf. Êx 32.32).

Mesmo assim, Israel não pode tropeçar "para que fique caído" (Rm 11.11), "pois os dons e o chamado de Deus [aos patriarcas] são irrevogáveis" (Rm 11.29). Sempre houve e sempre haverá um remanescente (11.5). Somente alguns dos ramos da oliveira, que é Israel, foram cortados e substituídos por gentios – ramos antinaturais que foram enxertados (11.17-24). Esses crentes híbridos (os cristãos) precisam ser lembrados de que também correm o risco de serem cortados caso não continuem a confiar na bondade divina (11.22). E eles (os judeus), se crerem em Jesus, seu Messias, podem ser enxertados de volta em nosso lugar, adaptando-se às suas próprias raízes de forma muito mais natural (11.23-24). Na verdade, há dois milênios, existe na Igreja de Jesus um grupo minoritário de judeus e esse grupo está se expandindo.

Mas não é só isso. Paulo faz uma previsão alarmante, que ele chama de "mistério" (11.25). O sentido bíblico é: um antigo segredo agora é revelado por Deus. O endurecimento do coração dos judeus em relação ao evangelho, o castigo de Deus por rejeitarem sua iniciativa redentora (como aconteceu a faraó: 9.17-18) é apenas parcial e temporário *até* (essa palavra outra vez!) que chegue "a plenitude dos gentios". Então, o véu que cobre suas mentes será removido (2Co 3.15-16) e "*todo o Israel* será salvo". Esta frase não inclui todos os judeus que já viveram ou até mesmo todos os judeus que ainda estarão vivos no fim. A frase "todo o Israel" costuma ser usada no Antigo Testamento em referência a um encontro nacional representativo de todas as tribos de Israel, geralmente em Jerusalém (1Cr 11.1 cf Dt 1.1), cuja melhor tradução seria "Israel como um todo".

Visto que "salvo" deve ter aqui o mesmo sentido de outras ocorrências (cf. Rm 10.1), essa previsão nada mais é do que uma conversão em massa do povo mais relutante do planeta à fé em Jesus! Como isso é possível? A resposta é óbvia: da mesma forma como aconteceu na estrada para Damasco, quando Saulo, o perseguidor dos cristãos, tornou-se Paulo, o pregador do evangelho. A aparição póstuma de Jesus de Nazaré é prova suficiente para qualquer judeu de que Ele é o Messias.

É exatamente o que acontecerá quando Jesus voltar a Jerusalém. O mesmo profeta que previu a primeira vinda de Jesus sobre um jumento e sua segunda vinda na Festa dos Tabernáculos proclamou esta palavra do Senhor: "E derramarei sobre a família de Davi e sobre os habitantes de Jerusalém um espírito de ação de graças e de súplicas. Olharão para mim, aquele a quem *traspassaram*, e chorarão por ele como quem chora a perda de um filho único, e lamentarão amargamente por ele como quem lamenta a perda do filho mais velho" (Zc 12.10; cf Sl 22.16: "*Traspassaram-se* as mãos e os pés" [ARA]). A mesma palavra é repetida no livro de Apocalipse: "Eis que ele vem com as nuvens, e todo olho o verá, até mesmo aqueles que o *traspassaram*" (Ap 1.7). Sequer conseguimos imaginar a angústia que sentirão pelo sofrimento e pela oportunidade desperdiçada dois mil anos antes – mas isso não os deixará em desespero. Assim como seus pais olharam para a serpente de bronze no alto de um poste e receberam cura, agora eles olharão para o Filho do homem e serão salvos (Nm 21.8; Jo 3.14-15). Que calorosas boas-vindas darão a Jesus, quando ele entrar novamente na cidade (Mt 23.39).

Há duas implicações nesse extraordinário resultado da volta de Jesus.

A primeira é que os judeus, enquanto povo, terão sido preservados e restaurados à sua terra e capital. Isso já aconteceu. Muitos cristãos entendem corretamente esse fato como um prelúdio da vinda do Senhor, mas usam-no equivocadamente como um indicador de um retorno iminente. Como já vimos, essa imigração não foi especificamente incluída por Jesus nos "sinais dos tempos".

Isso também significa que Jerusalém permanecerá sob o domínio judaico, apesar dos ataques internacionais previstos (Zc 12.1-3) e que uma porção representativa do povo será protegida de forma sobrenatural em todas as suas aflições, inclusive a Grande Tribulação. Esse é, certamente, o significado de serem selados os 144 mil de todas as tribos de Israel (Ap 7.1-8).

A segunda implicação é que o destino dos judeus e dos gentios que creem em Jesus é idêntico. Ambos chegaram à mesma salvação por meio do mesmo Salvador. Jesus, falando aos judeus a respeito dos gentios, afirmou: "Tenho outras ovelhas que não são deste aprisco. É necessário que eu as conduza também. Elas ouvirão a minha voz, e haverá um só rebanho e um só pastor" (Jo 10.16).

Há um equívoco comum de que os judeus terão um destino terreno e os cristãos, um destino celestial. A Bíblia ensina claramente que todos viverão juntos no novo céu e na nova terra, em uma nova Jerusalém cujas portas têm os nomes das doze tribos de Israel e as fundações, os nomes dos doze apóstolos de Jesus. Eles serão um só povo vivendo sob uma (nova) aliança.

Derrotar o diabo
O mal não é um objeto abstrato que existe de forma independente. Portanto, a pergunta "Por que Deus criou o mal?" realmente não faz sentido algum. Não existe tal coisa.

O mal é pessoal, não impessoal; é um adjetivo, não um substantivo. Descreve criaturas que se rebelam contra seu Criador e vivem segundo sua própria vontade, e não a dele. Sim, Deus criou seres, tanto na terra quanto no céu, com capacidade para se tornarem "o mal" por escolha própria. Isso resultou em anjos maus e seres humanos maus, aparentemente nesta ordem (Gn 3.1). Eles são responsáveis por todo o mal presente na natureza e na história. Esse é o diagnóstico bíblico.

O líder da rebelião celestial foi o anjo caído que chamamos de diabo, conhecido por muitos nomes e títulos: Satanás,

Belzebu, serpente, dragão, leão, destruidor. Ele persuadiu muitos outros anjos a apostarem com ele em um reino rival ao reino de Deus.[39] Nós os conhecemos como demônios.

Tanto o diabo quanto seus demônios recebem na Bíblia títulos de autoridade e influência. Ele é o soberano, o príncipe e até o deus deste mundo. Eles são os principados e as potestades. Com sua força, inteligência e habilidades superiores, os anjos podem causar grandes estragos nas questões humanas. Podem nos manipular por meio da enfermidade do corpo e do engano da mente. Sua arma mais poderosa é a morte e o medo que ela desperta (Hb 2.15). Eles podem nos afastar de Deus e uns dos outros, e assim têm feito desde o jardim do Éden. Sua busca por poder alcançou ainda mais êxito na terra do que no céu: "Sabemos que [...] todo o mundo todo está sob o poder do Maligno" (1Jo 5.19).

Entretanto, o diabo não é Deus, embora deseje ser e talvez até acredite que seja. Ele não é onisciente; ele não sabe todas as coisas e pode cometer erros, um deles foi persuadir Judas a trair Jesus; Jo 13.27. Ele não é onipresente; pode estar em apenas um lugar de cada vez, algo de que muitos cristãos parecem não se lembrar (Jó 1.7; Lc 4.13). Ele não é onipotente; seu poder é rigorosamente limitado de duas maneiras.

Em primeiro lugar, o diabo não é páreo para Deus. Desde o princípio até agora, ele somente pôde agir mediante a permissão de Deus (Jó 1.12). Deus ainda tem o controle total. Satanás não é um problema para ele, embora seja para nós. Isso, é claro, significa que foi Deus quem permitiu que ele dominasse nosso mundo. Podemos ver nisso tanto a justiça quanto a misericórdia de Deus: justiça porque os que se recusam a viver sob o governo de um bom rei merecem um rei mau; misericórdia porque serve de encorajamento

---

39 Apocalipse 12.4 fala de "um terço" dos anjos.

para desejarmos o regime original.

Segundo, ele não foi páreo para Cristo. Do começo ao fim de sua missão pública, Jesus confrontou o diabo em seu próprio território – e resistiu com sucesso às suas sutis e sedutoras tentações. Pela primeira vez na história, toda uma vida foi vivida livre das garras do diabo, rompendo assim seu monopólio sobre a raça humana (Jo 12.31; 14.30). A cruz foi um golpe fatal em seu poder, um triunfo sobre os principados e potestades (Cl 2.15). Por meio da morte expiatória de Jesus e de sua vida intercessora, agora é possível a homens e mulheres viverem libertos das forças malignas e de seu medo da morte (Lc 22.31; Hb 2.14-15).

Mas a vitória final ainda não está completa. Agora há dois reinos na terra – de Deus e de Satanás, do bem e do mal, da luz e das trevas. Ambos estão crescendo, quantitativa e qualitativamente, lado a lado (Mt 13.30).

Por que a sobreposição de reinos? Por que o reino de Satanás não se extinguiu quando o reino de Deus foi restabelecido? Um momento de reflexão trará a explicação. Se, além de derrotar Satanás e seus seguidores, Cristo os tivesse destruído, a terra ficaria inabitada! Deus amou de tal maneira as vítimas de Satanás que desejou lhes oferecer todas as oportunidades possíveis de serem resgatadas para o seu reino, uma libertação que se tornou possível por meio de seu Filho (Cl 1.13). Hoje, milhões apropriaram-se dessa oportunidade. Infelizmente, muitos outros não perceberam que a porta está aberta ou recusam-se a entrar por ela.

Um dia, ela se fechará. Os dois reinos não continuarão coexistindo. O trigo e o joio serão separados durante a colheita.[40] As ervas daninhas venenosas serão queimadas. Um bom Deus não pode permitir que o mal continue a destruir tudo permanentemente. Isso deve ter um fim.

---

[40] Lembra-se da Festa dos Tabernáculos?

Os dias de Satanás, portanto, estão contados. Sua ruína está determinada e datada. Quando Jesus voltar, Satanás deve partir. O mundo finalmente ficará livre dele, depois de ter sofrido sua tirania maligna desde que os primeiros seres humanos andaram pela terra. A história humana é a prova da existência de Satanás e o testemunho de seu caráter.

E visto que ele está ciente de que seu destino foi selado, podemos esperar que sua frustração se torne mais aparente à medida que o fim se aproxima (Ap 12.12). Ele dedicará todos os seus recursos a uma jogada final para recuperar seu domínio. Felizmente, "não ignoramos suas intenções" (2Co 2.11). Com a [falsa] promessa de paz e segurança (1Ts 5.3), ele estabelecerá um governo mundial com uma religião mundial. No controle de ambos estarão dois homens que aceitarão sua oferta de status e poder (uma vez recusados por Jesus! Lc 4.6-8). Eles serão fantoches sob a autoridade do diabo.

Já mencionamos que essa trindade profana (Satanás, o anticristo e o falso profeta) é um tipo de imitação grotesca de Deus, Cristo e o Espírito Santo. Juntos, eles governarão o mundo de uma forma nunca vista nos últimos anos antes da vinda de Jesus. Não surpreende que o período seja chamado de Grande Tribulação.

Mas essa última tentativa de Satanás ainda será limitada pelo controle de Deus, e será misericordiosamente breve.

Seu último ato de provocação será reunir uma força militar internacional com a intenção de massacrar o aparentemente indefeso povo de Deus, agora reunido em Jerusalém com Jesus, o seu Senhor, que retornou. Essa será a última batalha de uma história ininterrupta de guerras. A Bíblia a situa na planície de Esdrelão, no vale de Jezreel, próxima à antiga cidade fortificada de Salomão, no pequeno monte de Megido;[41] Winston Churchill deu a esse local de tantos combates violentos o nome de "*cockpit* do Oriente

---
41 Em hebraico, "Armageddon".

Médio". É onde cruzam as estradas da Europa para a Arábia e da Ásia para a África.

Será a maior tolice que cometerá. O erro tático mais elementar é subestimar a força de um oponente. Jesus virá plenamente preparado para o conflito. Não chegará montado em um jumento simbolizando a paz, como fez em Jerusalém, mas virá sobre um cavalo, um símbolo de guerra (Zc 9.9-10; Ap 19.11).

Jesus precisará de uma arma apenas: a espada que sai de sua boca (Ap 19.15-21). Será a mesma voz que repreendeu o vento e as ondas para que se aquietassem (Mc 4.39; o verbo "aquietar-se" vem de uma raiz cujo significado é "ferir", "cortar"). Agora, todo um exército será aniquilado – com uma só palavra sua! Cadáveres espalhados pelo campo de batalha proporcionarão um banquete aos abutres (Ap 19.1, 7, 12) – a humilhação final para essa força rebelde.

Mas as duas bestas humanas que estão por trás dessa ação não serão mortas. Serão levadas cativas e, imediatamente, lançadas vivas "no lago de fogo que arde com enxofre" (Ap 19.20). Os dois primeiros seres humanos a serem lançados no inferno, antes ainda do Dia do Juízo, pois são perversos demais para que lhes seja permitido um julgamento.

Surpreendentemente, o diabo não será enviado com eles – ainda não. Mas chegará a sua vez. Deus tem planos de usá-lo apenas mais uma vez antes de obrigá-lo a unir-se a seus cúmplices no tormento eterno (Ap 20.10). Enquanto isso, ele será banido da terra por mil anos, mantido em confinamento solitário na prisão mais profunda do submundo para que não possa mais comunicar-se com as nações da terra nem enganá-las. (Ap 20.3).

O mundo estará, então, finalmente liberto do diabo e da opressão de suas forças malignas. É difícil imaginar o que isso significa, pois é uma situação que desconhecemos totalmente. Teremos de esperar para ver.

Haverá um mundo para ver? O mundo continuará por algum tempo ou terminará ali mesmo? Caso continue, quem preencherá o vácuo político deixado pelo colapso do governo mundial?

A Bíblia tem outra surpresa para nós.

Governar o mundo

Jesus instruiu seus seguidores a orar todos os dias para que o reino de Deus, seu governo, viesse e sua vontade fosse feita "[...] assim na terra como no céu" (Mt 6.10).

Como e quando essa oração será respondida?

Infelizmente, essa questão divide profundamente os cristãos. As diversas opiniões podem ser agrupadas em três categorias.

A primeira é a dos *pessimistas*. Eles creem que este mundo está perdido além do ponto de recuperação. Podemos levar indivíduos ao reino, (sob o governo de Deus). Podemos estabelecer colônias do reino (igrejas). Mas este mundo permanecerá sob o domínio do diabo e juntos eles serão destruídos. Somente na nova terra o reino será estabelecido de forma universal. Esta velha terra, portanto, passará imediatamente após a volta do Senhor. Ela nunca conhecerá as bênçãos de estar sob o governo de Deus.

A segunda categoria é a dos *otimistas*. Eles estão no extremo oposto e creem que o mundo será cristianizado antes da volta de Cristo. Isso não significa que todos se tornarão cristãos, mas que a Igreja crescerá e se espalhará até que seja grande e poderosa o suficiente para assumir o governo mundial. Os otimistas também creem que esta terra se extinguirá quando Jesus vier, pois o reino já terá sido estabelecido. Vale observar que, considerando a condição e as estatísticas do nosso mundo hoje, a segunda vinda deve estar um bocado distante!

A terceira categoria é a dos *realistas*. Aceitando a

expectativa de Jesus de que os reinos de Deus e de Satanás crescerão juntos (Mt 13.30), os realistas preveem um agravamento do conflito entre os dois reinos até o confronto final entre o Cristo que retornou e o anticristo reinante. Eles não têm dúvida alguma quanto ao resultado: a vitória de Cristo sobre as forças do mal abrirá caminho para que seu governo se estenda às nações do mundo. Por essa perspectiva, a velha terra sobreviverá depois do retorno de Cristo, por tempo suficiente para que seu reino seja demonstrado e apreciado.

Restringindo o debate à sua questão mais simples, podemos propor que Jesus esteja voltando a esta terra para reinar sobre ela. Não apenas para completar a salvação dos santos, converter os judeus e derrotar o diabo, mas também para governar o mundo por um longo período.

O que o Novo Testamento diz a esse respeito? O livro de Apocalipse contém mais informações a respeito da segunda vinda do que qualquer outro livro; consequentemente, não surpreende que sejam encontradas ali as indicações mais claras de um reino de Cristo nesta terra, após o seu retorno. Logo no início, lemos a previsão de que, quando soar a última trombeta, os anjos no céu cantarão e celebrarão em altas vozes a mudança de governo: "O reino do mundo [observe o singular] se tornou de nosso Senhor e do seu Cristo" (Ap 11.15).

No entanto, é no final do livro, quando a ordem cronológica dos eventos fica muito mais evidente, que encontraremos a afirmação mais completa e clara a respeito de um reino de Cristo (20.1-10). Precisamos interpretar essa passagem em seu contexto (capítulos 19 e 21); as divisões em capítulos e os versículos numerados foram mudanças feitas pelo homem muito tempo depois, muitas vezes separando o que Deus planejou que estivesse junto.

Em seu contexto apropriado, esse reino de Cristo é posterior à sua volta, mas anterior tanto ao Dia do Juízo quanto à criação de um novo céu e de uma nova terra. Sua localização no tempo e no espaço, portanto, é clara. A ação acontece na terra, não no céu (20.1-9).

A duração de seu reino na terra é ainda mais clara. Nessa breve passagem, a expressão "mil anos" é repetida seis vezes de forma enfática, três delas com o artigo definido: "os mil anos". A palavra grega é *khilias*, de onde deriva o rótulo *khiliastés*, ou quiliasta, para designar aqueles que creem nesse reino milenar e terreno de Cristo; a palavra latina é *millennium*, origem do termo mais conhecido "milenarista" ou "milenista". Aqueles a quem chamei de pessimistas, que não creem que Cristo jamais assumirá o governo deste mundo, costumam ser conhecidos como amilenistas.[42] Os otimistas são conhecidos como pós-milenistas, porque creem que Cristo retornará *depois* que os cristãos tiverem estabelecido um governo milenar em seu nome. Os realistas são conhecidos como pré-milenistas, pois esperam que Jesus volte *antes* que esse governo mundial se concretize.

Quer os mil anos sejam interpretados de forma literal ou simbólica, trata-se obviamente de um período considerável. Muita coisa pode acontecer no decorrer desse tempo. Como será o mundo quando o diabo estiver longe e Jesus assumir o controle total dos eventos naturais e políticos? Nossa imaginação é limitada pela inexistência de qualquer experiência prévia de tais condições; somente Adão poderia nos revelar, mas seu conhecimento era severamente restrito em tempo e espaço! O livro de Apocalipse também é limitado. A Bíblia oferece muitas pistas atraentes, mas podemos concluir que o Senhor é quem sabe e que seria inquietante se soubéssemos mais.

Os profetas hebreus, por exemplo, aguardavam ansiosamente pelo dia em que a terra será cheia "do

---
42 Talvez "não milenista" fosse um termo mais facilmente compreendido.

conhecimento do Senhor como as águas cobrem o mar" (Is 11.9; Hc 2.14); o dia em que todo joelho se dobrará perante o Senhor e toda língua confessará seu nome (Is 45.23, uma profecia aplicada a Jesus em Fp 1.10-11), quando "o Senhor será rei de toda a terra" (Zc 14.9).

Eles também previram algumas das consequências desse reino justo e benevolente; um tempo de incomparável paz e prosperidade, fruto da resolução de disputas internacionais por meio do arbítrio divino e do desarmamento multilateral; é nesse contexto que encontramos o verso memorável: "Eles farão de suas espadas arados, e de suas lanças foices" (Is 2.4; Mq 4.3). Parte desse versículo está gravada em granito no pátio externo da sede das Nações Unidas em Nova York, mas eles omitiram a referência ao trecho que diz que a Palavra do Senhor sairá de Sião!

A abundância de alimento será fonte de saúde, o que, por sua vez, contribuirá para a longevidade. A morte aos cem anos de idade será vista como uma tragédia prematura (Is 65.20). Segundo certo antigo conceito judaico, a expectativa de vida ideal neste planeta seria de mil anos, parte com base nas idades dos antepassados pré-diluvianos[43] e parte com base na afirmação de que para Deus "mil anos são como um dia" (Sl 90.4; 2Pe 3.8).

Até mesmo a natureza refletirá a mudança de governo, com fertilidade no mundo vegetal e harmonia no mundo animal: "O lobo viverá com o cordeiro, o leopardo se deitará com o bode, o bezerro, o leão e o novilho gordo pastarão juntos; e uma criança os guiará. A vaca se alimentará com o urso, seus filhotes se deitarão juntos, e o leão comerá palha como o boi" (Is 11.6-7). Carnívoros se tornarão herbívoros, como Deus originalmente planejou (Gn 1.30). A natureza "com sangue nos dentes e nas garras" não é obra divina.

---

[43] Ninguém ainda chegou lá, nem mesmo Matusalém.

Não era seu plano que os animais fossem selvagens. Um dia as crianças brincarão entre eles em segurança (Is 11.8).

É fácil descartar tudo isso como mito, como uma fábula metafísica, e não um fato material. Trata-se, muitas vezes, de um disfarce para nossa incapacidade de imaginar e, consequentemente, crer em tal transformação. Isso é questionar a habilidade do Criador ou seus propósitos. Se ele criou um universo que era bom de todas as formas, certamente *pode* fazê-lo novamente. E se o propósito de redenção é restaurar a criação, ele *certamente o fará*.

Voltemos ao Novo Testamento. Dois aspectos do Milênio são mencionados especificamente: uma boa e uma má notícia.

A boa notícia é que os crentes, tanto judeus quanto gentios, "reinarão sobre a terra" com Cristo (Ap 5.10). Homens "de toda tribo, língua, povo e nação" (Ap 5.9) administrarão o governo entre seus compatriotas. Receberão uma honra especial aqueles que conseguirem resistir às pressões do último e pior regime totalitário, enfrentando até o martírio (Ap 20.4).[44] Que reviravolta! "Os mansos herdarão a terra" (Mt 5.5).

Esse governo dos santos é citado com frequência nas Escrituras – não apenas em Apocalipse (2.26 é outro exemplo), mas em Daniel (7.18), nos Evangelhos (Mt 19.28; 20.21-23; Lc 19.15-19) e nas Epístolas (1Co 6.2; 2Tm 2.12). A principal qualificação para a responsabilidade será a fidelidade hoje, a fidedignidade em contraste com a desonestidade.[45] Jesus precisará de muitos representantes aos quais possa designar posições-chave de sua administração.

A má notícia é que, mesmo depois de ter o melhor governo jamais visto no mundo e de desfrutar de condições

---

44 Observe que este grupo é apenas uma parte dos que estão assentados em "tronos".
45 Especialmente em questões práticas como dinheiro e propriedade, Lucas 16.10-12.

tão ideais, ainda haverá muitos seres humanos que optarão por deixar esse reino de Cristo. É mentirosa a afirmação de que um ambiente perfeito produz pessoas perfeitas, que a prosperidade traz contentamento, que no íntimo todos preferem a paz à guerra. A natureza humana somente pode ser transformada de dentro para fora.

Esse triste fato será amplamente comprovado ao final do Milênio, em um desdobramento extraordinário. O diabo será liberto da prisão para uma última oportunidade de enganar as nações. Buscará em todo o planeta aqueles que desejam libertar-se de Deus e de seu povo. Ele os iludirá, levando-os a acreditar que um ataque militar à sede do governo em Jerusalém lhes proporcionará autonomia política.[46] O diabo reunirá um imenso exército, possivelmente o maior que já existiu, e marchará sob a insígnia de Gogue e Magogue (Ap 20.8). Nos capítulos 38–39 de Ezequiel há uma profecia detalhada a esse respeito, situando o acontecimento *após* a restauração da monarquia davídica em Israel (os nomes terão significado à luz do evento).

A tentativa será totalmente inútil. Fogo vindo do céu colocará um fim à empreitada e a todos os envolvidos. Por que permitir que isso aconteça?

O Milênio pode ser analisado por duas perspectivas: como um final da história do mundo e como um prelúdio do Dia do Juízo. Terá demonstrado de forma conclusiva a soberania de Deus e o pecado do homem; sua bondade e nossa perversidade – os dois lados da realidade histórica que precisam finalmente ser reunidos a fim de que sejam eternamente separados.

Por um lado, o mundo saberá como é viver sob o governo divino, pois Deus finalmente fará o que o homem sempre esperou que ele fizesse, e o criticou por não ter

---

[46] Será que ele não aprendeu a lição do Armagedom ou estaria arquitetando um ato suicida de provocação destinado a levar consigo tantos quanto possível?

feito, em relação ao sofrimento humano: ele removerá a influência maligna dos poderes das trevas sobre a terra. E o que acontecerá quando o clamor humano pela libertação do sofrimento for atendido?

Por outro lado, ficará exposto que o mundo não deseja ser liberto do pecado que lhe causou o sofrimento. Ainda existe uma raça de rebeldes, um desejo amotinado por independência moral, uma ambição de se igualar aos deuses (Gn 3.5), de ser senhores da terra, e não seus inquilinos.

A raça humana não tem desculpas. Mesmo recebendo as melhores oportunidades e os melhores benefícios, os seres humanos ainda escolhem uma existência sem Deus que não se manterá neutra em relação a Deus ou a seu povo, mas será hostil a ambos. Torna-se imensamente aparente a necessidade do Dia do Juízo. Os veredictos são justificados antes mesmo de terem sido anunciados. O palco está montado.

Condenar os ímpios
Aqueles cujas crenças são em grande parte moldadas pela recitação de credos na Igreja se sentirão muito familiarizados com esse motivo para a volta de Jesus. Tanto o Credo Apostólico quanto o Credo Niceno nos lembram que ele virá para julgar os vivos e os mortos. Infelizmente, os credos dão a impressão de que esse é o ponto central, se não o único, de sua segunda vinda. Como já vimos, esse é apenas um ponto entre muitos. Mesmo assim, ele é essencial para sua conclusão desta "presente era perversa", como a chamavam os judeus.

A história deve ser concluída com um Dia do Juízo. Uma breve reflexão revelará a razão.

Pelas injustiças da vida. É muito injusto que os ímpios prosperem e os inocentes sofram. A maioria dos crimes fica sem solução e sem punição. Há uma aparente correlação entre caráter e circunstância, integridade e prosperidade, santidade e felicidade. O universo parece estar baseado no acaso – a menos que exista algo mais em nossa existência do que aquilo que se limita entre o berço e o túmulo. Instintivamente queremos ver um tempo em que o bem seja recompensado e o mal seja punido.

Pela justiça de Deus. Se ele nunca corrigir os erros que permitiu, sua bondade será questionada. Se ele é, de fato, o Rei do universo, sua posição implica também a responsabilidade de ser Juiz. Se for verdade o que lemos em Gálatas: "[Não se deixe enganar:] de Deus não se zomba. Pois o que o homem semear, isso também colherá" (Gl 6.7), *é imprescindível* que haja um dia de acerto de contas, quando a dívida será liquidada e as contas pagas integralmente.

Mas por que um Dia do Juízo? Visto que a morte exclui a oportunidade e cria um abismo entre os bons e os maus (Lc 16.26), por que cada indivíduo não é julgado no momento da morte em vez aguardar até que toda a raça humana esteja no banco dos réus?

Porque Deus deve ser publicamente vindicado. Ele deve ser visto como justo em suas decisões a respeito do nosso destino. Muitas vezes ele foi acusado de ser injusto. Essas críticas devem ser silenciadas, para que todos digam, juntamente com Abraão: "Não agirá com justiça o Juiz de toda a terra?" (Gn 18.25).

Porque Jesus deve ser publicamente vindicado. Sua execução foi a maior injustiça de todas, o dia mais sombrio (literalmente) da história da humanidade. A última visão que o mundo teve dele foi a de um criminoso em desgraça. Todos devem testemunhar a reversão daquele veredito.

Porque o povo do Senhor deve ser publicamente vindicado. Eles fizeram a escolha certa, tomaram o lado de Deus, mas, neste mundo perverso, pagaram caro, muitas vezes com a própria vida, o preço por defenderem sua posição. Esses, os quais Jesus não se envergonha de chamá-los irmãos (Hb 2.11; cf Mt 25.40), devem ser honrados na presença daqueles que os trataram com desprezo e rancor.

É necessário que haja, portanto, um "dia" em que a justiça será feita. Todo ser humano tem dois compromissos futuros e nenhum deles pode ser marcado em um diário ou calendário. Lemos: "O homem está destinado a morrer uma só vez e depois disso enfrentar o juízo" (Hb 9.27). A primeira data é diferente para cada pessoa, a segunda é a mesma para todos.

Onde será realizado esse grande julgamento? Há uma impressão generalizada de que será no céu, e isso talvez se deva à ideia comum, porém equivocada, de que todos os que morrem vão para o céu. Entre os cristãos, pode haver alguma confusão entre "o trono" (Ap 4-5) e "um grande trono branco" (Ap 20.11; observe o artigo indefinido), que são referências a dois tronos diferentes, em lugares diferentes, ocupado por pessoas diferentes. Um é o trono de Deus no céu, e o outro é o trono de Cristo na terra.

Os seres humanos serão julgados na terra. É o lugar onde viveram e pecaram. É onde seu destino será decidido. Como um Deus santo pode permitir que pecadores entrem no céu, mesmo que seja apenas por um dia? Na verdade, até a terra terá fugido (Ap 20.11).

Obviamente, muitos já terão morrido e precisarão ser trazidos de volta à vida para enfrentarem o julgamento. A Bíblia prenuncia a ressurreição tanto dos ímpios quanto dos justos (Dn 12.2; Jo 5.29; At 24.15). O Hades, a morada dos espíritos que partiram, entregará seus habitantes para que sejam reencarnados. Todos, quer tenham sido sepultados, cremados ou perdidos no mar se apresentarão perante seu Juiz (Ap 20.12-13).

Os leitores atentos já terão concluído que haverá *dois* dias de ressurreição, separados pelo Milênio. É precisamente o que o Novo Testamento ensina (Ap 20.4-6). Na verdade, haverá *três*, se o Domingo da ressurreição for contado (1Co 15.23-24).⁴⁷

Os seres humanos serão julgados...por um ser humano! Essa é uma verdadeira surpresa aos que esperam que o Juiz seja o próprio Deus Pai. Mas ele delegou essa função a um de nós: "Pois estabeleceu um dia em que há de julgar o mundo com justiça, por meio do homem que designou" (At 17.31). É Jesus quem se assentará no grande trono branco (Ap 20.11; observe a palavra "aquele", sem identificação). "Pois todos nós devemos comparecer perante o tribunal de Cristo" (2Co 5.10).

Enquanto viveu na terra, Jesus declarou diversas vezes ter a autoridade para decidir o destino eterno de nações e de indivíduos (Mt 7.21-23; 13.41-43; 25.30-33). Tal alegação só pode ser explicada por uma de três opções: ele era louco, era mau ou era Deus; um lunático, um mentiroso ou o Senhor. Somente por ser o Deus-homem – simultaneamente divino e humano – ele estaria perfeitamente qualificado para ser Juiz sobre todos. E Jesus já fez tudo o que era possível para nos salvar do julgamento.

A dupla natureza de Cristo o capacita a aplicar a perfeita justiça. Sua humanidade lhe concede entendimento. Ele viveu em nossas circunstâncias, sob as mesmas pressões que vivemos, com nossas tentações, sem qualquer vantagem, porém sem pecado. Sua divindade lhe concede conhecimento. Ele nos conhece por inteiro, sabe nossos pecados mais secretos, nossas palavras descuidadas, nossas intenções ocultas, nossas emoções mais profundas. Seu julgamento será absolutamente justo.

Por um lado, ele levará em conta se sabemos ou ignoramos o que é certo e errado aos olhos de Deus. A Bíblia deixa claro que seremos julgados segundo a luz que

---

47 Observe as palavras "depois" e "então" indicando uma sequência.

recebemos – quer seja a plena luz do evangelho, a meia-luz dos Dez Mandamentos ou o brilho mais opaco da criação à nossa volta e da consciência interior (Rm 1.20; 2,12-16).

Por outro lado, toda nossa vida será exposta, cada pensamento, palavra e ação (Rm 2.6). Todas as obras que praticamos por meio do corpo (2Co 5.10). Tudo está registrado em livros, algo semelhante ao programa de TV *Esta é sua Vida*, exceto pelo fato de que o relato de Deus é completo, não apenas uma seleção dos trechos louváveis! Esses livros serão abertos naquele dia (Ap 20.12).

Que outro veredito pode haver além de Culpado? Quem, diante de tais provas condenatórias, poderia discordar do veredito? Quem fez sempre o que sabia ser o certo, mesmo tendo sua consciência como único guia? Quem evitou tudo o que criticou e condenou em outros (Mt 7.1)? Verdadeiramente, "não há ninguém que faça o bem [continuamente], nem um sequer" (Rm 3.12); "todos pecaram e estão destituídos da glória de Deus" (Rm 3.23). Nenhum de nós tem sido o que Deus planejou que fôssemos ou sequer o que sabemos que poderíamos e deveríamos ter sido em nossos melhores momentos.

A sentença é a morte em vida no lugar que se chama inferno, separado de Deus, a fonte de tudo o que é bom, excluído do novo céu e da nova terra, juntamente com o diabo, os demônios e todos os que partilham de sua ira contra o Criador, atormentado no corpo e na alma, dia e noite, para todo o sempre em um lago de fogo (Ap 14.11; 20.10) com a angústia e a frustração de saber que as oportunidades perdidas jamais se repetirão, não surpreende que Jesus tenha descrito com horror tal destino, alertando seus discípulos sobre o perigo do qual ele os salvaria dispondo-se ao sacrifício.[48]

---

[48] Como esse fantástico tema está muito além do escopo deste livro, o autor indica aos leitores o seguinte título de sua autoria: *The Road to Hell* [A estrada para o inferno].

Então não há esperança para ninguém? Toda a raça humana estará condenada àquele tribunal? Visualize a cena mais uma vez. Além dos milhões de livros biográficos, "outro livro foi aberto, o livro da vida" (Ap 20.12). Todas as pessoas cujos nomes estão listados nesse livro serão absolvidas, escapando do veredito e da sentença de morte. De quem são esses nomes e como eles foram parar ali?

Trata-se de um livro que existe desde o princípio do tempo. É mencionado tanto no Antigo quanto no Novo Testamento (Êx 32.32-33; Fl 4.3), porém mais frequentemente em Apocalipse (3.5; 13.8; 17.8; 20.12,15; 21.27; 22.19). Os nomes são escritos pelo próprio Deus. É uma lista das pessoas que ele entregou a seu Filho (Jo 17.6); é chamado, portanto, de "livro da vida do Cordeiro" (Ap 21.27).

Como essas pessoas se qualificaram para serem incluídas no livro? Elas confiaram em Cristo como seu Salvador. Viveram pela fé. Creram nas palavras de Deus e foram obedientes. Seus atos evidenciaram sua fé. Alguns nomes são anteriores a Cristo. Abraão é o exemplo clássico: sua fé, comprovada por seus atos, "lhe foi creditada como justiça" (Gn 15.6; Sl 106.31; Rm 4.3; Hb 11.8-12; Tg 2.21-24). A maioria dos nomes surge depois de Cristo, pois muito mais pessoas confiaram e obedeceram "à Palavra" [ao Verbo] que Deus havia enviado ao mundo.

É preciso que se diga que essa fé verdadeira não é um único passo, mas uma longa caminhada. Tem início na essência de "crer em" uma pessoa até "crer nela" não importa o que aconteça, até as últimas consequências. Fé e fidelidade são ideias expressas pela mesma palavra tanto no hebraico quanto no grego. "O justo viverá pela sua fé" (Hc 2.4, ARA) significa "aqueles a quem Deus considera justos sobreviverão pela fidelidade".[49] Os heróis

---

49 Observe como essa continuidade da fé fica evidente em Romanos 1.17 e em Hebreus 10.38-39.

da fé do Antigo Testamento viveram pela fé até a sua morte (Hb 11.13).

É possível abandonar a fé ou apostatar dela (1Tm 1.19-20). Os nomes podem ser riscados do livro da vida como Deus deixou claro a Moisés (Êx 32.33). As muitas pressões levam muitos a ceder à descrença ou desobediência, mas somente os que permanecerem fiéis manterão seus nomes nesse livro até o dia em que ele for finalmente aberto (Ap 3.5).

Esses serão absolvidos ou, usando um termo dos tribunais romanos, "justificados" – não porque sejam inocentes, mas porque confiaram incessantemente em Jesus, que já pagou a punição por seus pecados. Apenas por causa da cruz Deus pode ser "justo e justificador" (Rm 3.25-26). A justiça e a misericórdia divinas foram plenamente expressas no Calvário.

Passado o Dia do Juízo, o palco estará finalmente montado para a redenção da criação. Em seu retorno ao planeta Terra, o Senhor Jesus Cristo terá concluído tudo o que precisa ser feito para tornar isso possível. Ele terá completado a salvação dos santos, convertido os judeus, derrotado o diabo, governado o mundo e condenado os ímpios.

Uma nova humanidade terá sido criada a partir da velha raça. O *Homo sapiens* terá sido substituído pelo *Homo novus*. São novas criaturas, parte da nova criação, que não evoluíram por si só e se tornaram essa nova espécie, mas foram transformadas pelo poder do evangelho de Deus. "As coisas antigas já passaram; eis que surgiram coisas novas" (2Co 5.17).

O mesmo acontecerá agora a todo o universo. Criaturas novas precisam de um ambiente novo. O primeiro céu e a primeira terra terão passado, ainda carregando os danos residuais do pecado tanto dos anjos quanto dos homens (Ap 21.1). Serão desfeitos pelo calor (2Pe 3.10). Desde a descoberta de que um átomo é carregado de energia que pode ser liberada pelo calor, esse cenário tornou-se plenamente crível. Das cinzas, assim como a mítica Fênix, emergirá o novo céu e a nova terra, mais belos do que podemos imaginar.

É inquestionável que o Carpinteiro de Nazaré participará dessa reconstrução. Ele esteve na primeira criação. Antes de construir mesas e cadeiras, portas e parapeitos, ele criou as árvores cuja madeira mais tarde usaria. Antes de pregar o Sermão do Monte, ele criou as montanhas para que lhe servissem de púlpito. O vento e as ondas obedeceram ao seu comando porque são obras das suas mãos. "Todas as coisas foram feitas por intermédio dele; sem ele, nada do que existe teria sido feito" (Jo 1.3).

Não nos é informado onde ele (e seu povo) estará durante essa transformação do universo. Portanto, podemos apenas especular. Talvez nessa nova Jerusalém, metrópole projetada e construída por Deus no espaço, conhecida praticamente desde o tempo de Abraão (Hb 11.10).

Uma coisa é certa. Essa vasta construção urbana, embora erguida no céu, descerá à nova terra (Ap 21.2,10). Será o lar permanente de todo o povo de Deus, judeus e gentios.

Será também a residência eterna do povo de Deus! Pai, Filho e Espírito Santo viverão *aqui* com os seres humanos (Ap 21.3,23). Estamos habituados a pensar no Filho e no Espírito aqui conosco, mas sempre oramos: "Pai nosso, que estás nos céus" (Mt 6.9). Imaginamos que iríamos para o céu e ali viveríamos com ele para todo o sempre. Mas ele virá à terra para viver conosco! Como aconteceu no princípio, seus passos serão ouvidos aqui (Gn 3.8). Até mesmo sua face veremos (Ap 22.4).

Tudo isso pode parecer um pouco irrelevante para a segunda vinda. Na verdade, é muito significativo. Muitos cristãos têm concentrado sua atenção no céu. Mas é a terra que está no centro do propósito de Deus na criação e na recriação. Uma terra renovada será o lar eterno tanto nosso quanto dele.

A terra é o foco de nossas expectativas para o futuro. Essa é a principal razão pela qual Jesus voltará para concluir a história como a conhecemos. Seu retorno à terra é o ponto central da nossa esperança, ao redor do qual orbita todo o restante.

O cristão, talvez mais do que qualquer outra pessoa, pensa de forma extremamente prática e realista – ou assim deveria ser. No próximo capítulo, vamos analisar como essa crença no futuro afeta a conduta no presente.

CAPÍTULO 2

A CERTEZA DE ESTAR PRONTO

Por que se fala tanto sobre a segunda vinda? Sabemos mais sobre o tema do que qualquer outro evento futuro previsto na Bíblia. Deve haver uma razão.

Em contrapartida, por que não temos todos os detalhes? Algumas pistas nos deixam cheios de perguntas às quais não temos respostas. Há tanto que gostaríamos de saber.

Deve haver uma explicação que englobe ao mesmo tempo nosso conhecimento e nossa ignorância, algum propósito para o qual saibamos hoje tudo que precisamos saber, nada menos e nada mais.

O propósito é prático. Em uma palavra, é estar *pronto* para a volta de Jesus.

A revelação sobre o futuro tem como objetivo influenciar nossa conduta no tempo presente; não para satisfazer a curiosidade mental, mas estimular a coerência moral; não como informação, mas como incentivo.

Vivemos pela esperança. É por isso que ela "brota, eterna, no peito do homem" (citando Alexander Pope). O futuro influi no presente de todos nós. O que cremos que acontecerá no futuro afeta profundamente a forma como agimos hoje.

Isso é particularmente verdadeiro com relação aos cristãos, para os quais a esperança é uma certeza confiante, e não um ávido anseio.[50] Os pecadores são mais influenciados pelo seu passado, com os hábitos da mente e do corpo. Os santos são mais influenciados por seu futuro, com a esperança acesa pelo Espírito (Rm 8.23-25). Trata-se de um fator estabilizador em um mundo em constante mudança, uma "âncora da alma, firme e segura" (Hb 6.19).

Os cristãos são o povo do amanhã. São os filhos de uma nova era que, para eles, já começou e um dia virá para todo o mundo. Eles buscam, vivem e anseiam por esse resgate cósmico. Podem ser descritos como aqueles que "se voltaram para Deus, deixando os ídolos a fim de servir ao Deus vivo e verdadeiro, e esperar dos céus a seu Filho, a quem ressuscitou dos mortos: Jesus, que nos livra da ira que há de vir" (1Ts 1.9-10).

Deus prometeu muitas vezes que seu Filho voltaria para completar a libertação. As promessas, contudo, são sempre acompanhadas por condições. Seu povo deve estar pronto para o retorno de seu libertador.

No Novo Testamento, a esperança da vinda de Cristo é um dos principais motivos para vivermos de forma íntegra nesta presente era perversa. Até mesmo Apocalipse, o livro da Bíblia que contém mais previsões do que qualquer outro, tem esse propósito prático, não com o intuito de que seus leitores tenham conhecimento do que virá, mas para que possam estar prontos quando esse tempo chegar.

O tempo que temos para nos preparar para o futuro é apenas o presente. Quem posterga esse preparo corre o risco de não estar preparado quando o futuro chegar.

Como, então, podemos estar prontos para a volta de Jesus? Há sete maneiras.

---

50 A palavra grega *elpis* tem essa conotação de uma garantia muito definida.

FÉ INDIVIDUAL

"Isso acontecerá quando o Senhor Jesus for revelado lá do céu, com os seus anjos poderosos, em meio a chamas flamejantes. Ele punirá os que não conhecem a Deus e os que não obedecem ao evangelho de nosso Senhor Jesus" (2Ts 1.7-8). Não é apenas imaginação perceber nesse texto que os culpados se dividem em dois grupos: os que não responderam corretamente a Deus e os que não responderam corretamente ao evangelho.

Deus colocou os homens na terra para que eles "o buscassem e talvez, tateando, pudessem encontrá-lo, embora não esteja longe de cada um de nós" (At 17.27). Buscar significa fazer uma investigação, ansiar, perguntar, visar, perseguir um objeto, esforçar-se para fazer, ou recorrer a algo ou alguém. O próprio Jesus exortava as pessoas a que continuassem buscando, pois todo o que continua buscando, encontra (Lc 11.9-10).[51]

Como já vimos, Deus deixou na criação, a obra de suas mãos, provas suficientes de seu poder e divindade, a fim de que ateus e agnósticos fossem indesculpáveis (Rm 1.20). Embora essa seja uma prova adequada de sua existência, há outros dois requisitos para identificar sua presença.

Um deles é a fé. "Sem fé é impossível agradar a Deus, pois quem dele se aproxima precisa crer que ele existe e que recompensa aqueles que o buscam" (Hb 11.6).

O outro é o arrependimento. "Busquem o Senhor enquanto se pode achá-lo; clamem por ele enquanto está perto. Que o ímpio abandone seu caminho, e o homem mau, os seus pensamentos. Volte-se ele para o Senhor, que terá misericórdia dele; volte-se para o nosso Deus, pois ele perdoará de bom grado" (Is 55.6-7).

Não temos como saber se haverá muitos, ou alguns

---

51 Traduzi os tempos verbais quase literalmente de sua forma no grego.

apenas, que buscaram a Deus dessa forma, sem qualquer conhecimento do evangelho. O próprio Deus é quem julgará.

De forma geral, observamos que a ambição humana parece buscar prazer, riqueza, fama, poder – tudo, exceto Deus. A sede do homem por conhecimento vai da culinária à informática, do DNA aos dinossauros, da psicologia à sociologia – tudo, exceto Deus.

É pouco provável que este livro caia nas mãos de alguém que nunca ouviu falar de Jesus, mas se isso acontecesse, essa pessoa começaria a buscar a Deus imediatamente. Se ela não encontrar a Deus antes que ele a encontre, seria melhor que jamais tivesse nascido.

E aqueles que já ouviram o evangelho? Eles têm privilégio e responsabilidade ainda maiores, pois somos julgados segundo a luz que recebemos. Mas não basta ter ouvido o evangelho ou mesmo ter acreditado que é verdadeiro. O versículo que usamos no início desta seção fala em *obedecer* ao evangelho. Precisamos *fazer* algo a respeito.

Inicialmente, precisamos nos arrepender e crer, expressando isso de forma ativa pelo batismo nas águas e o recebimento do Espírito Santo.[52] Esse, contudo, não é o fim, somente o início. Infelizmente, muitos têm a impressão de que, assim que iniciam a vida cristã, estão prontos para a volta de Jesus. Isso aconteceria somente se Cristo voltasse imediatamente após a conversão, o que, obviamente, não é o caso!

O primeiro nome dado à religião cristã foi "O Caminho" (At 18.25-26; 19.9,23). O evangelho é o caminho tanto da vida como para a vida. Não pode ser alcançado por obras, mas deve expressar-se por meio delas (Ef 2.9-10; Fp 2.12-13).

---

[52] Leia meu livreto *Understanding Water Baptism [Compreendendo o batismo nas águas]* e meu livro *The Normal Christian Birth [O nascimento cristão normal]*.

Dado o primeiro passo nesse caminho estreito (Mt 7.14), é necessário continuar caminhando nele (Is 30,21; 35.8-10; Ef 4.1; 5.2,8). Os que estão caminhando com Deus são os que estão prontos para encontrá-lo. Enoque é um exemplo clássico (Gn 5.24).

Portanto, não basta simplesmente tornar-se um crente em Deus, o Pai, e em Cristo, o Filho. Esse é, certamente, o requisito básico, mas o próprio Jesus deixou claro que alguns crentes estarão prontos para sua volta e outros não.

O que mais é necessário?

SERVIÇO CONTÍNUO

Depois de revelar aos discípulos os sinais de sua vinda (Mt 24, conforme já exposto), Jesus, de forma significativa, passou a falar sobre a prontidão para a ocasião (Mt 25). Contou algumas parábolas que eram variações de um único tema: "Vocês precisam estar preparados" (24.44). Esse imperativo está ilustrado em várias esferas da vida: uma casa, um casamento e uma negociação comercial.

As histórias têm o mesmo enredo e a mesma moral. Em todas elas espera-se o retorno de alguém que se ausentou por um tempo, mas ninguém sabe bem quando isso acontecerá. Fica evidente que ao introduzir os personagens – o dono da casa, o noivo e o senhor dos servos – Jesus estava retratando a si mesmo. Da mesma forma, os que foram deixados representam os seus seguidores.

Observamos a mesma divisão em dois tipos ou grupos: os sábios, que estão prontos para o retorno – e os tolos, que não estão. Observe que sábio tem o sentido de sensato, não de inteligente, e tolo significa insensato, não simplório.

Observamos o mesmo teste de prontidão. Em cada parábola há uma indicação de que o retorno da figura central *leva mais tempo* do que o esperado – o noivo demorou a chegar e o senhor voltou depois de muito tempo. Esse é um ponto central para a compreensão e a aplicação dessas histórias. O verdadeiro teste não é o que as pessoas fazem se acreditam que ele voltará em breve, mas o que fazem se acreditam que ele demorará a voltar (Mt 24.48). O que nasce da persistência tem muito mais valor do que o que deriva do pânico. O que motiva a verdadeira prontidão é o fato de que o Senhor voltará, e não quando isso acontecerá.

Observamos uma mesma virtude nos sábios: a fidelidade. Na ausência da figura central, os sensatos agiram exatamente como fariam em sua presença. Nem mesmo uma ausência prolongada fez diferença; eles estavam totalmente preparados. Provaram ser confiáveis. Assim, alegraram àquele a quem deveriam prestar contas. Sua recompensa não foi apenas partilhar desse prazer como também ser promovido e receber mais responsabilidades. Eles viveram felizes para sempre.

Observamos o mesmo pecado nos tolos: a negligência. Somente em um dos casos algo realmente mau é feito (o servo intimida seus conservos e pensa na própria satisfação). Nos outros, a questão é algo bom que deixa de ser feito – são os chamados pecados de omissão, e não de comissão; deveres negligenciados. A Bíblia tem muito a dizer sobre o pecado da negligência ou da preguiça, especialmente no livro de Provérbios (6.6; 10.26; 12.24; 15.19; 19.24; 21.25; 26.15; etc.). É uma grave ofensa.

Jesus usa uma linguagem muito incisiva para descrever a punição aplicada a esses preguiçosos. "Ele o punirá severamente e lhe dará lugar com os hipócritas, onde haverá choro e ranger de dentes" (Mt 24.51). "E lancem fora o servo inútil, nas trevas, onde haverá choro e ranger de dentes" (Mt 25.30). Esse é o vocabulário referente ao inferno e fala de arrependimento e remorso eternos naquele terrível lugar.

Quem são esses preguiçosos que desperdiçaram suas oportunidades? Os cristãos complacentes rapidamente os identificaram como incrédulos; mas, na verdade, são os servos da casa, as madrinhas convidadas para o casamento, os empregados aos quais o empregador confiou seus bens. São descrições muito mais apropriadas aos crentes. E precisamos ter em mente que essas parábolas não foram dirigidas ao público em geral, mas aos doze discípulos – dos quais um (Judas) já havia demonstrado não ser confiável, embora tivesse pregado e curado em nome de Jesus.

No entanto, observamos mais de um indício de que, por trás dessa falta de confiabilidade, há uma falha no relacionamento, uma percepção inadequada da pessoa ausente. A afirmação do servo infiel "Eu sabia que o senhor é um homem severo [...]" (25.24) foi repreendida por "Então você pensou que me conhecia; se me conhecesse de fato, também saberia o que eu esperava que você fizesse, o que eu teria feito em seu lugar [...] mas você não fez isso". Às madrinhas despreparadas para sua demora, o noivo diz: "A verdade é que não as conheço!" (25.12; dessa vez, não é "Vocês não me conhecem", pois era óbvio que elas o conheciam, tampouco "Nunca os conheci" como lemos em Mt 7.23; mas simplesmente "Não o reconheço como alguém que tenha algo a ver comigo").

O serviço fiel, portanto, é um ingrediente essencial na prontidão para a volta do Senhor. Costuma-se dizer que o Senhor elogiará os que foram *fiéis*, não necessariamente bem-sucedidos. Trata-se de uma falsa dicotomia e tem sido usada para racionalizar a persistência em uma atividade inútil. O Senhor quer servos que sejam fiéis e frutíferos, que apresentem algum retorno sobre seu investimento – todavia, mesmo fazendo o nosso melhor, ainda seremos inúteis (Lc 17.10).

A qualidade, e não apenas a quantidade do nosso serviço, também é importante. "Se alguém constrói sobre esse alicerce [Jesus Cristo], usando ouro, prata, pedras preciosas, madeira, feno ou palha, sua obra será mostrada, porque o Dia a trará à luz; pois será revelada pelo fogo, que provará a qualidade da obra de cada um" (1Co 3.12-13). Nem sempre os mais ocupados produzem os melhores resultados.

Há outra interpretação equivocada que precisa ser discutida. O serviço fiel ao Senhor não está limitado às atividades espirituais em nosso tempo livre, para a igreja ou para o evangelismo. Nosso trabalho diário pode e deve ser feito para o Senhor. Adão era jardineiro. A Bíblia valoriza muito mais o trabalho manual do que o mundo. O pastoreio, a pesca, a fabricação de tendas e a carpintaria aparecem em destaque. O homem foi feito para trabalhar com as mãos (Sl 90.17; 1Ts 4.11).

O Senhor está mais interessado *na forma* como desempenhamos nosso trabalho do que *no tipo* de trabalho que desempenhamos. Ele prefere um taxista consciencioso a um missionário descuidado. Deus se importa mais com o caráter do que com a carreira. E deve sentir-se frustrado quando buscam sua direção somente quando uma mudança de emprego está em jogo.

Todo trabalho tem o mesmo valor para Deus, como disse Martinho Lutero. Todo cristão está no serviço do Senhor em tempo integral. Toda forma de trabalho, contanto que não seja ilegal ou imoral, é uma vocação sagrada. Na maneira como realizamos nosso trabalho diário, estamos escrevendo nossas futuras referências, nosso CV (*curriculum vitae*, latim para "um breve relato de sua carreira anterior"). Dele dependerá nosso papel e nossa responsabilidade no reino estabelecido por Cristo em sua vinda.

Ele estará à procura de confiabilidade, não apenas habilidade. E usará aqueles aos quais ele possa declarar: "Muito bem, servo bom e fiel! Você foi fiel no pouco; eu o porei sobre o muito. Venha e participe da alegria do seu senhor!" (Mt 25.21-23).

SANTIDADE PESSOAL

O evangelho é boa nova também a respeito da santidade, além do perdão. Não se resume a uma oferta de perdão e uma exigência por santidade – uma ideia bastante comum, muitas vezes difundida por pregadores. Perdão e santidade estão sendo oferecidos. Nossos pecados podem não apenas ser vencidos, mas também cancelados. Podemos ter a habilidade e o desejo de viver em justiça e retidão.

Dádivas devem ser recebidas. Tanto o perdão quanto a santidade estão disponíveis, mas precisamos nos apropriar de ambos. Muitos reivindicam um sem o outro. Querem ser justificados agora e santificados depois!

Obviamente, assim será. "Sabemos que, quando ele se manifestar, seremos semelhantes a ele, pois o veremos como ele é" (1Jo 3.2). Quando nos encontrarmos com ele em nosso novo e glorioso corpo, seremos perfeitos, completos, e todo o nosso ser será totalmente transformado. Finalmente viveremos à altura do título que ele nos deu quando começamos a segui-lo: santos (Rm 1.7; 2Co 1.1; Ef 1.1; etc.).

Mas João extrai uma implicação muito prática dessa futura expectativa. "Todo aquele que nele tem esta esperança purifica-se a si mesmo, assim como ele é puro" (1Jo 3.3). Em outras palavras, se estamos realmente convencidos de que nosso destino futuro é sermos santos, essa convicção ficará evidenciada em nossa conduta hoje.

Seria bastante estranho se alguém que estivesse prestes a herdar uma grande fortuna não quisesse o máximo possível dela e o quanto antes. Se parte da fortuna pudesse ser obtida antecipadamente, essa pessoa certamente se candidataria, principalmente se sua necessidade fosse real.

Em outras palavras, é uma questão de desejo genuíno. Se de fato acolhemos a esperança de um dia sermos totalmente semelhantes a Cristo, começaremos a perseguir esse objetivo hoje. Não sentiremos o desejo de "desfrutar os prazeres do pecado durante algum tempo" (Hb 11.25).

Desejaremos ser santos aqui e agora, se isso for possível. E, de fato, é possível, embora não aconteça de forma fácil ou rápida. Envolverá "esforço", aquela combinação de energia, entusiasmo e persistência.

Servem de incentivo os pensamentos frequentes sobre "o dia" em que contemplaremos a face do Senhor e que seus olhos encontrarão os nossos. Aqueles que se esforçaram pouco para serem santos, revelando nenhum desejo de sê-lo, ficarão profundamente constrangidos, incapazes de encarar o olhar penetrante de Jesus. Que terrível será ouvi-lo dizer: "Eu poderia ter feito tanto com você, mas não me permitiu".

Mais uma vez, devemos enfatizar que serão aprovados aqueles que perseverarem. "Filhinhos, agora permaneçam nele para que, quando ele se manifestar, tenhamos confiança e não sejamos envergonhados diante dele na sua vinda" (1Jo 2.28).

O Novo Testamento fundamenta na volta de Jesus o seu apelo por muitas qualidades da santidade. Sobriedade, fidelidade, moderação, paciência, sinceridade, obediência, diligência, pureza, piedade, amor fraterno – tudo isso e muito mais é estimulado pela ideia de que um dia nos reencontraremos com Jesus. Esse apelo torna-se particularmente eficaz quando os crentes são coletivamente retratados como uma noiva com quem o noivo vai se encontrar.

Jesus não se casou em sua primeira visita à terra, mas fará isso quando voltar! De forma bem realista, os crentes hoje têm apenas o compromisso de "noivado" com Cristo. Quando ele voltar, o relacionamento será consumado e celebrado no "banquete de casamento do Cordeiro" (Ap 19.9; cf Mt 22.2).

Essa metáfora está presente em toda a Bíblia. Aplica-se tanto a Israel no Antigo Testamento quanto à Igreja no Novo Testamento. A aliança de Deus com seu povo é representada pelos votos de casamento. A metáfora da noiva e do noivo é aplicada de duas formas distintas.

Pela perspectiva negativa, a infidelidade é vista como adultério, até mesmo como prostituição. Se cometida durante o noivado, era justificativa para o divórcio, o que quase aconteceu à mãe de Jesus (Mt 1.19). Preparar-se para um casamento é preservar a virgindade. A noiva se guardará para seu noivo. "Eu os prometi a um único marido, Cristo, querendo apresentá-los a ele como uma virgem pura" (2Co 11.2).

Pela perspectiva positiva, além da abstinência, uma noiva também se preocupará com sua aparência no casamento. O desejo da Igreja é ser, naquele dia, o que Cristo espera dela: "Apresentá-la a si mesmo como igreja gloriosa, sem mancha nem ruga ou coisa semelhante, mas santa e inculpável" (Ef 5.27).

Isso inclui suas roupas e sua aparência. As vestimentas estão presentes em muitas afirmações a respeito da segunda vinda. "Eis que venho como ladrão! Feliz aquele que permanece vigilante e conserva consigo as suas vestes, para que não ande nu e não seja vista a sua vergonha" (Ap 16.15). Até mesmo o desejo de casar-se de branco, o símbolo da pureza, tem um contrapeso moral: "Pois chegou a hora do casamento do Cordeiro, e a sua noiva já se aprontou. Foi-lhe dado para vestir-se linho fino, brilhante e puro". [O linho fino representa os atos justos dos santos] (Ap 19.7-8). Observe o equilíbrio entre "foi-lhe dado" e "se aprontou". As roupas podem ser um presente, mas precisam ser vestidas e usadas no casamento. Jesus contou uma parábola para alertar aqueles que foram convidados a participar, mas não se preocuparam em vestir-se apropriadamente que tal soberba é esperada no inferno (Mt 22.11-13).

É essencial, portanto, fazer todo esforço "para viver em paz com todos e para ser santos; sem santidade ninguém verá o Senhor" (Hb 12.14). Somente dessa forma, todo o espírito, alma e corpo de vocês será conservado irrepreensível na vinda de nosso Senhor Jesus Cristo (1Ts 5.23).

COMUNHÃO COM OS IRMÃOS

A santidade, ou plenitude, tem também uma aplicação coletiva. A noiva é, ao mesmo tempo, uma só pessoa e muitas delas. "Cristo amou a igreja e entregou-se a si mesmo por ela para santificá-la" (Ef 5.25-26).

Os crentes são chamados para ser "geração eleita, sacerdócio real, nação santa, povo exclusivo de Deus" (1Pe 2.9). Eles devem demonstrar uma identidade coletiva em um mundo decadente, uma unidade convincente em um mundo dividido. Jesus quer encontrar pessoas assim em seu retorno. Quais são as implicações?

Isso significa, no mínimo, que os cristãos não devem se isolar de outros crentes. "Não deixemos de reunir-nos como igreja, segundo o costume de alguns, mas encorajemo-nos uns aos outros, ainda mais quando vocês veem que se aproxima o Dia" (Hb 10.25). Há segurança na vida em comunidade e, à medida que o fim se aproxima e aumenta a pressão sobre o povo de Deus, é vital que permaneçamos juntos.

Somos responsáveis pelo serviço e pelo apoio mútuos. Os servos têm deveres para com os outros servos assim como para com seu senhor. Jesus falou do servo que foi encarregado da tarefa de alimentar seus companheiros na ausência do seu senhor. Ele não apenas negligenciou essa tarefa, como também foi acusado de embebedar-se e agredi-los. Quando o senhor retornou, ele foi lançado no inferno por ter abusado de sua posição (Mt 24.45-51).

Na mesma ocasião, Jesus contou a "parábola" das

ovelhas e dos bodes (na verdade, não é uma parábola, mas uma profecia com uma analogia). "Quando o Filho do homem vier em sua glória, com todos os anjos, assentar-se-á em seu trono na glória celestial. Todas as nações serão reunidas diante dele, e ele separará umas das outras *como o pastor separa as ovelhas dos bodes*" (Mt 25.31-32).

O princípio do julgamento é se "algum dos meus menores irmãos" foi atendido de maneira prática, se suas necessidades foram supridas e seu fardo, aliviado. É claro que a aplicação depende da interpretação da frase "meus menores irmãos". Quem são eles? Afirmar que Jesus se refere a seus compatriotas é uma visão limitada. Afirmar que compreende os seres humanos, toda raça humana, é abrangente demais. O título se aplica de forma consistente aos discípulos de todas as nações (Mt 12.49; 28.10; cf. Hb 2.11). Os discípulos negligentes são qualificados entre os bodes, rejeitados à sua esquerda.

A evidência de que esse grupo poderia incluir alguns dos próprios discípulos está na forma como chamam a Jesus de Senhor (Mt 25.44; cf 7.21) e no fato de que essa "parábola" não foi contada ao público em geral, mas ao círculo restrito dos doze discípulos. A negligência entre seus próprios seguidores é o tema que percorre todas as parábolas neste capítulo, bem como a terrível punição a ser paga por essa negligência.

Por uma perspectiva positiva, as ovelhas são os que ministraram aos seus irmãos, até mesmo aos menores deles, em seu momento de necessidade. O que os motiva é o amor pelos irmãos; eles não sabiam que ao servir aos irmãos estavam servindo ao próprio Jesus (Mt 25.37-38). Suas ações são fruto de uma espontaneidade compassiva, não de um interesse calculista.

A necessidade de estar pronto abrange a Igreja como um todo e cada um de seus membros, individualmente.

Aqueles que têm um anseio genuíno pela volta do Senhor desejarão tanta santidade quanto for possível alcançar para si mesmos e para todo o povo.

Eles se importarão com a *unidade* da Igreja. Quando todos estiverem reunidos para se encontrar com o Senhor nos ares, todas as diferenças serão insignificantes. Rótulos denominacionais, estilos litúrgicos, estruturas eclesiásticas, argumentos teológicos – tudo isso desaparecerá de vista quando contemplarmos a face do Senhor. Naquele dia, haverá uma atmosfera de total harmonia, que se refletirá na adoração coletiva.

Todos aqueles que tiverem essa esperança farão o possível para antecipá-la aqui e agora. Verão com seriedade a oração de Jesus na noite anterior à sua morte, que foi precisamente uma demonstração do que estava por vir (Jo 17.20-24).

É claro que a unidade precisa ser definida à maneira de Cristo. Não se trata de união nem de uniformidade, mas de unanimidade de coração, mente e vontade, assim como ele tinha com seu Pai. Está fundamentada na verdade, e não na tolerância. Aqueles que a buscam não ficarão indiferentes ao erro.

Eles se importarão com a *pureza* da Igreja. Nas questões de fé e conduta, buscarão purificar as igrejas contaminadas e apresentá-las em consonância com o evangelho que pregam. Isso envolverá confrontação e conflito (1Co 11.19). Como é significativo que o livro de Apocalipse, cuja mensagem central é a segunda vinda, comece com instruções às igrejas locais para que tratem da heresia e da imoralidade em seu meio. A ameaça de punição é acompanhada pela promessa da recompensa quando Jesus voltar (Ap 2.7,10,17,26; 3.5,12,21). Entretanto, embora igrejas inteiras possam ser removidas por não corrigirem os problemas, as recompensas são oferecidas aos indivíduos que procuram fazer algo a respeito. Qualquer pessoa pode abrir a porta para deixar que Jesus entre outra vez (Ap 3.20, um versículo que não está relacionado à regeneração pessoal, mas à restauração da comunhão da igreja).

Essa preocupação conjunta pela unidade e pela pureza do povo de Deus como um todo é um ingrediente essencial na prontidão para a sua volta. A noiva, que é sua Igreja, precisa aprontar-se (Ap 19.7).

EVANGELISMO GLOBAL

Afirma-se corretamente que a Igreja é a única sociedade na terra que existe principalmente para benefício dos que não são membros! Ela tem uma tarefa a cumprir antes que Jesus retorne; na verdade, antes que ele *possa* voltar: "E este evangelho do Reino será pregado em todo o mundo como testemunho a todas as nações, e então virá o fim" (Mt 24.14). Cogita-se até que o enfrentamento dessa tarefa com urgência e entusiasmo poderia apressar a sua vinda (2Pe 3.12; o verbo, no entanto, também pode ser traduzido como "aguardar ansiosamente" e o contexto não é sobre missões).

Todos os quatro Evangelhos concluem com essa Grande Comissão aos apóstolos (Mt 28.18-20; Mc 15.15.18; Lc 24.47-48; Jo 20.21-23) – e por meio deles à Igreja, no tempo e espaço, pois não seria possível aos Doze concluírem sozinhos a tarefa. Deve-se pregar o evangelho a toda a criatura e fazer discípulos em todas as nações (cujo significado é grupos étnicos, não estados políticos).

É desejo e propósito de Deus ter em sua família a nova humanidade vivendo na nova terra; homens e mulheres "de toda tribo, língua, povo e nação" (Ap 5.9; 7.9). "De um só ele fez todos os povos" (At 17.26) e novamente transformará essa variedade em unidade, fazendo convergir "em Cristo todas as coisas" (Ef 1.10). Não somos encorajados a crer que todas as nações serão salvas; o objetivo é salvar algumas pessoas de todas as nações.

A missão, portanto, é mundial, "aos confins da terra" (At 1.8; cf Is 45.22; 49.6; 52.10). Até que todos os cantos do nosso planeta tenham ouvido a boa nova em sua própria língua, o trabalho não estará completo.

A chegada do século 21, o terceiro milênio desde que Jesus esteve aqui, estimulou um interesse renovado no evangelismo, pois nos lembra quanto tempo estamos levando para cumprir a tarefa da qual ele nos incumbiu e como é curto o tempo restante para fazê-lo.

A passagem do tempo, contudo, não pode ser nossa principal motivação. Deveria bastar o fato de termos sido enviados por nosso Senhor nessa missão. A simples obrigação de obediência é sempre relevante. No entanto, a gratidão ao Senhor por nossa própria salvação fará mais, além de despertar nossa boa vontade de fazer o que ele nos ordena. Também nos dará um desejo ardente de compartilhar com os perdidos o que descobrimos, quer eles saibam ou não. "Pois o amor de Cristo nos constrange" (2Co 5.14). São as palavras de um homem que se sentia sob uma maldição caso guardasse essas boas novas para si mesmo: "Ai de mim se eu não pregar o evangelho" (1Co 9.16).

Ou seja, aqueles que realmente anseiam pelo dia em que se encontrarão com Cristo quando ele voltar não se contentarão em ir sozinhos. Desejarão levar consigo tantas pessoas quanto possível.

Os que estiverem mais bem preparados farão mais para preparar outros! Serão inspirados pela ideia de tornar possível que mais pessoas partilhem da pura alegria de viver com Deus em um planeta Terra novinho em folha. Também serão influenciados pelo horror do destino que essas pessoas podem ter caso não deem ouvidos e tomem uma atitude. Essa urgência não os levará a utilizar métodos ofensivos, que são contraproducentes para comunicar a mensagem, mas os alertará quanto a cada oportunidade de fazê-lo com um amor que é sábio e sensível.

A alegria de apresentar a outros a fé em Cristo hoje é apenas uma amostra do que sentiremos quando os virmos encontrando-se com ele face a face. E se os anjos celebram quando apenas um pecador se arrepende (Lc 15.7,10), como será quando os santos marcharem para a cidade santa?

AÇÃO SOCIAL

Hoje é geralmente aceito que o evangelismo e a ação social caminham juntos na missão da Igreja, embora muitos, com razão, priorizem o primeiro.

Há uma clara base bíblica para o serviço a um mundo incrédulo. Jesus endossou o segundo grande mandamento de amar nosso próximo como a nós mesmos (Mc 12.31) e sua interpretação de "próximo" compreende qualquer pessoa em necessidade a quem possamos ajudar (Lc 10.29-37). Paulo nos exorta: "Portanto, enquanto temos oportunidade, façamos o bem a todos" (Gl 6.10); e acrescenta: "especialmente aos da família da fé". Embora seja o texto bíblico mais citado a esse respeito, já notamos que a chamada "parábola" das ovelhas e bodes não é estritamente relevante, uma vez que "irmão" e "próximo" não são termos equivalentes; o caso, entretanto, não deve se limitar a essa passagem.

Que fique bem claro que não somos salvos *pelas* boas obras (uma noção comum, porém equivocada), mas *para* as boas obras (Ef 2.9-10). Somos salvos para servir – e servir de forma indiscriminada a quem quer que precise de nós, independentemente de sua resposta ou de seu relacionamento conosco. Tal amor incondicional tem uma palavra especial na língua grega: *ágape*; raramente usada no Mundo Antigo, ela ganha força na descrição do amor de Deus revelado em Cristo e do consequente amor praticado pelos cristãos, ambos incluindo até mesmo inimigos.

O amor ao próximo pode ser aplicado em três níveis de atividade social.

Primeiro, no *trabalho*. Desde que atenda a uma necessidade real na sociedade, nosso trabalho diário pode e deve ser visto como uma expressão prática de amor ao próximo. Muitas vezes ele é considerado um meio para nossos próprios fins – dinheiro, status ou satisfação pessoal. Na verdade, é muito mais provável que o trabalho seja tão recompensador como Deus planejou que fosse, se o virmos principalmente como uma forma de ajudar outras pessoas. Evidentemente, isso é mais fácil em alguns tipos de trabalho (enfermagem, por exemplo) do que em outros (ações repetitivas na linha de montagem), mas todos podem ser realizados para suprir uma necessidade, para beneficiar pessoas.

Segundo, no *serviço à comunidade*. Os cristãos têm um bom histórico de serviço voluntário aos necessitados. Foram pioneiros no cuidado dos enfermos, dos idosos, das pessoas com necessidades especiais e dos que foram abandonados à própria sorte por uma sociedade egoísta. Com sua definição, Tiago, irmão de Jesus, serviu de grande estímulo a essa prática: "A religião que Deus, o nosso Pai aceita como pura e imaculada é esta: *cuidar dos órfãos e das viúvas em suas dificuldades e não se deixar corromper pelo mundo*" (Tg 1.27; observe que a atividade filantrópica ativa não substitui a integridade moral).

Terceiro, na *reforma*. É nesse ponto que os cristãos têm divergências reais. Há unanimidade quanto ao alívio do sofrimento, mas não quanto aos sistemas reformadores, pois envolvem alguma atividade política, em níveis local e nacional. Especialmente sob a democracia, trata-se muitas vezes de uma questão de compromisso, de buscar constantemente um meio-termo entre os absolutos morais e as necessidades materiais, entre o que é idealmente aplicável e o que é socialmente aceitável (reduzir o período de gravidez em que pode se realizar o aborto é um exemplo típico).

Sabe-se que as leis não podem impor o bem, mas elas podem conter o mal – e, portanto, reduzir o sofrimento. Uma coisa é levar alívio às vítimas exploradas ou oprimidas por um sistema maligno, outra coisa é procurar mudar o próprio sistema. É uma forma menos direta e mais impessoal de lidar com o problema. Mas se atingir o mesmo fim, que é aliviar o sofrimento, e talvez em maior escala, esta não poderia ser também uma forma de expressar o amor ao próximo?

Paulo nos exorta a fazer o bem a *todos*, "enquanto temos oportunidade" (Gl 6.10). Os cristãos que estão em posição de responsabilidade perante outras pessoas, no comércio e na indústria, no serviço civil e na política, têm essa oportunidade de melhorar o sistema.

Eles estarão cientes do perigo de impor, através de sanções legais, uma conduta distintamente temente a Deus (por exemplo, observar o domingo como dia santo). Mas buscarão leis justas para conter atos desumanos. Foram coisas desse tipo que levaram os profetas hebreus a denunciar as nações fora de Israel, e não o descumprimento das leis dadas ao povo redimido de Deus (por exemplo, Amós 1.3–2.3).

Aqueles que creem em um reino milenar de Cristo na terra após o seu retorno têm grande motivação para a reforma social. Assim como acontece com a esperança por indivíduos perfeitos e uma igreja perfeita, a expectativa de uma sociedade aperfeiçoada estimula o desejo de reivindicar tanto disso quanto possível no aqui e agora. A certeza de que um dia haverá uma ordem mundial perfeita os estimula a se esforçar mais para trabalhar pela paz e justiça hoje.

Não que eles esperem alcançar isso – seja em escala universal ou nacional – antes que o Rei volte para estabelecer seu reino. Mas eles podem, pelo menos, demonstrar a natureza desse reino aplicando seus princípios a situações contemporâneas. Isso, por si só, é um bom testemunho do evangelho do Reino (Mt 24.14).

É ainda mais pessoal e prático do que isso. Se o mundo será governado pelos cristãos reinando com Cristo e os órgãos públicos estarão em suas mãos (por exemplo, os tribunais; 1Co 6.2), então quanto mais experiência eles puderem adquirir nessas posições de responsabilidade, melhor será.

Vamos concluir essa seção com o exemplo de um crente com essas características que viveu no século 19.

Na região de West End, Londres – em Piccadilly Circus para ser mais preciso, há uma estátua feita de alumínio. Sua semelhança com Cupido, o agente do amor, fez com que recebesse o apelido popular de Eros (palavra grega para atração sexual, da qual deriva "erótico"). Trata-se de um erro crasso. Seu apelido deveria ser Ágape. A estátua representa o anjo da misericórdia e é um memorial para Anthony Ashley Cooper, mais conhecido como Lorde Shaftesbury.

É bem provável que ele tenha feito mais do que qualquer outra pessoa de sua época para aliviar o sofrimento causado pela Revolução Industrial, evento que provocou a fuga de uma grande população das áreas rurais para as urbanas, inserindo-as no trabalho em fábricas e minas sob condições insalubres, até mesmo desumanas. Essas pessoas eram simplesmente mão de obra explorada por empregadores inescrupulosos. A tática de Lorde Shaftesbury foi despertar o sentimento de culpa na opinião pública, fazendo com que fossem aprovadas leis que limitavam a possibilidade de abuso.

Poucos sabem que, por trás dessa iniciativa na esfera pública, havia uma constante e consciente expectativa pela volta e pelo governo de Cristo, para os quais ele ansiava estar pronto. No início de cada carta ele escrevia "Vem, Senhor Jesus!", uma oração que se encontra na última página da Bíblia (Ap 22.20).

PERSEVERANÇA LEAL

É mais provável que o mundo melhore ou piore? No início do século 20, a visão geral era otimista; a palavra-chave era "progresso". Agora, no século 21, a perspectiva é pessimista e a palavra-chave é "sobrevivência".

Cristãos e comunistas partilham de uma visão apocalíptica da história. Ambos a obtiveram de fontes judaicas, onde ela se originou: uma através de Jesus Cristo e a outra através de Karl Marx.

Em termos simples, duas fases futuras da história são antevistas. Na primeira fase, a situação ficará muito pior antes de melhorar. Na segunda, a situação ficará muito melhor depois que piorar. Essa é a estrutura básica do livro de Apocalipse (nos capítulos 4–17, a situação piora; nos capítulos 18–22, ela melhora).

À medida que as coisas se agravam no mundo, a situação fica ainda mais difícil para o povo de Deus. De forma indireta, os cristãos sofrem com os problemas gerais, mas na Grande Tribulação, sofrerão ataques dirigidos especificamente a eles, em grande parte em decorrência de sua recusa em submeter-se a um regime totalitário com pretensões divinas.

Muitos pagarão o preço com o próprio sangue. O número de mártires crescerá rapidamente à medida que se aproximar o clímax. Na verdade, às vezes o livro de Apocalipse parece afirmar que quase todos os crentes morrerão por sua fé, portanto "vencedores" e "mártires" são termos praticamente sinônimos. É significativo que a palavra grega *martus* ou *martur* significasse originalmente "testemunha", mas hoje se refira a alguém que mantém um testemunho fiel ao custo da própria vida.

Entretanto, há aproximadamente dois mil anos desde o apedrejamento de Estevão (At 7.54-60), existe um nobre exército de mártires. Não se passou uma só década sem que cristãos morressem por sua fé em Jesus. É provável que a Grande Tribulação aconteça em uma escala maior do que jamais houve, mas ela já foi de certo modo vivida em níveis tanto local quanto nacional.

Em um mundo ímpio, o sofrimento é um dos sinais garantidos de um discípulo genuíno. "Todos os que desejam viver piedosamente em Cristo Jesus serão perseguidos" (2Tm 3.12). A igreja primitiva instruía seus convertidos a esperar tribulações (At 14.22). Eles viam essa possibilidade como uma honra (At 5.41). Afinal, Jesus havia prometido: "Neste mundo vocês terão aflições" (Jo 16.33).

O que capacita os crentes a sobreviverem a tais pressões, e até a superá-las e se tornarem mais que vencedores (Rm 8.37)? É a esperança certa do retorno de Jesus, quando receberão sua recompensa e partilharão de seu reinado. Eles também serão vindicados publicamente perante os olhos do mundo que os afugentou.

O Novo Testamento está repleto desse tipo de encorajamento. Uma das frases preferidas da igreja primitiva era: "Se morremos com ele, com ele também viveremos; se perseveramos, com ele também reinaremos" (2Tm 2.11-12). Os mártires se assentarão em tronos (Ap 20.4). Usarão coroas dadas àqueles que são fiéis até a morte (Ap 2.10). Paulo, enquanto aguardava sua execução, sabia que uma coroa lhe seria destinada: "Combati o bom combate, terminei a corrida, guardei a fé. Agora me está reservada a coroa da justiça, que o Senhor, justo Juiz, me dará naquele dia" (2Tm 4.7-8).

Os vencedores são cobertos de recompensas: o direito de comer da árvore da vida, o maná escondido, a pedra branca, um novo nome, autoridade sobre as nações, a estrela da manhã, vestes brancas, uma posição permanente no templo de Deus e muito mais (Ap 2;7,17,26; 3.5,12).

Tudo isso lhes será dado na vinda de Jesus. Por essa perspectiva, o sofrimento é reduzido e perde seu poder de intimidação. "Pois os nossos sofrimentos leves e momentâneos estão produzindo para nós uma glória eterna que pesa mais do que todos eles" (2Co 4.17). Além desses incentivos positivos, há também um impedimento associado à sua vinda. A frase sobre os fiéis citada anteriormente continua: "Se o negamos, ele também nos negará" (2Tm 2.12). Esse alerta baseia-se nas palavras do próprio Jesus: "Mas aquele que me negar diante dos homens, eu também o negarei diante do meu Pai que está nos céus" (Mt 10.33).

Esse é precisamente o perigo sobre o qual o autor de Hebreus nos alerta. Os crentes judeus foram tentados a deixar a fé cristã e retornar ao judaísmo a fim de escapar da crescente perseguição aos seguidores de Jesus. Para serem aceitos de volta na sinagoga, deveriam renunciar Jesus como seu Messias. E a carta aos Hebreus nos alerta que é impossível se arrepender de tal apostasia (Hb 6.4-6; cf 2.1; 3.12-14; 10.26). Quando Jesus voltar, ele não se agradará daqueles que retrocederem (literalmente "baixarem as velas") e forem destruídos (Hb 10.37-38).

O livro de Apocalipse tem muitos alertas desse tipo. Os covardes terão seus nomes riscados do livro da vida do Cordeiro e serão lançados no lago de fogo (Ap 3.5; 21.8). O tormento eterno será a recompensa daqueles que cedem às pressões das autoridades hostis; os santos deverão ser perseverantes e pacientes em sua obediência aos mandamentos de Deus e permanecer fiéis a Jesus (Ap 14.12). O livro inteiro é dirigido aos crentes que estão prestes a enfrentar tal teste de sua fé e destina-se a capacitá-los a passar por isso com louvor. Talvez seja essa a razão pela qual os leitores que não estão enfrentando tais crises tenham dificuldade para entender o livro!

Quando há perseguição, poucas coisas encorajam tanto os crentes a resistir quanto a convicção de que Jesus virá para derrotar o opressor e vingar o oprimido. Eles sabem que "aquele que perseverar até o fim será salvo" (Mt 24.13).

Essas, portanto, são as maneiras de preparar-se para a volta de Jesus: fé individual, serviço contínuo, santidade pessoal, comunhão com o corpo, evangelismo global, ação social e perseverança leal.

Diante de tal panorama, muitos talvez se sintam temerosos, e até desanimados. Devemos nos lembrar que a questão não é se teremos atingido esses alvos quando ele voltar, mas se ainda estamos prosseguindo em sua direção (Fp 3.14).

Será que é possível saber se estamos prontos? Há uma forma muito simples de mensurar isso: o quanto ansiamos por sua vinda!

Crentes verdadeiros não apenas esperam dos céus a seu Filho (1Ts 1.10), mas também amam a sua vinda (2Tm 4.8; literalmente "adorariam que ele voltasse"). Essa expectativa não apenas ocupa seus pensamentos, mas fomenta seus sentimentos. "O Espírito e a noiva dizem: 'Vem!'" (Ap 22.17). Quantos romances terminam com as palavras "casaram-se e viveram felizes para sempre"? A Bíblia não é exceção!

A oração mais breve da igreja primitiva era composta de duas palavras em aramaico: *marana tha*. Significa simplesmente: "Vem, Senhor!" Talvez a melhor indicação de nossa prontidão para encontrá-lo seja a frequência com que essa frase, em qualquer língua, venha espontaneamente às nossas mentes e saia de nossa boca.

A CERTEZA DE ESTAR PRONTO

Parece apropriado concluir este capítulo com algumas sábias palavras ditas por Agostinho, muitos séculos atrás: "Aquele que ama a vinda do Senhor não é o que afirma que está longe, nem quem diz que está perto; mas sim aquele que, quer esteja longe ou perto, espera por ela com fé sincera, esperança inabalável e amor fervoroso".

O ENIGMA
DE APOCALIPSE

CAPÍTULO 3

DIFERENÇAS DE OPINIÃO

Há uma imensa variedade de opiniões a respeito do livro de Apocalipse. Quando reunidas, parece impossível afirmar que todas se referem à mesma peça literária.

OPINIÃO HUMANA

A opinião humana varia espantosamente. A reação dos incrédulos é compreensível, pois não são eles o público-alvo. Apocalipse talvez seja o livro menos indicado para ser usado como introdução à Bíblia cristã. Um comentário típico é que o autor do livro "sofria de indigestão, na melhor das hipóteses, ou de insanidade, na pior delas".

Mesmo entre os cristãos há diversas posturas em relação ao livro. Há aqueles que têm pavor e não conseguem sequer abrir o livro, e os fanáticos, que não falam de outra coisa! Comentários negativos também foram feitos por estudiosos da Bíblia: "O número de mistérios equivale ao de palavras"; "É um amontoado aleatório de símbolos estranhos"; "Quem lê Apocalipse é louco; se não é louco, vai ficar".

Surpreendentemente, a maioria dos reformadores protestantes (os magisteriais, assim chamados porque usaram as autoridades civis para alcançar seus objetivos) tinha uma perspectiva extremamente negativa do livro:

Lutero: "Nem apostólico nem profético [...] cada um pode formar seu próprio julgamento deste livro [...] devemos nos ater aos livros mais nobres [...] minha mente é incapaz de aceitá-lo".

Calvino: omitiu-o de seu comentário sobre o Novo Testamento!

Zuínglio: afirmou que o testemunho do livro pode ser rejeitado porque "não se trata de um livro da Bíblia".

Essa depreciação influenciou muitas das denominações que se originaram da Reforma.

Como sabemos, houve certo debate na igreja primitiva a respeito da inclusão de Apocalipse no cânon bíblico, mas, no século 5°, todo o seu conteúdo foi incluído, sem ressalvas.

Alguns comentaristas avaliam positivamente o livro: "É a única obra-prima de pura arte encontrada no Novo Testamento"; "Belo além do que se pode descrever". Até mesmo William Barclay – autor de uma série de comentários bíblicos que, posteriormente, adotou uma visão liberal das Escrituras – disse a seus leitores que o livro de Apocalipse era "infinitamente digno do esforço de digladiar com ele até que sejamos capazes de identificar suas bênçãos e desvendar suas riquezas".

OPINIÃO SATÂNICA

A opinião satânica é invariavelmente negativa. O diabo odeia as primeiras páginas da Bíblia (que revelam como ele obteve controle de nosso planeta) e as páginas finais (que mostram como perderá esse controle). Se ele puder convencer os seres humanos de que Gênesis é uma compilação de mitos inadmissíveis e Apocalipse, de mistérios inexplicáveis, ficará satisfeito.

Este autor tem provas excepcionais do ódio de Satanás

por Apocalipse, especificamente pelo capítulo 20. Muitas fitas cassete de uma pregação sobre esse capítulo foram danificadas entre as etapas de envio e recebimento. Em alguns casos, o trecho que fala da condenação do diabo foi simplesmente apagado antes de as fitas chegarem no destino; em outros, gritos em uma língua estranha sobrepuseram a mensagem gravada originalmente, tornando-a ininteligível!

O livro de Apocalipse revela o jogo enganoso de Satanás. Ele é príncipe e governante deste mundo somente por permissão de Deus. E essa permissão é temporária.

OPINIÃO DIVINA

A opinião divina é invariavelmente positiva. Apocalipse é o único livro da Bíblia cuja leitura e preservação estão associadas diretamente às sanções divinas de recompensa e punição. Por um lado, uma bênção especial virá sobre os que leem em voz alta e os que ouvem a profecia (1.3), e sobre os que "guardam as palavras" [ARA], meditando nelas e colocando-as em prática (22.7). Por outro lado, há uma maldição específica para aqueles que adulteram seu texto. Se alguém acrescentar alguma coisa, sofrerá as consequências – as pragas descritas no livro. Caso sejam subtrações ou eliminações, o ofensor será privado do privilégio de entrar na nova Jerusalém.

Tal bênção e maldição nos mostram a seriedade com que Deus encara os fatos e as verdades aqui revelados. Dificilmente ele poderia ser mais explícito a respeito da importância do livro.

Tendo como ponto de partida as opiniões a respeito de Apocalipse, vamos agora nos ater ao livro em si.

Considere, em primeiro lugar, a sua posição na Bíblia. Assim como Gênesis não poderia estar em outro lugar que não fosse o início, Apocalipse só poderia estar no final. De muitas maneiras, ele completa a "história".

Se tão somente considerarmos que a Bíblia é a história de nosso mundo, a função de Apocalipse é encerrá-la. Obviamente, a história bíblica é diferente de todas as outras publicações históricas. Ela começa antes de existirem observadores para registrar os eventos e termina depois, prevendo eventos que ainda não podem ser observados e registrados.

Consequentemente, precisamos definir se estamos diante do resultado da inspiração divina ou do fruto da imaginação humana. A resposta depende da fé. É uma escolha simples: crer ou não crer. Embora transcenda a razão, a fé não se contrapõe a ela. Os relatos bíblicos sobre a origem e o destino de nosso universo podem ser a melhor explicação para sua condição presente. Conhecer o final da história afeta de maneira significativa a forma como vivemos hoje.

No entanto, o interesse da Bíblia não é a preservação do meio ambiente, mas, sim, a preservação da raça humana, particularmente, o povo escolhido de Deus. Com esse povo ele mantém um relacionamento pactual, análogo ao casamento. A Bíblia pode ser entendida como a história de um romance – um Pai celestial em busca de uma noiva terrena para seu Filho. Como todo bom romance, eles "se casam e vivem felizes para sempre". Esse clímax, contudo, é alcançado somente no livro de Apocalipse, sem o qual jamais saberíamos se o noivado (2Coríntios 11.2) de fato prosperou ou se a relação foi rompida!

Na verdade, é bem difícil imaginar a Bíblia sem o livro de Apocalipse, mesmo que não o lemos com frequência. Imagine se o Novo Testamento terminasse com a breve carta de Judas dirigida a uma igreja em sua segunda geração de cristãos, cujo credo, conduta, caráter e conversa estavam sendo corrompidos. Então é assim que tudo termina? Seria um anticlímax deprimente!

DIFERENÇAS DE OPINIÃO

A maioria dos cristãos, portanto, mesmo sem muita familiaridade com o livro de Apocalipse, alegra-se que ele esteja disponível. Eles costumam lidar bem com os primeiros e com os últimos capítulos, mas estranham o extenso trecho central (capítulos 6–18). Essa estranheza deve-se em grande parte à singularidade desse trecho. Ele é difícil porque é diferente. Mas o que o torna tão diferente?

CAPÍTULO 4

A NATUREZA DO TEXTO APOCALÍPTICO

Apocalipse não se difere dos outros livros do Novo Testamento apenas em conteúdo. Sua concepção também é única.

Todos os outros livros foram escritos de forma intencional. Cada autor, por si próprio ou através de um escriba (ou assistente, como vemos em Romanos 16.22), decidiu escrever. Antes de registrar suas palavras, eles refletiam sobre o que desejavam dizer. O texto traz as marcas do temperamento, do caráter, da perspectiva e da experiência do próprio autor – muito embora ele fosse inspirado pelo Espírito Santo, que influenciava seus pensamentos e sentimentos.

Os estudiosos notaram muitas diferenças entre Apocalipse e os outros textos do apóstolo João (um evangelho e três epístolas). O estilo, a gramática e o vocabulário de Apocalipse são tão diferentes que eles concluíram ser obra de outro "João". Chegaram até mesmo a encontrar uma referência um tanto vaga a um desconhecido presbítero de mesmo nome em Éfeso que preenchia os requisitos. No entanto, o homem que escreveu Apocalipse simplesmente se apresenta como "seu servo João" (1.9) – uma indicação de que se tratava de alguém muito conhecido.

Há uma explicação mais simples para esse contraste que não diz respeito à evidente diferença de tema. Nunca foi intenção de João escrever Apocalipse. Ele o fez a partir de uma "revelação" totalmente inesperada, recebida de forma audível (vozes) e visual (visões). À medida que "ouvia" e "via" essa sequência assombrosa de vozes e visões, João era repetidamente instruído a "escrever" todas as coisas (1.11, 19; 2.1, 8, 12, 18; 3.1, 7, 14; 14.13; 19.9; 21.5). A repetição dessa ordem sugere que ele teria ficado tão envolvido com o que via e ouvia que, ocasionalmente, se esquecia de registrar.

Isso explica o nível inferior do grego, comparado ao seu nível de fluência normal. O livro foi escrito às pressas, em circunstâncias muito perturbadoras. Seria como se você recebesse instruções para registrar por escrito o filme enquanto assiste. Esse estilo desconexo é o mesmo usado por universitários quando fazem anotações durante as aulas. Por que, então, João não escreveu o livro usando essas anotações como base, a fim de que o resultado final pudesse ser mais elaborado? Isso ele dificilmente faria considerando que as últimas palavras ditadas continham uma maldição a qualquer um que alterasse o que ele havia escrito!

Tudo isso significa que João não foi o autor de Apocalipse. Ele apenas serviu de escriba, registrando as informações. Quem, portanto, foi o autor? A mensagem foi muitas vezes transmitida a João por anjos. Tratava-se também da mensagem do Espírito às igrejas, além de ser a revelação de Jesus Cristo. Porém foi Deus quem a concedeu a Jesus. Observamos então uma cadeia complexa de comunicação: Deus, Jesus, o Espírito, os anjos e João. Mais de uma vez, o pobre João ficou confuso a respeito de quem deveria levar a glória pelo que ele estava vivenciando (19.10; 22.8-9). Somente os dois primeiros elos da corrente recebem adoração.

Esse livro, mais do que qualquer outro livro do Novo Testamento, faz jus ao nome de revelação. A palavra grega assim traduzida na primeira frase é *apokalypsis*, de onde veio o substantivo "apocalipse" e o adjetivo "apocalíptico", hoje mais comumente usados em literatura de estilo e conteúdo semelhantes. A raiz da palavra significa desvendar.

É como abrir a cortina para revelar o que estava escondido (como tirar o véu que encobre uma pintura ou uma placa).

No contexto bíblico, é a revelação do que estava oculto aos homens, porém era conhecido por Deus. Há certas coisas que o homem não pode saber a menos que Deus decida revelar. Em especial, o homem não pode saber o que está acontecendo no céu ou o que o futuro trará. Os fatos registrados e interpretados estão, portanto, rigorosamente limitados pelo tempo e pelo espaço. Pode ser, na melhor das hipóteses, um relato parcial do fluxo da história.

Quando Deus escreve a história, ele revela todo o quadro, especialmente porque ordena os eventos ao mesmo tempo que os observa. "A história é, de fato, o relato dele". Desde o início, ele faz "conhecido o fim, desde tempos remotos, o que ainda virá" (Is 46.10). O passado, o presente e o futuro nele estão interligados.

O mesmo acontece com o céu e a terra. Há uma interação entre o que acontece lá em cima e os fatos aqui embaixo. Um dos aspectos perturbadores de Apocalipse é a constante alternância de cena entre o céu e a terra. Isso acontece graças à conexão entre os eventos acima e abaixo (por exemplo, a guerra no céu leva à guerra na terra – 12.7; 13.7).

Apocalíptica é a história escrita do ponto de vista de Deus. Ela apresenta o quadro completo. Expande nosso entendimento dos acontecimentos no mundo, porque os vemos à luz de algo acima e além de nossa percepção limitada. Proporciona previsão e provisão, ampliando nossa compreensão do que se passa ao nosso redor, tornando-a maior do que a percepção de um historiador.

Emergem agora padrões e propósitos que o historiador desconhece. A história não se resume a um amontoado de acontecimentos fortuitos. A coincidência rende-se à providência. A história não é estática.

O tempo tem importância eterna. O tempo e a eternidade estão inter-relacionados. Deus não é atemporal, como afirma a filosofia grega. Ele está inserido no tempo; ou melhor, o tempo está inserido em Deus. Ele é o Deus que era, que é e que há de vir. O próprio Deus não pode mudar o que está no passado! A morte e a ressurreição de Jesus jamais podem ser alteradas ou canceladas.

Deus está cumprindo seus planos e propósitos dentro dos limites do tempo.[53] Ele é o Senhor da história. Mas ela segue o padrão de Deus, que somente pode ser discernido quando ele revela as peças faltantes do "quebra-cabeça. Tanto o que estava oculto à percepção humana quanto o que é revelado por Deus recebem o nome de "mistérios" no Novo Testamento.

O rumo dos eventos no passado e no presente torna-se aparente à luz do futuro. O formato da história não pode ser identificado no curto prazo, somente no longo, pois, para Deus, o tempo é, simultaneamente, relativo e real. Para ele, "mil anos são como um dia" (Sl 90.4, citado em 2Pe 3.8). Por isso sua admirável paciência conosco nos parece lentidão (2Pe 3.9).

A Bíblia contém uma filosofia da história bem diferente da filosofia da pura razão humana. O contraste é evidente quando a comparamos com os quatro conceitos mais comuns sobre a história:

1. *Cíclica*. "A história se repete". Ela simplesmente move-se infinitamente em círculos ou ciclos. Às vezes o mundo fica melhor e, então, fica pior, depois melhora e piora novamente [...] e assim por diante. Esse era um conceito do pensamento grego.

---

53 *Christ and Time* [Cristo e o tempo], de Oscar Cullmann, é um clássico sobre o tema.

A NATUREZA DO TEXTO APOCALÍPTICO

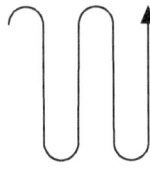
2. *Rítmica.* É uma variação da cíclica. O mundo ainda alterna entre períodos de melhora e piora, porém eles nunca se repetem exatamente da mesma forma. O mundo sempre segue adiante; não temos como saber se terminará em alta ou em baixa!

3. *Otimista.* O mundo está ficando cada vez melhor. Como disse certo primeiro-ministro britânico no início do século 20: "Para o alto e sempre avante". A palavra da vez era "progresso". A história seguia uma rota ascendente.

4. *Pessimista.* No final do século 20, não se falava em outra coisa a não ser "sobrevivência". Os especialistas do pessimismo acreditam que estamos numa rota descendente. Ela pode ser desacelerada, jamais detida. O mundo ficará pior até que a vida se torne impossível (estimativas atuais afirmam que seria por volta de 2040!). O padrão bíblico, no entanto, é bem diferente de todos esses, pois une o pessimismo e o otimismo em um realismo baseado em todos os fatos.

5. *Apocalíptica.* O mundo piorará progressivamente, e então, repentinamente, ficará melhor do que jamais esteve – e assim permanecerá.

Esse último conceito encaixa-se na visão de judeus, cristãos e comunistas. Todos eles o obtiveram da mesma fonte: os profetas hebreus (Karl Marx era filho de mãe judia e pai luterano). Eles divergem em um único ponto: o elemento que produzirá a mudança drástica de direção. Os comunistas acreditam que a mudança se dará por meio da revolução do homem. Os judeus creem que será pela intervenção divina. Os cristãos acreditam que será com a volta de Jesus, o Deus-homem, ao planeta Terra.

Os que leram o livro de Apocalipse em sua totalidade perceberão agora que, na realidade, ele está estruturado exatamente sobre esse fundamento. Depois de tratar do presente em seus capítulos iniciais, o tema passa a ser o curso futuro da história, que piora gradualmente (nos capítulos 6–18) e depois melhora repentinamente (nos capítulos 20–22) – mudança que coincide com a segunda vinda de Cristo (no capítulo 19).

Há duas outras características da história apocalíptica sobre as quais devemos falar antes de seguir adiante.

A primeira delas é seu padrão basicamente *moral*. Visto que Deus ordena a história e ele é Todo-Poderoso e perfeitamente bom, esperamos ver sua justiça sendo executada como recompensa para os que praticam o bem e como punição para os que agem com impiedade.

Não é isso, aparentemente, que vemos na prática, seja na vivência em âmbito universal e comunitário seja em âmbito individual. A vida parece terrivelmente injusta. A história parece indiferente à moralidade. O justo sofre e o ímpio prospera. O clamor constante é: "Por que um Deus que é bom permite que o mundo continue dessa maneira?" A Bíblia é sincera o bastante para registrar a perplexidade de Jó, de Davi, do próprio Jesus (Marcos 15.34, Salmo 22.1) e dos cristãos que foram martirizados por se manterem fiéis a ele (Apocalipse 6.10).

Tais dúvidas são fruto de uma visão de curto prazo centrada predominantemente no presente e, em parte, no passado. Uma visão de longo prazo leva em conta o futuro – o resultado final. Isso pode mudar totalmente a percepção de uma pessoa em relação ao presente (Jó 42; Salmo 73.15-28; Hebreus 12.2; Apocalipse 20.4; resumida por Paulo em Romanos 8.18).

Todas as porções apocalípticas da Bíblia suportam essa visão de longo prazo, indicando que a história defende, sim, a moralidade (Daniel 7–12, passagem que tem muito em comum com Apocalipse, é um ótimo exemplo). Vivemos, sim, em um universo moral. O bom Deus ainda está assentado no trono. Não há dúvida de que ele é capaz de dar o melhor desfecho para essa história. Punirá o ímpio e recompensará o justo. Endireitará novamente o mundo e o entregará aos que demonstram o desejo de andar retamente. A história terá um final do tipo "felizes para sempre".

A literatura apocalíptica, Apocalipse inclusive, concentra-se em temas como recompensa, retribuição e restauração. Acima de tudo, retrata o Soberano Deus, assentado em seu trono, exercendo o perfeito controle das questões do mundo. Observe a palavra "retrata", que introduz a próxima característica da história apocalíptica.

A história é retratada geralmente de forma *simbólica*. É necessário que seja assim, pois o que é incomum está sendo comunicado. Os professores e mestres sabem que o desconhecido precisa, de alguma forma, ser relacionado ao que já é conhecido, e isso geralmente é feito por meio da analogia (expressões do tipo "é o seguinte:" normalmente introduzem a explicação de uma analogia). Na maioria das parábolas de Jesus a respeito do Reino dos céus encontramos referências a situações terrenas que nos ajudam a entender o princípio em questão (a expressão "O Reino dos céus é semelhante a [...]" introduz uma analogia).

Ajudar as pessoas a compreenderem algo requer a mesma medida de imaginação e de informação. Se elas conseguirem visualizar em suas mentes, entenderão com muito mais facilidade. Significativamente, a resposta muitas vezes é "Agora entendi o que você quer dizer".

Apocalipse está repleto de linguagem pictórica. Por meio do uso constante de símbolos, podemos visualizar o que, de outra forma, seria incompreensível. Nunca é demais enfatizar que o intuito é facilitar nossa compreensão, não a dificultar. Muitos usam a natureza extremamente simbólica do livro como justificativa para ignorar ou até mesmo desconsiderar seu ensinamento, como se os símbolos fossem demasiadamente obscuros e incapazes de transmitir uma mensagem clara. Esse não é o caso aqui, simplesmente porque é perceptível a classificação dos símbolos em quatro categorias:

Alguns têm significados *óbvios*. O dragão ou a serpente representam o diabo. O lago de fogo é o inferno. O grande trono branco é onde se assenta o juiz.

Alguns são explicados pelo contexto. As estrelas são anjos. Os candelabros são igrejas. Os selos, as trombetas e as taças são desastres. O incenso representa as orações ascendentes. Os dez chifres são reis.

Alguns possuem *equivalentes* com outras passagens das Escrituras. No Antigo Testamento é possível encontrar: a árvore da vida, o arco-íris, a estrela da manhã, o cetro de ferro, os cavaleiros e os regimes tirânicos retratados como "animais" selvagens ou bestas. Podemos concluir com segurança que esses símbolos preservaram seu significado original.

Alguns poucos símbolos são *obscuros*. Um exemplo é a pedra branca, sobre a qual os estudiosos já apresentaram um número impressionante de interpretações. Uma declaração de inocência? Um sinal de aprovação? Uma medalha de excelência e honra? É bem provável que só conheceremos seu significado quando de fato a recebermos!

A NATUREZA DO TEXTO APOCALÍPTICO

Os números também são usados como símbolos. Em Apocalipse há uma série de conjuntos de sete: estrelas, candelabros, lâmpadas, trombetas, taças. É o número redondo da Bíblia, indicando completude e perfeição. O número doze é associado tanto ao povo escolhido de Deus (as tribos de Israel) quanto ao novo (seus apóstolos); o vinte e quatro os une. Mil é a ordem mais alta. Doze mil de cada tribo de Israel eleva o total a cento e quarenta e quatro mil.

O número que chama a atenção é o *666*. Ele é formado pelo algarismo 6, que sempre aponta para o fracasso do homem em alcançar a perfeição completa, representada pelo número 7. Em Apocalipse, o número 666 é usado como um sinal da identidade do último ditador, que se manifestará antes que Jesus reine por mil anos (em latim, um *millennium*). Seria um indicativo o fato de 666 ser a soma de todos os algarismos romanos (I=1 + V=5 + X=10 + L=50 + C=100 + D=500), desprezando apenas o algarismo de milhar (M=1000)? Falharão, contudo, todas as tentativas de identificá-lo com base nesse número até o momento de sua chegada, quando tudo ficará perfeitamente claro.

Há tantos elementos evidentes em Apocalipse que podemos aceitar algumas obscuridades agora, crendo que serão esclarecidas pelos eventos futuros, quando a informação for realmente necessária. Enquanto isso, podemos agradecer a Deus por nos ter revelado tantos detalhes.

Está claro que Deus se expressa por meio de vozes humanas – pela boca de seus profetas. João percebeu que a mensagem que transmitia não vinha de si mesmo. Ele chama seus escritos de "esta profecia" ou "profecia deste livro" (1.3; 22.7, 10, 18, 19). Portanto, além de apóstolo, João é também um profeta. Assim, Apocalipse é o único livro profético do Novo Testamento.

A profecia em geral nos permite "entre-ver" (uma palavra de Deus sobre o presente) e "ante-ver" (uma palavra de

Deus sobre o futuro). Apocalipse tem os dois tipos de revelação, sendo que a maior parte delas são predições de eventos que ainda estão por vir.

Quando essas previsões se cumprirão? Os fatos já ocorreram? Estão acontecendo neste momento? Ainda estão por vir? Devemos analisar as diversas respostas oferecidas a essas indagações.

CAPÍTULO 5

ESCOLAS DE INTERPRETAÇÃO

Aproximadamente um terço dos versículos do livro de Apocalipse contém uma previsão. Entre eles, 56 eventos distintos são preditos. Exatamente metade deles está em linguagem simples e a outra metade, na forma simbólica de imagens.

A maioria deles ocorre após o capítulo 4, que inicia com uma evidente mudança de perspectiva – da terra para o céu e do presente para o futuro ("Suba para cá, e lhe mostrarei o que deve acontecer depois dessas coisas" – 4.1).

São claras referências a acontecimentos futuros, que são revelados para o autor e para os leitores originais do primeiro século d.C., mas até que ponto do futuro se estendia a previsão? Os eventos previstos estão no passado, no presente ou no futuro em relação a nós, que vivemos dezenove séculos depois? Eles já foram cumpridos (um olhar para trás), estão sendo cumpridos (um olhar a nossa volta) ou serão cumpridos (um olhar adiante)?

É nesse ponto que surgem as diferentes interpretações. Durante o intervalo de anos entre o momento em que a profecia foi dada e hoje, surgiram quatro conceitos principais que deram origem a quatro escolas de interpretação. A maioria dos comentários se baseia em um único ponto de vista. É importante analisar todos eles antes de presumir que um deles está correto. É demasiadamente fácil e arriscado aceitar o primeiro comentário que lemos ou ouvimos.

Por estarem hoje tão bem convencionadas, as quatro escolas receberam rótulos conhecidos: preterista, historicista (dividida em duas variantes), futurista e idealista. Não deixe que o jargão técnico o desanime. É importante que você esteja apto a identificar as diversas abordagens com as quais pode se deparar.

1. PRETERISTA

Essa visão considera que as previsões foram cumpridas durante o declínio e a queda do império romano, quando a Igreja estava sob as pressões das perseguições imperiais. O livro de Apocalipse foi escrito para os cristãos do século 1º d.C. com o intuito de prepará-los para o que aconteceria nos dois séculos seguintes. A grande cidade da Babilônia, assentada sobre as sete colinas (17.9), é identificada como Roma.[54]

Embora a maior parte de Apocalipse esteja no passado para nós, isso não significa que tenha menos valor. Aprendemos muito com toda a narrativa histórica encontrada nas Escrituras. Na verdade, ela constitui a maior parte da Bíblia. Podemos encontrar inspiração e instrução nos fatos passados.

O ponto forte dessa visão é que, de fato, qualquer estudo bíblico deve iniciar com a análise do contexto original do autor e de seus leitores. Qual seria o significado desse texto para os leitores originais? A compreensão da intenção do autor e da visão dos leitores em seu contexto é imprescindível para se obter a verdadeira interpretação e aplicação da mensagem.

Essa escola de interpretação, no entanto, tem vários pontos fracos. Para começar, poucas previsões específicas,

---

54 Pedro aparentemente fez a mesma comparação – veja 1Pedro 5.13.

talvez nenhuma delas, realmente se cumpriram durante o império romano. Somente algumas tendências genéricas podem ser identificadas, porém sem equivalências específicas.[55] Isso também significa que a maior parte do livro perde sua relevância direta após a queda de Roma e pouco teria a dizer à igreja dos dias posteriores. Diante do consenso entre os estudiosos de que os últimos poucos capítulos referem-se ao fim do mundo que ainda é futuro para nós, resta apenas uma imensa lacuna entre o início e o fim da história da Igreja, sem qualquer orientação direta para os muitos séculos que sucederam. A segunda abordagem preenche essa lacuna.

2. HISTORICISTA

Essa visão afirma que as previsões cobrem toda a era da Igreja entre a primeira e a segunda vinda de Cristo. É uma história do *anno Domini*, codificada na forma simbólica, abrangendo as fases e crises mais importantes de todo o período. O cumprimento, portanto, é passado, presente e futuro para nós. Estamos vivenciando o livro de Apocalipse e, com base no que já se passou, podemos saber o que virá a seguir na programação.

Certo acadêmico elaborou um índice de referência cruzada entre cada seção de Apocalipse e os muitos volumes do *Cambridge Ancient and Modern History* – um tratado sobre a história. Acredita-se que estejamos vivendo em algum ponto da história que corresponde aos capítulos 16 ou 17!

Essa teoria, pelo menos, tornou o livro relevante e despertou o interesse de muitas gerações de cristãos. Porém, essa característica não compensa as falhas.

Uma dessas falhas é que muitos detalhes são forçados para que possam adequar-se aos eventos conhecidos.

---

55 Alguns tentaram extrair "666" das cartas de "Nero César", embora Apocalipse provavelmente tenha sido escrito trinta anos após a morte do imperador!

O maior problema, entretanto, é o fato de não existirem dois historicistas que estejam de acordo quanto à correlação entre Bíblia e história! Se estivessem usando o método correto, certamente haveria um grau maior de unanimidade em suas conclusões. E ainda lhes restam muitos detalhes sem cumprimento.

Até agora, consideramos apenas um tipo de historicismo. Nós o chamaremos de linear, pois afirma que a parte central de Apocalipse segue uma linha reta de eventos entre o primeiro e o segundo advento de Cristo.

Há outro tipo – nós o chamaremos de *cíclico* – segundo o qual Apocalipse cobre toda a história da Igreja mais de uma vez, retornando constantemente ao início e recapitulando os eventos sob outro ângulo. William Hendriksen, autor de *More Than Conquerors* [Mais que vencedores], alega ter descoberto sete ciclos, sendo que cada um deles cobre uma das eras da Igreja (nos capítulos 1–3, 4–7, 8–11, 12–14, 15–16, 17–19, 20–22)! O autor consegue, portanto, situar o Milênio (capítulo 20) antes da segunda vinda (capítulo 19) e, assim, defender a visão pós-milenista. Porém, esse "paralelismo progressivo", como é chamado, não é encontrado no texto, mas parece ser forçado. A separação radical dos capítulos 19 e 20, em especial, é totalmente injustificável.

A interpretação historicista é provavelmente a menos satisfatória e convincente, tanto na forma linear quanto na cíclica.

3. FUTURISTA

De acordo com essa visão, o bloco central de previsões aplica-se aos últimos poucos anos que antecedem a segunda vinda. Para nós, portanto, ainda é futuro, por isso leva esse nome. Ela refere-se ao clímax do controle maligno no mundo, que será a Grande Tribulação para o povo de Deus (Apocalipse 7.14; também mencionada por Jesus em Mateus 24.12-22).

Todos os eventos serão compactados em um período bastante curto – três anos e meio, para ser exato (explicitamente referido como "um tempo, tempos e meio tempo" ou "quarenta e dois meses" ou "mil, duzentos e sessenta dias" – 11.2-3; 12.6,14, citando Daniel 12.7).

Visto que os eventos ainda são futuros, as previsões tendem a ser compreendidas de forma mais literal, como uma descrição precisa do que acontecerá. Não há mais necessidade de customizá-las para que se encaixem na história. A série de desastres certamente parece conduzir diretamente ao fim do mundo.

Qual é, então, a mensagem para a Igreja no decorrer das eras? A maior parte do livro, nesse caso, seria relevante somente à última geração de crentes. Surpreendentemente, muitos futuristas também creem que a Igreja será arrebatada aos céus antes que comecem as dificuldades ou tribulações, sendo assim, nem mesmo os últimos cristãos precisariam ter conhecimento dessas profecias!

Outro ponto fraco é que os futuristas tendem a tratar Apocalipse como um almanaque, produzindo um interesse excessivo em gráficos e cronogramas do futuro. O fato de os futuristas nem sempre estarem de acordo entre si sugere que Apocalipse não tenha sido escrito com esse propósito especulativo.

4. IDEALISTA

Essa abordagem elimina todas as referências específicas de tempo e igualmente desencoraja a correlação com eventos específicos. Apocalipse retrata a eterna luta entre o bem e o mal, e as verdades contidas em suas narrativas podem ser aplicadas aos cristãos de qualquer século. A batalha entre Deus e Satanás está em progresso, mas a vitória divina pode ser experimentada por uma Igreja vencedora em qualquer época. A mensagem essencial pode ser aplicada, de forma universal e atemporal – em qualquer período do tempo e em qualquer lugar.

O principal e, possivelmente, único mérito dessa visão é que a mensagem do livro se torna imediatamente relevante a todos os que a leem. Eles enfrentam a batalha descrita e podem ter a garantia de que "aquele que está em vocês é maior do que aquele que está no mundo" (1Jo 4.4). É possível ser mais que vencedores (Rm 8.37).

Essa postura, contudo, nos leva a encarar Apocalipse como mito. O livro teria apenas aplicação espiritual, sem dispor de fundamentação histórica. Como acontece nas *Fábulas de Esopo* ou em *O Peregrino*, os eventos descritos são ficção, mas as histórias contêm verdades que devem ser extraídas da narrativa antes de ser aplicadas. O resultado desse processo de desmitologização é que muitos relatos e fatos históricos são descartados, configurando licença poética [e linguagem figurada], pois servem apenas de fachada e estão desvinculados do conteúdo.

Por trás de tudo isso está a filosofia grega, que separava o espiritual e o físico, o sacro e o secular, a eternidade e o tempo. Deus, diziam eles, é atemporal. A verdade, portanto, é atemporal, embora também seja pontual. Mas a verdade não está relacionada a períodos de tempo. A noção de história como algo cíclico desconsidera o conceito de final dos tempos – a ideia de que o tempo chegaria a um clímax ou conclusão.

Essa ideia traz graves consequências à escatologia.[56] Eventos como a segunda vinda e o Dia do Juízo são transferidos do futuro para o presente, do então para agora. A escatologia torna-se existencial (referente ao momento presente da existência) ou realizada (como em "investimento realizado" – quando o dinheiro está disponível para gastar agora).

---

56 O estudo dos "últimos eventos", da palavra grega *eschatos* = "fim" ou "último".

ESCOLAS DE INTERPRETAÇÃO

É claro que as previsões precisam sofrer mudanças radicais para que possam ser adaptadas ao presente – isso geralmente ocorre por meio de um processo de espiritualização (uma forma platônica de pensar). A nova Jerusalém (no capítulo 21), por exemplo, passa a ser a descrição de uma pessoa, e não de um lugar, uma imagem idealizada (atenção à palavra) da Igreja, com os detalhes arquitetônicos convenientemente ignorados!

Vamos resumir essa análise. A pergunta "Que período do tempo o livro de Apocalipse abrange?" é respondida de quatro maneiras distintas.

O preterista responde: os primeiros séculos d.C.

O historicista responde: todos os séculos d.C. entre a primeira e a segunda vinda.

O futurista responde: os últimos anos do último século d.C.

O idealista responde: qualquer século d.C., nenhum em particular.

Logo, qual das visões é a correta? Há pontos fortes e fracos em cada uma delas. Precisamos escolher uma apenas? É possível que todas estejam corretas? Ou que todas estejam equivocadas?

As observações a seguir podem ajudar o leitor a chegar a uma conclusão.

Em primeiro lugar, parece óbvio que nenhuma delas destrava a mensagem de todo o livro. Cada uma das escolas enxergou verdades, mas nenhuma delas revelou o todo. O uso de uma abordagem única sempre requer certa medida de manipulação do texto.

Segundo, não há razão para se ater a uma interpretação somente. Os textos têm significados e aplicações diferentes. No entanto, é necessário aplicar algum controle para evitar que o uso arbitrário de abordagens distintas reforce uma opinião formada antes mesmo de analisar o texto bíblico. Esse controle é provido pelo contexto e pelo questionamento constante: É esse o sentido que o autor divino e o leitor humano têm em mente?

Terceiro, trechos específicos de cada um dos quatro métodos podem auxiliar na compreensão. Em todos eles há elementos que são compatíveis e podem ser usados de forma conjunta, embora deva-se acrescentar que outros são completamente incompatíveis e não podem ser associados.

Quarto, a ênfase pode mudar de acordo com as diferentes seções do livro. A cada estágio, o método ou os métodos de interpretação mais apropriados devem ser selecionados e aplicados. No restante deste capítulo ilustraremos isto em termos práticos, considerando as três principais divisões de Apocalipse:

A. O INÍCIO (Capítulos 1–3)

Não há muita controvérsia a respeito dessa seção, por isso ela é apresentada com mais convicção e frequência do que as demais.[57] A maioria das pessoas sente-se à vontade com a interpretação tradicional (porém pouco à vontade com sua aplicação!). O problema com essa seção é que nós a compreendemos *bem demais*. Encontramos alguma dificuldade com detalhes (anjos) e símbolos (pedras brancas e maná escondido), mas as cartas às sete igrejas na Ásia não se diferenciam de outras epístolas do Novo Testamento. Sendo assim, qual escola de interpretação é apropriada?

A preterista seguramente acerta ao direcionar nossa atenção ao primeiro século. Qualquer exegese genuína deve começar com o estudo diligente do texto e do contexto histórico. Mas precisa se limitar a isso?

A historicista acredita que as sete igrejas representam a Igreja como um todo, ao longo do tempo, em sete épocas

---

57 Veja, por exemplo, *What Christ Thinks of the Church* [O que Cristo pensa da Igreja], de John Stott.

consecutivas de sua história. Éfeso abrange a igreja primitiva; Esmirna, as perseguições romanas; Pérgamo, o período de Constantino; Tiatira, a Idade Média; Sardes, a Reforma; Filadélfia, o movimento missionário mundial; e Laodiceia, o século 20. Os paralelos, contudo, são forçados (as igrejas ocidentais podem parecer laodiceanas, mas as do terceiro mundo estão bem longe disso!). Esse esquema simplesmente não se encaixa.

A futurista é ainda mais bizarra, pois crê que, pouco antes do retorno de Jesus, as sete igrejas serão restabelecidas exatamente nas mesmas cidades da Ásia, com base na suposição equivocada de que a expressão "virei a você" (2.5,16; 3.3) seja uma referência à segunda vinda. Na realidade, essas igrejas há muito desapareceram – seus "candelabros foram removidos".

A idealista geralmente partilha da visão preterista nessa seção, porém acrescenta que as sete igrejas históricas representam as variações da Igreja universal. Éfeso representa as comunidades ortodoxas, porém frias; Esmirna, as que sofrem; Pérgamo, as pacientes; Tiatira, as corrompidas; Sardes, as comunidades mortas; Filadélfia, as fracas, porém evangelísticas; Laodiceia, as mornas.

É questionável se essas categorias abrangem toda a gama de variações da Igreja. Mas o consolo e o desafio encontrados na mensagem das cartas podem ser aplicados às igrejas em qualquer período de tempo e lugar.

A preterista, com um toque da idealista, portanto, parece ser a combinação certa para a primeira seção.

B. O MEIO (Capítulos 4–18)

É nessa seção que as diferenças são mais nítidas. O relato da visão inicial do trono de Deus apresenta poucos problemas de interpretação e tem inspirado a adoração através dos tempos. O debate começa quando Jesus, o Leão e Cordeiro, libera os desastres no mundo e o sofrimento à Igreja. Quando isso acontece? Provavelmente num período entre o segundo século (para as sete igrejas, ainda seria "o que está por vir" 4.1) e a segunda vinda (no capítulo 19).

A preterista limita essa seção ao declínio e queda do império romano. No entanto, os eventos mais profetizados, particularmente as catástrofes naturais, simplesmente não aconteceram durante aquele período. Boa parte do texto precisaria ser entendida como licença poética – uma vaga referência ao que poderia acontecer.

A historicista apresenta praticamente o mesmo problema ao tentar inserir toda a história da Igreja nesses capítulos, seja numa narrativa contínua ou em recapitulações repetidas. Os detalhes não se encaixam.

A futurista, obviamente, acredita no cumprimento literal das previsões detalhadas, visto que nada relacionado a ela aconteceu. Dois aspectos parecem confirmar que essa escola é a que mais se aproxima da aplicação correta. Em primeiro lugar, a tribulação que está por vir é nitidamente pior do que qualquer outra que o mundo já tenha conhecido (conforme Jesus previu em Mateus 24.21). Segundo, esse período de tribulação parece conduzir diretamente aos eventos que marcam o fim dos tempos. Mas isso é tudo? O trecho não tem qualquer relevância para a Igreja antes desse período?

A escola idealista erra quando desmitologiza essa seção, desassociando-a completamente do seu tempo. É correto, no entanto, procurar uma mensagem que possa ser aplicada a qualquer fase da história da Igreja. A chave está na própria Bíblia, que ensina claramente que os eventos futuros são precedidos por sinais. Há muitas prefigurações de Jesus no Antigo Testamento (como explica a carta aos Hebreus). A vinda do anticristo é precedida por muitos anticristos (1Jo 2.18), e a do falso profeta, por muitos falsos profetas

ESCOLAS DE INTERPRETAÇÃO

(Mt 24.11). A futura perseguição universal já é realidade em muitos lugares. Somente por sua escala é que a Grande Tribulação se distingue das muitas tribulações ou aflições que ocorreram ao longo dos tempos (Jo 16.33; At 14.22). Esses capítulos, portanto, podem nos ajudar a entender tanto as tendências atuais quanto seu clímax final.

Desse modo, a combinação entre a escola futurista e, em certa medida, a idealista desvenda da melhor forma essa seção.

C. O FIM (Capítulos 19–22)

O livro de Apocalipse parece ficar mais claro à medida que se aproxima do final, porém ainda há alguns trechos que suscitam polêmica. Muitos encaram esses capítulos como uma referência ao futuro distante – os últimos acontecimentos – que tem início com o retorno de Cristo (no capítulo 19).

A preterista para por aqui. São poucos os que tentam relacionar esses capítulos aos eventos ocorridos na época da igreja primitiva.

A escola historicista divide-se nitidamente em duas. A variedade linear entende essa seção como o fim dos tempos, subsequente à era da Igreja. A cíclica, contudo, encontra recapitulações até mesmo aqui. Alguns entendem o Milênio do capítulo 20 como uma descrição da Igreja antes da segunda vinda, relatada no capítulo 19! Outros entendem a nova Jerusalém do capítulo 21 como uma descrição do Milênio antes do juízo final, presente no capítulo 20! O texto em si não justifica esse deslocamento radical de eventos, mas parece ter sido manipulado para se alinhar a métodos e dogmas teológicos.

A futurista tem poucos oponentes nessa seção. É evidente que a segunda vinda, o Dia do Juízo, o novo céu e a nova terra ainda não chegaram.

A idealista tem poucos defensores nessa seção. Eles tendem a ignorar por completo a nova terra e referem-se ao céu como a esfera atemporal para a qual os crentes serão transferidos após a morte. A nova Jerusalém retrata esse reino eterno (o monte Sião e a Jerusalém celestial de Hebreus 12.22); mas ela não desce do céu, de acordo com essa visão (apesar de Apocalipse 21.2,10!).

Nessa seção, portanto, a escola futurista pode ter o monopólio da abordagem.

Mais adiante, compartilharemos uma introdução ao próprio texto de Apocalipse, usando as ferramentas que consideramos apropriadas (e que não incluem a visão historicista). Antes disso, porém, há outra questão importante a considerar.

As quatro escolas de interpretação partilham da mesma premissa: a pergunta mais importante é QUANDO? Isto é, em que momento do tempo são cumpridas as previsões?

Isso significa começar com a suposição de que o enfoque principal de Apocalipse estaria na previsão do futuro, a fim de satisfazer nossa curiosidade ou reduzir nossa ansiedade por meio da revelação do que acontecerá, tanto no futuro imediato quanto no futuro distante.

Essa visão, no entanto, é extremamente questionável. O Novo Testamento não foi escrito para satisfazer a curiosidade humana. Na realidade, somos incentivados a evitar qualquer tipo de especulação. Toda revelação de eventos futuros tem um propósito prático, até moral. O futuro só é revelado para que o presente possa ser influenciado por ele.

A pergunta fundamental, portanto, não é quando, mas POR QUE? Por que o livro de Apocalipse foi escrito? Por que foi revelado a João? Por que ele foi instruído a transmiti-lo a outros? Por que precisamos ler e guardar essas palavras?

A resposta a essas perguntas é não apenas para nos comunicar o que acontecerá, mas para nos preparar para o que virá. Como chegamos a essa conclusão?

CAPÍTULO 6

SENSO DE PROPÓSITO

Por que o livro de Apocalipse foi escrito? A resposta pode ser encontrada facilmente quando outra pergunta é feita: Para quem o livro foi escrito?

O livro nunca foi concebido para ser um texto acadêmico dirigido a alunos ou mestres de teologia. São estes que costumam torná-lo complexo a ponto de intimidar as pessoas simples. Leia a confissão de um deles:

> Afirmamos corajosamente que o estudo deste livro não ofereceria absolutamente qualquer possibilidade de erro se o preconceito inconcebível, geralmente ridículo, de teólogos de todas as eras não o tivesse emaranhado a tal ponto e tornado espinhoso por suas supostas dificuldades, que os leitores, em sua maioria, recuam alarmados. À parte desses preconceitos, Apocalipse seria o livro mais simples e mais transparente já escrito pelo profeta. (REUSS, 1884 apud BIEDERWOLF, 1991).

A situação não evoluiu muito desde então, como revela um comentário recente:

> É um dos infortúnios de nossa cultura voltada ao conhecimento que algo aparentemente difícil seja sempre encaminhado à universidade para que seja desvendado. (PETERSON, 1988, p. 200).

O efeito disso é a noção generalizada de que o livro não será compreendido pelo leigo (quer o rótulo seja usado em seu sentido educacional ou eclesiástico).

LEITORES COMUNS

Nunca é demais enfatizar que Apocalipse foi escrito para pessoas muito simples. Destinava-se aos membros das sete igrejas em uma época em que "poucos eram sábios segundo os padrões humanos; poucos eram poderosos; poucos eram de nobre nascimento" (1Co 1.26).

A respeito de Jesus, a Bíblia diz que "a grande multidão o ouvia com prazer" (Mc 12.37). Trata-se de um elogio tanto para a multidão quanto para Jesus. A multidão reconhecia que ele falava com autoridade, pois sabia do que estava falando. É muito mais fácil enganar os que são muito cultos!

O livro de Apocalipse descortina seus tesouros aos que o leem com uma fé simples, uma mente aberta e um coração manso.

Circula nos Estados Unidos uma história que destaca esse ponto, embora pareça história inventada de pregador (como o filho do pastor certa vez lhe perguntou: "Papai, aquela história é verdadeira ou você só estava pregando?")! Conta-se que alguns alunos de teologia estavam tão cansados e confusos com as aulas sobre temas escatológicos que decidiram jogar basquete no ginásio do *campus*. Durante o jogo, perceberam que o zelador lia sua Bíblia enquanto aguardava o fim do jogo para trancar o ginásio. Os alunos perguntaram, então, que passagem ele estava lendo e ficaram surpresos ao descobrir que ele estudava Apocalipse.

— Não dá para entender nada, né? – perguntaram.
— Claro que dá – ele respondeu.
— Então, diga-nos, do que se trata?

SENSO DE PROPÓSITO

Com o olhar iluminado e um sorriso aberto, ele respondeu:

— É simples! Jesus ganha!

Obviamente, há muito mais a ser dito a respeito de Apocalipse. Esse, contudo, é um bom resumo. Muitos são os que estudaram seu conteúdo e não discerniram sua mensagem. O bom senso é um requisito básico. Ninguém encara todo o livro de forma literal. Ninguém o aceita somente como simbologia. No entanto, onde fica a linha que separa o literal e o simbólico? Essa compreensão terá um efeito profundo na interpretação do livro. O bom senso pode ser de grande ajuda. Os quatro cavaleiros são símbolos, mas as guerras, o derramamento de sangue, a fome e as enfermidades que eles representam são claramente literais. O lago de fogo é um símbolo do inferno, porém é literal o tormento eterno que ele produz (Ap 20.10).

As normas do discurso podem ser aplicadas de forma útil. As palavras devem ser compreendidas em seu sentido denotativo [literal], mais básico, mais simples, a menos que seja indicado de outra forma. Deve-se presumir que os interlocutores (inclusive Jesus) e os escritores (inclusive João) realmente sabiam o que desejavam comunicar com suas palavras. Por essa razão, elas devem ser compreendidas em seu sentido literal.

Também é útil presumir que palavras repetidas em um mesmo contexto tenham o mesmo sentido, a menos, novamente, que o contrário esteja claramente indicado. Uma alteração repentina de sentido confundiria tanto quanto uma mudança na pronúncia ou na grafia. Essa regra não se aplica às duas ressurreições de Apocalipse 20.

Isto posto, devemos acrescentar a necessária observação de que o livro de Apocalipse foi escrito para pessoas comuns, que viviam num tempo e lugar muito diferentes dos nossos. Não é de estranhar que aspectos óbvios para eles sejam obscuros a nós, que estamos separados por dois mil anos no tempo e a muitos quilômetros de distância.

Eles eram gentios de etnia mista que residiam em uma província de Roma, falavam grego, liam as Escrituras judaicas e estavam unidos pela fé cristã que partilhavam. Por isso, precisamos usar o máximo de conhecimento possível de sua origem, cultura e língua. O objetivo do exercício é descobrir o que eles teriam entendido quando ouviram Apocalipse lido em voz alta, possivelmente de uma só vez, do início ao fim. Uma experiência assim pode ser muito diferente da nossa, que lemos, silenciosamente, pequenas porções diárias do texto.

O livro, contudo, também é claramente direcionado a nós, em nosso tempo, ou não estaria no Novo Testamento. Esse deve ter sido o plano do Senhor quando entregou a mensagem a João. Podemos presumir, desse modo, que a distância espaço-temporal não seja um obstáculo intransponível.

Um fator muito mais importante do que a lacuna cultural é a diferença de contexto. É vital saber quais circunstâncias exigiram que o livro fosse escrito. Essa é a chave-mestra para destravar sua mensagem. Há um fator motivador para todos os livros do Novo Testamento – a razão pela qual ele foi escrito, a necessidade que deveria suprir. Apocalipse não é exceção.

RAZÕES PRÁTICAS

Já afirmamos que o principal propósito do livro não era apresentar um cronograma dos eventos futuros, mas preparar os leitores para o que estava por vir. Sendo assim, o livro deveria prepará-los para qual fato futuro? A resposta está na primeira página (1.9-10).

João, o autor, já enfrenta sofrimento e perseguição por causa de sua fé. Ele está preso, embora não tenha cometido crime algum. Em Patmos, uma ilha do mar Egeu,[58] João é um preso político. Foi encarcerado e exilado por motivos religiosos. Sua devoção exclusiva à palavra de Deus e ao testemunho de Jesus é vista como traição pelas autoridades e como ameaça à *pax* romana, que se baseava na tolerância politeísta e no culto ao imperador. Os cidadãos deveriam crer em muitos deuses, e o imperador era um deles.

Próximo ao final do primeiro século, essa situação atingiu seu ápice, produzindo nos cristãos uma crise de consciência. Júlio Cesar fora o primeiro a autoproclamar-se divino. Seu sucessor, Augusto, havia encorajado a construção de templos em sua própria honra, e vários deles foram erguidos na Ásia (hoje Turquia ocidental). Embora Nero tivesse iniciado a perseguição aos cristãos (cobrindo-os com piche e usando-os como tochas vivas em suas festas noturnas ou costurando em seus corpos peles de animais selvagens para que fossem caçados por cães), essa perseguição foi limitada a um lugar e a um período de tempo específicos.

Foi a chegada de Domiciano, na última década do primeiro século, que inaugurou os ataques mais violentos aos cristãos. Esses ataques persistiriam de forma intermitente por duzentos anos. Domiciano exigia a adoração universal à sua pessoa, sob pena de morte. Uma vez por ano, lançava-se incenso no fogo do altar diante de seu busto com a aclamação: "César é Senhor". O dia designado para essa cerimônia era chamado "Dia do Senhor".

Nesse dia, o livro de Apocalipse começou a ser escrito. Os leitores modernos estão perdoados por acreditarem que esse dia era o domingo. De fato, poderia ter sido, mas, na igreja primitiva, o domingo era chamado de "primeiro dia da semana". Dois elementos presentes no texto em grego

---

58 O equivalente a Alcatraz, em São Francisco, EUA, ou Robben Island, na África do Sul.

indicam que se trata da cerimônia imperial anual. Um deles é o artigo definido ("no dia do Senhor," e não em "um dia do Senhor"). O outro é o fato de que "Senhor" está na forma adjetiva, não substantiva, uma referência ao nome escolhido pelo próprio Domiciano, que também reivindicava o título de "Senhor e nosso Deus".

Tempos difíceis viriam. Para os que se recusavam a fazer qualquer outra afirmação que não fosse "Jesus é Senhor", seria uma questão de vida ou morte. A palavra "testemunha" (em grego, *martur*) adquiria um significado novo, mortal. A Igreja enfrentava seu teste mais cruel até o momento. Quantos permaneceriam fiéis sob tal pressão?

João era o único que restava dos doze apóstolos. Todos os outros já haviam sido martirizados. A tradição cristã registra que André morreu em uma cruz em formato de X em Patras; Bartolomeu (Nataniel) foi esfolado vivo na Armênia; Tiago (irmão de João) foi decapitado por Herodes Agripa em Jerusalém; Tiago (filho de Alfeu e Maria) foi lançado do pináculo do templo e apedrejado; Judas (Tadeu) foi morto por lanças na Armênia; Mateus foi morto por uma espada em Pártia; Pedro foi crucificado de cabeça para baixo em Roma; Filipe foi enforcado em um pilar em Hierápolis, na Frígia; Simão (Zelote) foi crucificado na Pérsia; Tomé foi morto por uma lança na Índia; Matias foi apedrejado e decapitado; Paulo também havia sido decapitado em Roma. O autor de Apocalipse, portanto, estava absolutamente ciente do preço a ser pago por sua lealdade a Jesus. O que ele não sabia, naquele momento, é que seria o único apóstolo a morrer de causas naturais.

Apocalipse é um manual para o martírio. Convoca o leitor a ser fiel até a morte (2.10) e destaca os mártires em suas páginas.

Os crentes são encorajados a resistir. É frequente a exortação para que perseverem – uma atitude passiva.

SENSO DE PROPÓSITO

Em meio à Grande Tribulação, surge o apelo: "Aqui está a perseverança dos santos que obedecem aos mandamentos de Deus e permanecem fiéis a Jesus" (14.12). Podemos considerar essa passagem o versículo-chave de todo o livro.

No entanto, há também um chamado a uma atitude ativa no sofrimento por Jesus: vencer. Esse verbo é mais frequente do que perseverar e pode ser considerado chave em todo o livro.

Cada carta às sete igrejas é concluída com uma convocação para que todo crente seja um vencedor, isto é, que resista a todas as tentações e pressões, sejam elas internas ou externas à igreja. Negligenciar a fé e a conduta verdadeiramente cristãs é ser infiel a Jesus.

A mensagem não diz apenas que Cristo vence, mas que os cristãos também devem vencer. Eles devem seguir o Senhor que exclamou: "Tenham ânimo! Eu venci o mundo" (Jo 16.33) e que agora, em Apocalipse, afirma: "Vocês também podem vencer o mundo".

Essa é a razão pela qual Apocalipse torna-se muito mais significativo aos cristãos que enfrentam perseguições. É possível que também explique por que os cristãos ocidentais em igrejas confortáveis têm dificuldades em perceber sua relevância. Apocalipse precisa ser lido entre lágrimas.

Com o intuito de estimular os perseguidos a vencer, o livro traz dois incentivos. Um deles é positivo: *a recompensa*. Aos que perseveram são feitas muitas promessas – o direito de comer da árvore da vida no paraíso de Deus; nunca ser ferido pela segunda morte; alimentar-se do maná escondido e receber uma pedrinha branca com um novo e secreto nome nela escrito; ter autoridade para governar as nações; assentar-se com Jesus em seu trono; vestir-se de branco e ser uma coluna no santuário de Deus, que leva seu nome, e jamais ser removido daquele lugar. Acima de tudo, ao crente vencedor é prometido um lugar no novo céu e na nova terra, desfrutando da presença de Deus para todo o sempre. A perspectiva é gloriosa.

Há também, no entanto, uma motivação negativa: *a punição*. Qual é o destino dos crentes que são infiéis quando estão sob pressão? É simples: eles não terão acesso a nenhuma das bênçãos citadas. E, ainda pior, partilharão do destino dos incrédulos no lago de fogo. Dois versículos, extraídos da primeira e da última seção, confirmam essa terrível possibilidade.

"O vencedor [...] jamais apagarei o seu nome do livro da vida" (3.5). Se há algo que se pode concluir do texto é que aqueles que não são vencedores correm o risco de ter seus nomes apagados do livro (literalmente "riscados" do rolo com uma faca). O livro da vida é citado em quatro livros da Bíblia (Êx 32.32; Sl 69.28; Fp 4.3; Ap 3.5). Três desses contextos mencionam pessoas do povo de Deus sendo excluídas após terem pecado contra o Senhor. Ler o versículo de Apocalipse como se a promessa fosse estendida também "àquele que não vencer" é tornar irrelevante a recompensa.

"O vencedor herdará tudo isto [o novo céu e a nova terra, com a nova Jerusalém], e eu serei seu Deus e ele será meu filho. Mas os covardes, os incrédulos, os depravados [...] o lugar deles será no lago de fogo que arde com enxofre. Esta é a segunda morte" (21.7-8). É preciso ter em mente que todo o livro de Apocalipse é dirigido aos crentes, não aos incrédulos. Seu alvo são "os santos" e "os servos". Aqui, o texto refere-se aos crentes covardes e infiéis. A conjunção "mas" contrasta diretamente os crentes vencedores com os que merecem tal destino.

Em outras palavras, Apocalipse expõe dois destinos diante dos cristãos. Eles subirão com Cristo e partilharão de seu Reino no novo universo ou perderão sua herança no Reino e terminarão no inferno.

Essa alternativa é confirmada em outras passagens do Novo Testamento. O Evangelho de Mateus é um manual para o discipulado e contém os cinco principais sermões dirigidos aos filhos do Reino. No entanto, a maior parte do ensino de Jesus sobre o inferno é encontrada no que chamamos de Sermão do Monte, e todas as suas exortações, com exceção de duas, são dirigidas aos discípulos. Nos capítulos 5–7, após descrever as bênçãos aos que são perseguidos por sua causa, Jesus fala sobre o inferno e conclui com um lembrete a respeito dos dois destinos. O comissionamento missionário (no capítulo 10) inclui a ordem: "Não tenham medo dos que matam o corpo, mas não podem matar a alma. Antes, tenham medo daquele que pode destruir tanto a alma como o corpo no inferno" (versículo 28) e "Aquele que me negar diante dos homens, eu também o negarei diante do meu Pai que está nos céus" (versículo 33). Nos capítulos 24–25, servos preguiçosos e negligentes são condenados a estar no lugar com os hipócritas (24.51) e ser lançados nas trevas, onde haverá choro e ranger de dentes (25.30).

Paulo segue a mesma linha quando lembra Timóteo de uma afirmação fiel e digna:

> Se morremos com ele, com ele também viveremos; se perseveramos, com ele também reinaremos.
> Se o negamos, ele também nos negará [...] (2Tm 2.11-12)

Muitos cristãos negam as implicações de tudo isso. Por certo, há mais a ser dito.[59] Entretanto, a orientação encontrada em Apocalipse parece muito clara. Os crentes podem perder sua parte na árvore da vida e na cidade santa simplesmente por adulterarem o texto do livro (22.19), distorcendo sua mensagem.

---

59 No livro de minha autoria *Uma vez salvo, salvo para sempre?* (2021) abordo com mais profundidade essa questão vital.

Podemos sintetizar o objetivo de Apocalipse afirmando que o livro foi escrito para exortar os cristãos que enfrentam enormes pressões a perseverar e a vencer e assim evitar a segunda morte, preservando seus nomes no livro da vida. Ao analisarmos a estrutura de todo o livro, poderemos perceber que cada capítulo e versículo se ajusta com facilidade a esse propósito geral.

CAPÍTULO 7

A ESTRUTURA DE APOCALIPSE

Se Apocalipse realmente foi escrito com o objetivo de preparar os crentes para o momento de perseguições e até de martírio, então é possível relacionar esse propósito a todas as partes do livro. Dessa forma, até a estrutura, como um todo, deve revelar o desenvolvimento desse tema.

Analisando os conteúdos a partir de diferentes perspectivas e com propósitos distintos, vamos elaborar alguns esboços, começando pelo mais simples. A divisão mais óbvia ocorre em 4.1, com a mudança radical de perspectiva (da terra para o céu) e da situação presente para panoramas futuros:

 1–3 PRESENTE
 4–22 FUTURO

A segunda e maior parte também se divide perfeitamente entre as más e as boas notícias. A mudança de uma para outra ocorre no capítulo 19. Agora, portanto, temos:

 1–3 PRESENTE
 4–22 FUTURO
 4–18 Más notícias
 20–22 Boas notícias

Vamos analisar agora como cada parte se relaciona com

o propósito central do livro. Isto é, de que forma cada seção prepara os crentes para a Grande Tribulação? Podemos, então, expandir esse esquema:

1–3 PRESENTE
A situação deve ser corrigida agora.
4–22 FUTURO
4–18 *Más notícias*: a situação ficará muito pior antes de melhorar.

20–22 *Boas notícias*: a situação ficará muito melhor depois de piorar.

Resta apenas um item a ser acrescentado, a saber, o capítulo 19. O que acontece nesse capítulo que transforma toda a situação? A segunda vinda de Jesus ao planeta Terra! Essa é, de fato, a estrutura de todo o livro, segundo o prólogo e o epílogo (1.7 e 22.20). Podemos agora inserir o item "19 – o retorno de Jesus" entre as más e as boas notícias (para não repetir o esboço desnecessariamente, você mesmo pode escrever no espaço que deixamos acima).

Se tivermos esse esboço em mente durante a leitura do livro, muitas coisas se esclarecerão. Acima de tudo, a harmonia de todo o livro se tornará aparente. Seu objetivo é alcançado em três fases.

Primeiramente, Jesus diz às igrejas que elas devem lidar com os problemas internos se esperam ser bem-sucedidas ao enfrentar as pressões externas. A negligência na fé e na conduta e a tolerância com a idolatria ou a imoralidade enfraquecem a igreja de dentro para fora.

Em segundo lugar, Jesus, que sempre se distinguiu por sua sinceridade, descreve o pior cenário. Eles jamais terão de enfrentar uma tribulação maior do que essa! E ela terá a duração de apenas alguns anos.

Terceiro, Jesus revela as maravilhas que virão depois. Lançar fora tal perspectiva eterna a fim de evitar a tribulação temporária seria a maior de todas as tragédias.

De todas as três formas, Jesus está encorajando seus seguidores a perseverar e vencer até que ele volte. Um versículo é a síntese de tudo: "Tão somente apeguem-se com firmeza ao que vocês têm, até que eu venha" (2.25). Então, ele poderá afirmar: "Entra no gozo do teu senhor" (Mt 25.21).

É claro que existem outras maneiras de analisar o livro. Um esboço do tipo temático assemelha-se mais a um índice de temas ou tópicos e nos ajuda a localizar determinado assunto no livro.

Tal esboço ignora a mudança da perspectiva: da terra para o céu e do céu para a terra novamente. Podemos trabalhar com três períodos de tempo:

A. O que já está acontecendo no presente (1–5).
B. O que acontecerá no futuro próximo (6–19).
C. O que acontecerá no futuro distante (20–22).

Observaremos, então, as principais características de cada período e tentaremos enumerá-las de uma forma que facilite sua memorização. A seguir, um exemplo dessa lista de eventos:

A. O PRESENTE
    1–3   O Senhor elevado
            Sete candelabros variados
    4–5   Criador e criaturas
            Leão e Cordeiro

B. O FUTURO PRÓXIMO
    6–16   Selos, trombetas, taças
             Diabo, anticristo, falso profeta

17–19 Babilônia – a última capital
Armagedom – a batalha final

C. O FUTURO DISTANTE
20   O reino do Milênio
O Dia do Juízo
21–22 Novo céu e nova terra
A nova Jerusalém

Observe que os capítulos 4–5 agora encontram-se na primeira seção. Isso acontece porque a ação que precede a Grande Tribulação, na realidade, tem início com o capítulo 6. O capítulo 19 agora está na segunda parte porque a Grande Tribulação termina ali, com a vitória de Cristo sobre a trindade profana.

Esse tipo de esboço é facilmente memorizado e oferece uma referência pronta, útil na pesquisa de temas específicos. É fundamental fazer esse tipo de exercício antes de examinar de forma mais minuciosa as várias seções. O provérbio "A altura das árvores impede a visão do bosque" aplica-se bem aqui. Em Apocalipse é muito fácil interessar-se pelos detalhes a ponto de perder de vista a mensagem principal.

Entretanto, chegou a hora de trocar o telescópio pelo microscópio – ou, pelo menos, por uma lente de aumento!

CAPÍTULO 8

OS CONTEÚDOS DE APOCALIPSE

Em um livro como este que você lê é impossível incluir um comentário completo sobre Apocalipse. Nossa intenção é apresentar, para cada uma das seções, uma introdução que possibilitará ao estudioso da Bíblia "ouvir, ler, observar, aprender e digerir interiormente" seu conteúdo, conforme súplica encontrada no Livro de Oração Comum.[60]

Queremos destacar as principais características, confrontar alguns dos problemas e, de forma geral, ajudar o leitor a não perder o rumo diante de certos perigos. Teremos de deixar muitas perguntas sem resposta, mas alguns dos comentários publicados poderão respondê-las.[61]

A sugestão é que cada trecho de Apocalipse seja lido antes e depois da respectiva seção encontrada neste capítulo.

CAPÍTULOS 1–3: A IGREJA NA TERRA
Esse é, sem dúvida, o trecho mais direto e de mais fácil leitura e interpretação. A sensação é de estar banhando-se na beira da praia e então ser levado por uma forte corrente e perceber-se, repentinamente, em águas profundas demais, girando em pânico num turbilhão!

Embora muitas vezes se autodenomine uma profecia, Apocalipse está, na realidade, em formato de carta (compare

---
60 NdT: O livro oficial de orações da Igreja Anglicana.
61 *A Commentary on the Revelation*, de George Eldon Ladd (1986) é um dos melhores.

1.4-6 com as saudações iniciais de outras epístolas). Essa carta, contudo, é enviada a sete igrejas, e não somente uma. Embora contenha uma mensagem específica para cada uma delas, é evidente o intuito de que todas leiam seu conteúdo.

Após a saudação cristã de praxe (graça e paz), o tema principal é anunciado: "Ele está vindo", um evento que trará infelicidade ao mundo, mas alegria à igreja. Esse evento é absolutamente certo (Amém).

O remetente da carta é o próprio Deus, o Senhor do tempo, que é, que era e que há de vir, o Alfa e o Ômega (a primeira e a última letra do alfabeto grego, simbolizando o início e o fim de todas as coisas). Os mesmos títulos serão atribuídos a Jesus por ele mesmo (1.17; 22.13) – uma evidência de que ele acreditava na própria divindade.

O assistente que redige o texto é o apóstolo João, preso político por motivos religiosos e exilado em Patmos, uma ilha de 45 quilômetros quadrados no Dodecaneso do mar Egeu.

Os acontecimentos são apresentados na forma audível e visual. Perceba que João "ouviu" antes de "ver" qualquer coisa. A voz que ordenou que ele registrasse tudo por escrito foi seguida por uma visão sublime e inusitada de Jesus: cabelos brancos como a lã, olhos como chama de fogo, língua afiada, pés reluzentes. Mesmo no monte da Transfiguração ele nunca vira algo semelhante. Não surpreende que João tenha perdido os sentidos e só os tenha recobrado quando ouviu palavras muito familiares: "Não tenha medo".

Todos os outros grandes personagens da história viveram, morreram e permanecem mortos. Somente Jesus morreu, ressuscitou e está vivo para todo o sempre (1.18; literalmente "pelos séculos dos séculos").

João é instruído a escrever "as coisas presentes" (capítulos 1–3) e "as que estão por vir" (capítulos 4–22). A palavra para o presente é a condição das sete igrejas da Ásia, com seus respectivos "anjos da guarda", para as quais Jesus tem uma mensagem específica de previsão, provisão e supervisão. Na visão inicial, esses elementos são representados por sete estrelas (os anjos) e sete candelabros (as igrejas). Observe que Jesus anda no meio deles, como João deve ter feito quando estava livre. Nos Evangelhos, grande parte das mensagens e dos milagres de Jesus, tanto antes quanto após sua ressurreição, aconteceram enquanto ele caminhava.

O estudo mais proveitoso das sete cartas às sete igrejas é feito reunindo-se todas elas e comparando-as entre si. É muito esclarecedor colocá-las lado a lado, enfatizando desse modo suas semelhanças e suas diferenças.

Nota-se imediatamente que sua estrutura é idêntica, composta de sete elementos (mais um "sete"):

1. ABERTURA:
    "Ao anjo da igreja em [...]"
2. ATRIBUTO:
    "Estas são as palavras daquele que [...]"
3. APROVAÇÃO:
    "Conheço as suas obras [...]"
4. ACUSAÇÃO:
    "Contra você, porém tenho isto: [...]"
5. ACONSELHAMENTO:
    "[...] Se não [...] virei a você [...]"
6. AFIRMAÇÃO:
    "Ao vencedor [...]"
7. APELO:
    "[...] ouça o que o Espírito diz [...]"

A única variação dessa ordem está nas quatro últimas cartas, onde ocorre a inversão dos dois itens finais (a razão para isso não está clara). Vamos agora comparar e contrastar as cartas.

A *abertura*

É exatamente a mesma em todas as sete cartas, exceto pelo nome da igreja a que se destina. As cidades localizam-se em uma rota circular, começando no grande porto de Éfeso (uma igreja sobre a qual temos mais informações de época do que qualquer outra), seguindo pela costa norte, e então para o interior a leste e finalmente, ao sul, para o fértil vale do rio Meandro.

O único ponto de debate é se a palavra *angelos* (literalmente "mensageiro") refere-se a um ser celestial ou humano. Visto que, em todas as outras ocorrências em Apocalipse, a palavra é corretamente traduzida por "anjo", é forte a suposição de que seja a mesma usada aqui. Os anjos estão muito envolvidos com as igrejas (chegando a observar o comprimento de cabelo dos adoradores! 1Coríntios 11.10). Estando João totalmente isolado, os "mensageiros" celestiais teriam de entregar as cartas. Somente o ceticismo moderno a respeito dos anjos pode ter produzido a tradução: "ministros" (provavelmente com o título de "Reverendo"!).

O *atributo*

Observamos que Jesus nunca se refere a si mesmo pelo nome, mas somente por títulos, muitos deles totalmente novos. Na verdade, Jesus tem mais de *250* títulos, número maior do que o de qualquer personagem histórico (enumerá-los é um proveitoso exercício devocional). Em cada uma das cartas, o título de Jesus é cuidadosamente escolhido para descrever um aspecto de seu caráter do qual a igreja tem se esquecido ou sobre o qual precisa refletir. Alguns são encontrados na visão inicial que João teve de Jesus. Todos são muito significativos. Ele tem a "chave de Davi", o que aponta para seu cumprimento das esperanças messiânicas de Israel. "Soberano da criação de Deus" significa sua autoridade universal (Mateus 28.18).

OS CONTEÚDOS DE APOCALIPSE

A *aprovação*

Essa é a abertura do trecho mais intimista de cada carta, passando da terceira (ele) para a primeira pessoa (eu). Trata-se da mesma pessoa? O "ele" é uma clara referência a Cristo, mas o "eu" poderia ser o Espírito, o Espírito de Cristo, é claro. Afirmações posteriores ("Recebi autoridade de meu Pai" em 2.28) favorecem a referência a Cristo.

"Conheço" é a afirmação de estar totalmente ciente tanto da condição interna quanto da situação externa da igreja em questão. Seu conhecimento e, portanto, seu entendimento, são plenos. Seu julgamento é correto, sua opinião, crucial, e sua honestidade, transparente.

Acima de tudo, ele conhece suas obras, ou seja, seus feitos, suas ações. Essa ênfase nas obras está presente em todo o livro de Apocalipse. Isso ocorre porque seu tema é o juízo. Jesus virá outra vez – para julgar os vivos e os mortos. Somos justificados pela fé, mas seremos julgados pelas obras (2Co 5.10). Jesus aprova as boas obras e encoraja sua continuidade.

Quando as cartas são analisadas lado a lado, percebe-se imediatamente que Jesus não tem nada de positivo a dizer sobre duas delas: Sardes e Laodiceia. No entanto, ambas são bem-sucedidas aos olhos dos homens. A opinião de Jesus pode ser muito diferente da opinião dos homens.

Grandes congregações, arrecadações volumosas e agendas lotadas não são, necessariamente, sinais de saúde espiritual.

Entre as sete igrejas, cinco são elogiadas: Éfeso, por seu trabalho árduo, sua perseverança, paciência e seu discernimento (rejeitando os falsos apóstolos); Esmirna, por sua coragem diante da oposição e privação (mesmo estando próxima a uma sinagoga de Satanás, possivelmente uma forma oculta de judaísmo); Pérgamo, por não renunciar à fé sob pressão, nem mesmo diante do martírio de um de seus membros (embora estivesse sob a sombra do trono de Satanás – a base do altar desse templo gigantesco pode ser vista hoje em um museu em Berlim); Tiatira, por seu amor, fé, perseverança e progresso; Filadélfia, pela fidelidade que muito lhe custava (tendo outra sinagoga de Satanás nas proximidades).

Notamos também que Jesus fala com frequência sobre Satanás, que está por trás de toda a hostilidade contra as igrejas. Ele também é responsável pela iminente crise que os crentes enfrentarão: "A hora da provação que está para vir sobre todo o mundo, para pôr à prova os que habitam na terra" (3.10).

Finalmente, como de costume, Jesus faz um elogio antes de anunciar a crítica – exemplo seguido pelos apóstolos. Paulo agradeceu a Deus por todos os dons espirituais dos coríntios (1Co 1.4-7) antes de repreendê-los pelos abusos cometidos no exercício desses dons. Evidentemente, ele também encontrou situações em que não foi possível elaborar nenhum elogio, como na carta aos Gálatas. O princípio, contudo, deve ser imitado por todos os cristãos.

A *acusação*

Outra vez, duas igrejas estão isentas da crítica: Esmirna e Filadélfia. Que alívio devem ter sentido quando suas cartas foram lidas em voz alta! Eram igrejas que tinham pouca força em relação às demais e, apesar do sofrimento, permaneciam fiéis, e essa postura deixava Jesus muito satisfeito (Mt 25.21,23).

O que havia de errado com as outras? Éfeso abandonara seu primeiro amor (Pelo Senhor, pelos irmãos, pelos pecadores perdidos? Provavelmente todos os três, pois estão interconectados); Pérgamo envolvera-se com a idolatria e a imoralidade (sincretismo e libertinagem são os equivalentes modernos); Tiatira era culpada das mesmas coisas (consequência de dar ouvidos a Jezabel, uma falsa profetiza);

Sardes estava sempre dando início a novas empreitadas, adquirindo assim a reputação de igreja viva, mas essas obras não se sustentavam nem eram concluídas (há algo de familiar nisso?); Laodiceia estava enferma e não sabia.

É provável que essa última carta seja a mais conhecida de todas e também a mais surpreendente. A igreja orgulhava-se de ser uma comunidade calorosa, que recebia de forma afetuosa os muitos visitantes. Igrejas mornas, no entanto, provocam náuseas em Jesus. Ele consegue lidar mais facilmente com igrejas gélidas ou ardentes! Ele usa esses termos como uma referência às fontes termais de água salgada que cobriam um monte nas proximidades da cidade;[62] quando chegava a Laodiceia, a água estava morna e, portanto, tinha um efeito emético, provocando náusea e vômito naqueles que a ingeriam.

Jesus não participa dos cultos dessa igreja! Ele não é encontrado no lado de dentro da igreja, apenas do lado de fora. É possível que Apocalipse 3.20 seja o texto mais deturpado da Bíblia, sendo usado de forma praticamente universal como um convite aos incrédulos ou como um apelo durante sessões de aconselhamento. O texto, no entanto, não tem qualquer conexão com o processo de tornar-se cristão. Usado dessa forma, transmite uma mensagem completamente equivocada (na verdade, é o pecador quem está do lado de fora e precisa bater para entrar no Reino do qual Jesus é a porta; Lucas 11.5-10; João 3.5; 10.7). A porta, em Apocalipse 3.20, é a porta da igreja de Laodiceia. O versículo é uma mensagem profética e esperançosa a uma igreja que perdeu a presença de Cristo. Se um membro deseja sentar-se à mesa com Cristo, ele deve abrir a porta para que Jesus entre novamente! Para uma análise completa desse versículo e de como tornar-se

---

62 O "castelo branco" de Pamukkale ainda é um *spa* muito visitado por turistas em busca de saúde e bem-estar.

cristão segundo o Novo Testamento, veja meu livro *The Normal Christian Birth* [O nascimento cristão normal].

Antes de concluir essa seção, é preciso destacar que essas acusações têm origem no amor de Jesus pelas igrejas. É o próprio Mestre quem afirma: "Repreendo e disciplino aqueles que eu amo" (3.19). Na realidade, a ausência de tal disciplina pode ser um sinal de que não se pertence à sua família (Hb 12.7-8)!

Seu desejo não é desanimá-los, mas encorajá-los. Acima de tudo, seu intuito é prepará-los para a pressão iminente, que os porá à prova (3.10). Se cederem agora, eles não conseguirão resistir depois. E isso poderia lhes custar sua herança.

O *aconselhamento*

Há uma palavra de aconselhamento a todas as sete igrejas. Mesmo as duas igrejas que recebem total aprovação de Jesus são exortadas a perseverar nas boas obras, a se apegar "com firmeza ao que vocês têm, até que eu venha" (2.25).

As outras cinco são advertidas com duas palavras: "lembre-se" e "arrependa-se". Elas devem trazer à mente o que foram no passado e o que deveriam ser. E o verdadeiro arrependimento envolve muito mais do que lamento e remorso; exige confissão e correção.

Ele avisa que virá contra os que desprezam o seu apelo. Um dia será tarde demais para endireitar todas as coisas. Algumas vezes, essa é uma referência à sua segunda vinda, quando a coroa da vida será entregue aos que foram fiéis até a morte (2.10; cf. 2Tm 4.6-8), mas os que não estiverem prontos ouvirão as temíveis palavras: "Não os conheço" (Mt 25.12).

A promessa "virei a você" refere-se à visitação antecipada a uma igreja específica, para remover o seu candelabro (2.5). Um dos ministérios de Jesus é encerrar as atividades de igrejas! Uma igreja transigente, que não aceita correção, é mais do que inútil para o Reino de Deus. Melhor é remover por completo tal publicidade negativa para o evangelho.

Esse trecho das cartas pode ser resumido da seguinte forma: "Endireite seu caminho, permaneça fiel ou será eliminada".

A *afirmação*

Percebe-se que o chamado para vencer não é dirigido à igreja como um todo, mas a cada membro, individualmente. Seja com o propósito de recompensar ou de punir, o julgamento é sempre individual, jamais coletivo.[63]

Não encontramos a recomendação para que o indivíduo saia de uma igreja corrompida e vá para outra melhor na próxima esquina! Da mesma forma, o fato de a igreja estar corrompida não justifica a atitude transigente de uma pessoa. As tendências erradas de uma comunidade não devem ser seguidas. Em outras palavras, talvez seja necessário que um cristão primeiro aprenda a resistir às pressões internas da igreja antes de enfrentá-las no mundo. Se não conseguimos vencer as pressões na igreja, é pouco provável que vençamos as pressões no mundo.

Jesus não hesita em oferecer recompensas como incentivo (5.12). Ele mesmo suportou a cruz, desprezando sua vergonha, pela alegria que lhe fora proposta (Hb 12.2). Em cada uma das cartas, ele encoraja os vencedores a pensarem no prêmio que está reservado aos que prosseguem para o alvo (Fp 3.14).

Assim como os títulos de Jesus em cada uma das cartas são extraídos do primeiro capítulo, as recompensas que ele oferece são encontradas nos últimos. Elas não virão no presente imediato, mas no futuro distante. Somente

---

[63] Observe as palavras "cada um" em 2 Coríntios 5.10.

os que acreditam que Jesus cumpre suas promessas serão motivados por distantes compensações futuras.

Novamente, devemos ter em mente que as alegrias do novo céu e da nova terra não estão reservadas a todos os crentes, mas somente aos que vencerem as pressões da tentação e da perseguição (21.7-8 mostra isso de forma excepcionalmente clara). São os que permanecem obedientes e fiéis até o fim (2.26) que serão salvos (cf. Mt 10.22; 24.13; Mc 13.13; Lc 21.19).

O *apelo*

A convocação final, "aquele que tem ouvidos ouça" é uma conhecida conclusão das palavras de Jesus (Mateus 13.9, por exemplo). Seu significado torna-se claro à luz de um dos textos do Antigo Testamento mais citados no Novo: "Ainda que estejam sempre ouvindo, vocês nunca entenderão [...] de má vontade ouviram com os seus ouvidos [...] se assim não fosse, poderiam [...] ouvir com os ouvidos, entender com o coração e converter-se, e eu os curaria" (Is 6.9-10, aqui conforme o registro de Mt 13.13-15; também encontrado em Mc 4.12; Lc 8.10; At 28.26-27).

Jesus sabia que essa seria a resposta dos judeus em geral. Agora ele está desafiando os cristãos a não agirem da mesma forma. Ele enfatiza a diferença entre ouvir e estar atento à mensagem. A questão é: Quanta atenção dedicam ao que ele diz? Suas palavras em Apocalipse serão uma bênção somente se forem lidas e guardadas (1.3), ou seja, não apenas ouvidas, mas levadas a sério. O pai ou a mãe cuja ordem é ignorada pelo filho pergunta: "Você ouviu o que eu disse?", sabendo muito bem que o filho a ouviu, porém não obedeceu.

Muito simples, a observação final de cada uma das cartas às sete igrejas indica que Jesus espera uma resposta, na forma de uma reação positiva de obediência. Ele tem direito de esperar isso. Ele é Senhor.

CAPÍTULOS 4–5: DEUS NO CÉU

Essa seção é relativamente clara e requer pouca introdução. É provável que o texto do capítulo 4, em especial, seja conhecido no contexto da adoração; costuma ser lido para encorajar o louvor e tem inspirado muitos hinos e cânticos. A passagem nos permite vislumbrar a adoração celestial que o louvor terreno apenas ecoa.

Um convite é feito a João: "Suba para cá" (4.1) e veja como é o céu – um privilégio que poucas pessoas tiveram em vida (Paulo teve uma experiência semelhante – 2Co 12.1-6). É o lugar onde Deus reina e de onde ele governa. "Trono" é a palavra-chave e aparece 16 vezes. Observe a ênfase em "assentado" (4.2, 9, 10; 5.1). Esse lugar é a central de controle do Reino dos céus.

A cena é extraordinariamente bela, descrevê-la é quase um desafio. Arco-íris verdes (!), coroas de ouro, trovões e relâmpagos, lâmpadas de fogo – imaginamos os olhos de João passando de um detalhe sublime para outro enquanto contempla a cena em assombro e admiração. Na tentativa de descrever o próprio Deus, ele compara o que vê a duas das mais reluzentes pedras preciosas que conhecia (jaspe e sardônica).

Acima de tudo, a cena assume um aspecto pacífico, descrito como um mar de vidro que se estende no horizonte. Seu nítido contraste com o alvoroço na terra (do capítulo 6 em diante) é claramente intencional. Deus reina soberanamente acima de todas as batalhas entre o bem e o mal. Ele não precisa guerrear; até mesmo Satanás deve pedir sua permissão antes de tocar em um ser humano (Jó 1). Nada foge do seu controle. Ele sabe exatamente como lidar com qualquer situação que possa surgir, pois todas as coisas lhe são sujeitas.

Ele não é homem, é Deus. É digno, portanto, de toda adoração (no inglês arcaico "adorar" significa "dar tributo de dignidade ou valor a uma pessoa"). Da obra de suas mãos, o Criador recebe louvor eterno. Os quatro seres viventes eram apenas "semelhantes" a um leão, um bezerro, um homem e uma águia; é possível que juntos eles representem todas as criaturas dos quatro cantos da terra (embora existam outras 20 interpretações!). O louvor que oferecem é vagamente trinitariano: três vezes Deus é santo, reconhecidamente em três dimensões do tempo: passado, presente e futuro.

Vinte e quatro anciãos formam o conselho do céu (Jr 23.18). É praticamente certo que representem os dois povos da aliança de Deus: Israel e a Igreja (observe os 24 nomes nas portas e nos fundamentos da nova Jerusalém; 21.12-14). Eles têm coroas e tronos, mas recebem autoridade delegada.

Não há ação no capítulo 4 além do louvor ininterrupto. É uma cena contínua, mas sem referência de tempo. No capítulo 5, começa a ação: a busca por alguém, no céu e na terra, que seja digno de romper os selos e abrir o livro.

A importância do livro torna-se aparente à luz dos acontecimentos. Nele deve estar registrado o roteiro que levará ao fim a era da história terrena em que vivemos. A ação de quebrar os selos dá início à contagem regressiva.

Até que isso aconteça, o mundo deve continuar em seu estado atual. A presente era perversa deve ser encerrada antes que a era que há de vir possa ter início. É necessário que haja uma conclusão definitiva dos reinos do mundo a fim de que o Reino de Deus seja plenamente estabelecido na terra. Por essa razão, João chorava muito tanto de frustração quanto de pesar, pois ninguém foi achado digno de inaugurar essa nova era.

Mas por que isso seria um problema? No decorrer da história, o próprio Deus havia julgado a terra muitas vezes. Por que não faria o mesmo no fim? Talvez ele prefira não fazê-lo ou não se sinta qualificado para tal! Se levarmos em consideração o que se afirma a respeito da única Pessoa achada digna, esse último pensamento não é tão esdrúxulo ou até blasfemo como pensam alguns.

Quem é essa pessoa? Alguém que é, ao mesmo tempo, um Leão e um Cordeiro! Na verdade, o contraste entre os dois não é tão grande como muitos presumem. O cordeiro é macho e plenamente maduro, como todo cordeiro usado em sacrifícios (de um ano, Êx 12.5). Nesse caso, o carneiro como, na verdade, deveríamos dizer, tem sete chifres, que significam perfeito poder, e sete olhos, que representam perfeita vigilância (um a mais do que as ovelhas chamadas "de Jacó", que chegam a ter até seis chifres). No entanto, ele foi morto em sacrifício.

O leão, soberano das selvas, representa o Rei da tribo de Judá, com raízes na dinastia davídica. Temos, portanto, uma combinação singular entre o soberano Leão e o Cordeiro sacrificial, que corresponde ao futuro Rei e Servo sofredor prenunciado pelos profetas hebreus (Is 9–11 e 42–53).

Todavia, não somente o que ele é, mas também o que ele fez, o torna apto a liberar as tribulações que levarão o mundo ao seu fim, e esse fim pode significar duas coisas: término e cumprimento. Ele conduzirá o cumprimento do fim.

Ele preparou um povo para assumir o governo do mundo. Pagando com o próprio sangue, ele os comprou de todas as etnias da raça humana. Capacitou-os em todos os deveres reais e sacerdotais no serviço de Deus, preparando-os para a responsabilidade de *reinar sobre a terra* (esse tema é aprofundado em Ap 20.4-6).

Somente alguém que tenha realizado todos esses feitos é capaz de dar início à série de desastres que derrubarão todos os outros regimes. Destruir um sistema maligno sem apresentar uma boa opção para substituí-lo de imediato somente resultará em anarquia.

E o próprio Deus é um soberano digno do governo que preparou, precisamente porque está disposto a dar tudo de si para torná-lo possível. Foi por tornar-se obediente até a morte – e morte de cruz! – que Deus o exaltou à mais alta posição (Fp 2.8-9).

Não se estranha, portanto, que milhares de anjos concordem, em aclamação musical, que só ele merece todo poder, riqueza, sabedoria, força, honra, glória e louvor. Todas as criaturas do universo, portanto, se unem ao canto do coral, porém há um detalhe importante. O poder, a honra, a glória e o louvor devem ser partilhados entre aquele que se assenta no trono e o que está no centro, à sua frente. Pai e Filho estão juntos, pois esse foi um esforço conjunto. Ambos estavam envolvidos. Embora de formas muito distintas, ambos sofreram para tornar tudo isso possível.

Nada revela de forma mais clara a divindade de nosso Senhor Jesus Cristo do que a oferta de louvor e adoração absolutos ao Filho e ao Pai, juntos.

CAPÍTULOS 6–16: SATANÁS NA TERRA

Chegamos à parte essencial do livro, e a mais difícil de ser compreendida e aplicada.

Começam as más notícias. Antes de melhorar, as coisas ficarão muito piores. Pelo menos, temos o consolo de saber que a situação não pode ficar pior do que a previsão encontrada nesses capítulos. Mas ela já é ruim o bastante!

Os que tentam interpretá-la enfrentam três problemas principais.

Primeiramente, qual é a *ordem* dos eventos? É muito difícil colocá-los todos em um gráfico de tempo, como descobrirão rapidamente os que tentarem essa façanha.

Em segundo lugar, o que significam todos esses símbolos? Alguns são claros. Alguns podem ser explicados. Outros, porém, são um problema (a mulher grávida, no capítulo 12, é um desses casos).

Terceiro, quando as previsões serão *cumpridas*? Em nosso passado, nosso presente ou nosso futuro? Elas já se passaram, estão em andamento ou ainda vão acontecer? Como já discutimos isso (no capítulo sobre escolas de interpretação) não precisamos nos aprofundar no mesmo tema aqui.

Vamos nos concentrar na ordem dos eventos – que não fica de forma alguma evidente em uma primeira leitura – analisando os símbolos à medida que surgirem. A tarefa complica-se com o surgimento de três características que estão fora de ordem, distribuídas de forma aparentemente aleatória ao longo desses capítulos.

Primeiro, há *digressões*. Na forma de interlúdios ou parênteses, essas digressões tratam de temas sem conexão aparente com a sequência central de eventos.

Em segundo lugar, há *recapitulações*. Ocasionalmente, a narrativa parece retroceder, recordando eventos já mencionados.

E terceiro, há *antecipações* ou vislumbres. Os eventos são citados antes e somente serão explicados mais adiante (Armagedom, por exemplo, aparece primeiramente em 16.16, mas não ocorre até o capítulo 19).

Essas características levam a especulações e equívocos, sobretudo na interpretação historicista cíclica que já discutimos.[64] Seguiremos um percurso mais simples, trabalhando do óbvio ao obscuro.

Na leitura ininterrupta desses capítulos destacam-se os aspectos mais marcantes: as três sequências de selos, trombetas e taças. O simbolismo desses elementos é relativamente fácil de decifrar.

---

64 Veja a página 126.

QUANDO JESUS VOLTAR

Selos:
1. Cavalo branco – força militar
2. Cavalo vermelho – derramamento de sangue
3. Cavalo preto – fome
4. Cavalo verde – enfermidades, epidemias

* * *

5. Perseguição e oração
6. Tremor e terror

* * *

7. Silêncio no céu, resposta às orações dos santos resulta em uma catástrofe final: forte terremoto

Trombetas:
1. Queimado um terço da terra
2. Mar poluído
3. Água dos rios e nascentes contaminada
4. Luz solar reduzida

* * *

5. Insetos e praga (cinco meses)
6. Invasão oriental (200 milhões)

* * *

7. A vinda do Reino é chegada, o mundo é dominado por Deus e por Cristo após forte terremoto

Taças:
1. Feridas malignas na pele
2. Sangue no mar
3. Sangue nas fontes de água
4. Queimaduras provocadas pelo sol

* * *

5. Trevas
6. Armagedom

* * *

7. Tempestade de granizo e forte terremoto que resultam em um colapso mundial

Apresentados dessa forma, muitos pontos logo tornam-se claros:

Esses eventos não nos são totalmente desconhecidos. As pragas de rãs e gafanhotos lembram vagamente as pragas no Egito, quando faraó foi confrontado por Moisés (Êx 7–11). Essas pragas também estão acontecendo hoje, no âmbito local ou regional. A sequência dos quatro cavalos, por exemplo, pode ser observada em muitas partes do mundo, sendo cada uma delas consequência da anterior. A grande novidade é a escala universal que elas alcançam em Apocalipse, como se os problemas tivessem se disseminado por todo o mundo.

Cada série (selos, trombetas, taças) divide-se ainda em três partes: os quatro primeiros itens estão inter-relacionados, sendo seu exemplo mais ilustre os quatro cavaleiros do Apocalipse, como ficaram conhecidos desde que o artista [renascentista alemão] Albrecht Dürer os retratou; os outros dois itens de cada série não estão associados de forma tão próxima; e o último item figura isoladamente. O último item de cada série é chamado de "ai" – palavra que indica maldição.

Examinando as três séries em conjunto, parece haver uma *intensificação* na gravidade dos eventos. Apesar de um quarto da raça humana perecer em decorrência das catástrofes ocasionadas pela abertura dos selos, um terço dos que permanecem vivos são incapazes de sobreviver às catástrofes suscitadas pelo toque das trombetas. Observa-se também uma progressão na origem dos desastres. Os selos são de origem humana; as trombetas parecem ser uma deterioração natural do meio ambiente; as taças são ações diretas de seres angelicais.

Há também uma aceleração dos eventos. Os selos, aparentemente, estão bem espaçados no tempo, mas as séries seguintes parecem ter um intervalo menor – de meses ou até dias.

Tudo isso sugere uma progressão nas três séries, o que nos leva à questão da conexão entre elas. A resposta mais óbvia é que elas são sucessivas, sendo representadas desta forma:

Selos 1-2-3-4-5-6-7, depois as trombetas: 1-2-3-4-5-6-7 e, em seguida, as taças: 1-2-3-4-5-6-7.

Em outras palavras, as séries simplesmente se sucedem, com 21 eventos ao todo.

Mas não é tão simples assim! Um estudo cuidadoso revela que o sétimo item de cada série parece referir-se ao mesmo evento (um grave terremoto em escala mundial é o fator comum; 8.5; 11.19; 16.18). Esse estudo deu origem a uma teoria alternativa, apreciada pela escola historicista cíclica, que acredita que as séries são simultâneas. Portanto:

Selos:	1-2-3-4-5-6-7
Trombetas:	1-2-3-4-5-6-7
Taças:	1-2-3-4-5-6-7

Em outras palavras, elas cobrem o mesmo período (acredita-se que seja desde o primeiro até o segundo advento de Cristo) sob ângulos diferentes.

Um padrão mais convincente, porém mais complexo, reúne essas duas visões, tratando os seis primeiros itens como sucessivos e os sétimos, simultâneos.

OS CONTEÚDOS DE APOCALIPSE

Selos: 1 2 3 4 5 6 7
Trombetas: 1 2 3 4 5 6 7
Taças: 1 2 3 4 5 6 7

Em outras palavras, cada série avança a partir da anterior, mas todas culminam no mesmo final catastrófico. Essa opção parece se ajustar melhor às evidências e costuma ser defendida principalmente pela escola futurista, segundo a qual as três séries ainda estão por vir.

Todas as três séries concentram-se no que acontecerá ao mundo. Não podemos deixar de observar, contudo, a reação dos seres humanos. Mesmo reconhecendo que essas tragédias terríveis são provas da ira de Deus Pai (e do Cordeiro!), a reação humana é de terror (6.15-17) e blasfêmia contra Deus (16.21), e não de arrependimento (9.20-21), muito embora o evangelho do perdão ainda esteja acessível (14.6). Trata-se de uma constatação lamentável, porém absolutamente verdadeira, da dureza do coração do homem. Diante dos desastres, o homem se volta para Deus ou contra ele.[65]

Vamos examinar os capítulos que aparecem entre as três séries de selos, trombetas e taças – ou melhor, que aparecem dentro das próprias séries, como se abrissem parênteses. Encontramos: (a) o capítulo 7; (b) os capítulos 10–11; e (c) os capítulos 12–14. O primeiro aparece entre o sexto e o sétimo selo; o segundo entre a sexta e a sétima trombeta; mas o terceiro aparece antes da primeira taça, como se não houvesse tempo suficiente entre a sexta e a sétima taça. Usando a ilustração anterior, podemos explicar com um diagrama:

---

65 As últimas palavras de pilotos que estão em rota de colisão geralmente são blasfêmias contra Deus – elas costumam ser apagadas da gravação da "caixa preta" antes de serem apresentadas na investigação para não comprometer a reputação do piloto.

Selos:	1 2 3 4 5 6	(cap.7)	7
Trombetas:		1 2 3 4 5 6 7 (cap. 10–11)	7
Taças:		(cap. 12–14)	1 2 3 4 5 6 7

Agora temos um esboço completo dos capítulos 6–16.

Embora as três séries de selos, trombetas e taças tratem a princípio do que acontecerá ao *mundo*, o conteúdo dos capítulos que aparecem entre elas refere-se ao que acontecerá à *Igreja*. Nesses trechos, encontramos informações sobre o que acontecerá ao povo de Deus durante essa terrível turbulência. Como serão afetados? Se levarmos em consideração que o objetivo de Apocalipse é preparar os santos para o que virá, esses capítulos ganham maior relevância e importância.

Capítulo 7: os *dois grupos*. Entre o sexto e o sétimo selos, vislumbramos dois tipos distintos de pessoas, em dois lugares muito diferentes.

De um lado, há *um número limitado de judeus protegidos na terra* (versículos 1-8). Deus não rejeitou Israel (Rm 11.1,11). Ele prometeu incondicionalmente que os judeus sobreviveriam enquanto existisse o universo (Jr 31.35-37). Deus cumprirá sua palavra. Os judeus têm um futuro.

Os números parecem um tanto arbitrários, até artificiais. Talvez sejam números arredondados ou, de alguma forma, simbólicos. Inquestionável é a informação de que haverá uma proporção muito pequena de uma nação com milhões habitantes. E o total remanescente será igualmente dividido entre as doze tribos, sem favorecimento de nenhuma delas. Isso significa que as dez tribos levadas à Assíria não estão perdidas – Deus conhece o remanescente e preservará os sobreviventes de cada tribo. Há uma tribo perdida – Dã – que se rebelou contra a vontade de Deus e foi substituída – assim como ocorreu com Judas Iscariotes entre os doze apóstolos. Ambos os exemplos são advertências contra uma visão displicente dos propósitos de Deus para nossas vidas.

Do outro lado, há *um número incontável de cristãos que estão protegidos no céu* (versículos 9-17). A multidão internacional ocupa lugar de honra diante do Rei, unindo-se aos anciãos e aos seres viventes em seus cânticos de louvor. A multidão acrescenta, porém, uma nota de louvor: por sua salvação.

João desconhece a identidade e a procedência daqueles que ocupam posição de tamanha honra. Um dos anciãos esclarece: "Estes são os que vieram da grande tribulação" (v. 14).[66] Como eles conseguem escapar? Eles não estão no céu porque foram arrebatados repentina e secretamente, mas porque foram martirizados e enfrentaram a morte. Observe que esses mesmos capítulos dão um grande destaque ao martírio (já ouvimos os clamores de suas almas por vingança – 6.9-11).

Não foi, porém, por seu próprio sangue que foram resgatados, mas sim pelo derramamento do sangue do Cordeiro. Foi o sofrimento de Cristo, e não o seu próprio, que foi aceito por Deus como sacrifício e expiação pelos pecados, tornando-os puros o bastante para se apresentarem diante dele como seus servos.

Deus não se esquece dos que sofreram em nome de seu Filho e assegura que eles nunca mais experimentarão tal dor. O sol abrasador não os queimará (7.16; 16.8). Eles receberão os cuidados do bom pastor (Sl 23; Jo 10). Serão refrigerados com a água da vida – fonte de água a jorrar, e não águas paradas (Jo 4.14; 7.38; Ap 21.6; 22.1,17)! E Deus, assim como faz o pai de uma criança que chora, "enxugará dos seus olhos toda a lágrima" (21.4). Perceba que estar no céu é uma amostra de como será a vida na nova terra.

---

66 O tempo verbal claramente indica um processo contínuo de indivíduos e grupos durante todo o período de tribulação.

Capítulos 10–11: as *duas testemunhas* Entre a sexta e a sétima trombetas, a atenção volta-se aos canais humanos por meio dos quais as revelações divinas são comunicadas. A palavra-chave nos dois capítulos é "profetizar" (10.11; 11.3, 6). No início da era da Igreja, o profeta é João, em Patmos; no final, haverá duas testemunhas que profetizarão na cidade de Jerusalém.

Há um senso de iminente desastre na aparição espetacular de dois anjos poderosos. As terríveis revelações do primeiro em estrondosa voz são dirigidas somente a João e não devem ser comunicadas a mais ninguém (cf. 2Co 12.4). O segundo anuncia que não haverá mais demora no cumprimento dos eventos – a sétima trombeta será o ponto culminante.[67]

A última e pior parte das más notícias está prestes a ser comunicada. Trata-se de um livrinho.[68] João recebe ordens para comê-lo.[69] Seu sabor será doce e amargo. Doce, a princípio, porém amargo quando começar a ser digerido.[70]

João é instruído a profetizar novamente, a dar prosseguimento à sua tarefa de prever o futuro do mundo. A ele são mostrados, então, a cidade de Jerusalém e o templo. Ele é orientado a medir o altar e o templo, mas não o pátio exterior, reservado às nações, pois os gentios virão para pisar a cidade, e não para orar no templo. Encontrarão, no entanto, duas pessoas extraordinárias que lhes pregarão sobre o Deus que eles desprezam.

O resultado será morte tanto aos que pregam quanto aos que ouvem! As duas testemunhas terão o milagroso poder de deter a chuva (como Elias; 1Rs 17.1; Tg 5.17) e trarão

---

67 Confirmando nossa conclusão de que o sétimo selo, a sétima trombeta e a sétima taça referem-se todos ao mesmo fim.

68 Uma versão expandida, mais detalhada de parte do livro maior que já foi aberto?

69 Nós diríamos: digeri-lo.

70 Exatamente a reação de muitos quando começam a compreender a mensagem do livro de Apocalipse.

fogo sobre seus inimigos (como Moisés; Lv 10.1-3). Porém serão mortas quando seu testemunho for concluído. Seus cadáveres ficarão expostos nas ruas por pouco mais de três dias, enquanto uma multidão multinacional, atormentada em sua consciência pelas palavras ouvidas, se regozijará e celebrará a morte dos dois profetas. O alívio se tornará terror quando, aos olhos de todos, os dois profetas forem ressuscitados. Uma forte voz dos céus dizendo "Subam para cá" precederá sua ascensão. No momento de sua partida, um forte terremoto destruirá um décimo das edificações da cidade e sete mil de seus habitantes.

É impressionante a semelhança entre o destino das duas testemunhas e o do *profeta* Jesus. Será impossível não lembrar de sua crucificação, ressurreição e ascensão nessa mesma cidade. Há diferenças, é claro: no caso de Jesus, o terremoto coincidiu com sua morte (Mt 27.51) e sua ressurreição e ascensão não foram testemunhadas pelo público em geral. Mesmo assim, os acontecimentos serão um vívido lembrete daqueles dias distantes, especialmente para os judeus. O resultado será temor e glória a Deus.

Desconhecemos a identidade dessas duas testemunhas. Todas as tentativas de identificá-las não passam de especulação. Não há sugestão de que sejam "reencarnações" de figuras de tempos remotos, portanto embora existam semelhanças, não se trata de Moisés e Elias ou mesmo de Jesus. Devemos "esperar para ver" quem são, mas isso, obviamente, não importa de fato. Importante é o que elas fazem e o que a elas é feito.

Antes de prosseguirmos, dois vislumbres precisam ser observados.

Um deles é a primeira menção a um período de mil duzentos e sessenta dias – ou quarenta e dois meses – que correspondem a três anos e meio. Encontraremos esse número nos capítulos seguintes, indicando, aparentemente, a duração da Grande Tribulação. Muitos o associam à "meia semana" prevista por Daniel (Dn 9.27).[71] É um curto espaço de tempo e lembra a previsão do próprio Jesus de que os dias seriam abreviados (Mt 24.22).

Outro vislumbre é a primeira menção à besta, que aparece com destaque nos próximos parênteses no decorrer da narrativa.

Capítulos 12–14: as *duas bestas*. Para seguir o padrão literário usado até o momento, essa seção deveria estar entre a sexta e a sétima taças, mas elas estão tão próximas entre si que não há tempo ou espaço para outros eventos. Esses três capítulos, portanto, estão inseridos antes que as sete taças sejam derramadas sobre um mundo rebelde como expressão final da ira de Deus.[72]

Os seis selos e as seis trombetas já passaram. As últimas séries de desastres estão prestes a acontecer. Será o pior período para o mundo – e o mais difícil para a Igreja. Os poderes malignos terão mais controle sobre a sociedade do que jamais tiveram, embora essa influência esteja prestes a ser anulada.

Essa seção apresenta três pessoas que formam uma aliança para governar o mundo. Uma delas é angelical em sua origem e natureza: o grande dragão e antiga serpente, também conhecido como Satanás ou o diabo (12.9). As outras duas são seres humanos em sua origem e natureza: bestas também conhecidas como o anticristo (1Jo 2.18) ou o homem do pecado (2Ts 2.3) e o falso profeta (16.13; 19.20; 20.10). Juntos, eles formam um tipo de trindade profana, uma imitação grotesca de Deus, Cristo e o Espírito Santo.

Satanás é introduzido no contexto da tribulação pela primeira vez. Não há menção a ele desde as cartas às sete igrejas (2.9, 13, 24; 3.9). Os selos e as trombetas lançam

---

71 A versão "O Livro" traduz acertadamente "semana" como "sete anos".
72 Veja o diagrama na página 180.

sobre a terra seus fardos, enquanto Satanás está no céu. Sendo anjo, ele tem acesso às regiões celestiais (Ef 6.12; cf. Jó 1.6-7). É ali que se trava a verdadeira batalha entre o bem e o mal, como descobrirá qualquer pessoa que adentre esse domínio por meio da oração.

Essa batalha celestial entre anjos bons e maus não durará para sempre. Os exércitos não são equivalentes em número. O lado do diabo conta com um terço das estrelas do céu (12.4); os outros dois terços são liderados pelo arcanjo Miguel, que conduzirá seus exércitos à vitória.[73]

O diabo será lançado na terra. Posteriormente, ele será outra vez derrotado e, então, lançado no abismo (20.3). Enquanto isso, nos poucos anos que lhe restam, sua fúria e frustração voltam-se para nosso planeta. Incapaz de continuar desafiando Deus no céu, ele declara guerra contra o povo de Deus na terra. É uma ação de retaguarda, executada na esperança de preservar seu reino na terra através de governantes fantoches, um deles é político e o outro, religioso.

Até agora, a mensagem do capítulo 12 é bastante clara, mesmo que requeira um pouco de imaginação. Entretanto, omitimos (deliberadamente) a outra figura importante no drama – uma mulher grávida, vestida do sol, com a lua debaixo dos seus pés e uma coroa de doze estrelas sobre a cabeça.

Quem é ela? Trata-se de fato, de uma pessoa, ou uma personificação de um lugar ou um povo (como são interpretadas outras mulheres em Apocalipse, por exemplo, a prostituta, que representa a Babilônia nos capítulos 17–18)?

Certamente essa figura tem sido fonte de muito debate e de muita divergência entre os estudiosos da Bíblia. Para alguns, a questão resolve-se pelo fato de que o diabo queria devorar seu filho no momento que nascesse (versículo 4)

---

[73] Uma escultura que retrata essa conquista adorna uma das paredes externas da Catedral de Coventry, na Inglaterra.

e pela afirmação: "Ela deu à luz um filho, um homem, que governará todas as nações com cetro de ferro" (versículo 5). Segundo eles, trata-se de uma referência inquestionável ao nascimento de Jesus e ao plano imediato, porém frustrado, concebido por Herodes para destruí-lo. Desse modo, a mulher é sua mãe, Maria (a interpretação católica habitual); ou a personificação de Israel, de onde veio o Messias (uma frequente interpretação protestante com o objetivo de excluir Maria).

Mas não é tão simples assim. Por que uma passagem que descreve o final dos tempos retomaria, de forma repentina e inesperada, um evento relacionado ao início da era cristã? Qual o motivo de trazer Maria à cena (depois de Atos 1, tendo cumprido sua tarefa, ela desaparece por completo do Novo Testamento)? É claro que, na concepção dos historicistas cíclicos, trata-se de outra recapitulação de todo o ciclo da história da Igreja, dessa vez tendo início no nascimento de Cristo, com Satanás derrotado e expulso dos céus.

Ainda há problemas. Ao que parece, a criança é arrebatada para junto de Deus e de seu trono quase imediatamente após o nascimento. Essa poderia ser uma visualização da encarnação e ascensão futuras, mas a ausência de qualquer referência ao ministério, à morte e à ressurreição de Jesus é, no mínimo, surpreendente. E se a mulher é sua mãe, Maria, quem seria "o restante de sua descendência" contra o qual o irado dragão sai para fazer guerra (12.17)? Sabemos que Maria teve outros filhos, pelo menos quatro meninos e algumas meninas (Mc 6.3), mas é pouco provável que o texto se refira a eles. Também não se pode afirmar que a frase "governará as nações com cetro de ferro" diz respeito a Jesus necessariamente; ela se aplica a ele (19.15, em cumprimento ao Sl 2.9), mas também é uma promessa feita a seus seguidores fiéis (2.27). Em seguida, lemos que a mulher será sustentada no deserto por mil duzentos e sessenta dias (12.6), um período já citado como o de maior aflição da era da Igreja.

A interpretação que melhor se ajusta a todas essas informações é a de que a mulher seja uma personificação da Igreja no fim dos tempos, mantida distante das áreas urbanas durante o período mais intenso de tribulação. A criança também é uma personificação e representa os crentes martirizados a salvos no céu, longe do alcance de Satanás. Eles retornarão à terra um dia e reinarão com Cristo (20.4 declara isso enfaticamente). O "restante de sua descendência" é uma referência aos que sobrevivem ao holocausto, que "obedecem aos mandamentos de Deus e se mantêm fiéis ao testemunho de Jesus" (12.17; cf. 1.9; 14.12). Essa interpretação não resolve todos os problemas, mas, quando comparada a outras interpretações, é a que deixa menos dúvidas.

Mais uma vez, parece haver uma comparação implícita entre a experiência de Cristo no início da era cristã e a de seus seguidores no final da mesma era (como vimos há pouco). Assim como ele venceu (Jo 16.33), seus seguidores também vencerão, pois, "diante da morte, não amaram a própria vida" (12.11). Sua vitória demonstra "o Reino do nosso Deus, e a autoridade do seu Cristo" (12.10; cf. 11.15 e At 28.31).

A chegada das duas bestas acontece no capítulo 13. A primeira e principal delas é uma figura política, um ditador à frente de um regime totalitário que governa sobre todos os grupos étnicos conhecidos. Ele é o anticristo (1Jo 2.18; observe que um dos significados do prefixo *anti* em grego é "em lugar de", uma indicação de que ele é uma imitação [de Cristo], e não um oponente), o homem do pecado (2Ts 2.3-4), que não reconhece lei alguma acima de sua própria vontade e, portanto, reivindica a divindade e exige adoração. A besta é um indivíduo que aceita a oferta satânica recusada por Jesus (Mt 4.8-9; caso tivesse aceitado, ele teria se tornado Jesus Anticristo!).

No entanto, ele também é anticristão no outro sentido do mesmo prefixo. Tem o poder de "guerrear contra os santos e *vencê-los*" (13.7; ele os vence temporariamente, mas será derrotado eternamente por eles, 12.11).

Suas características são as mesmas de outras bestas ferozes – leopardo, urso e leão. Aparentemente, ele surge de uma coalizão de governantes políticos, atraindo a atenção do mundo graças à sua recuperação assombrosa de um ferimento fatal, possivelmente uma tentativa de assassinato. Seu egotismo blasfemo é anunciado durante quarenta e dois meses.

Sua posição é reforçada pela segunda besta, um parceiro religioso com poder sobrenatural que direciona a adoração do mundo à besta. Seus milagres – fogo que desce do céu e imagens falantes do ditador – enganarão as nações.

Sua aparência será "semelhante a um cordeiro", um carneiro jovem com apenas dois chifres. Apesar de ter uma aparência mansa como a de um carneiro, ele não tem nada a ver com Cristo. De fato, a figura branda, na realidade, contrasta-se à de um dragão, pelo menos no que diz respeito a seu discurso.

Seu golpe de mestre não será a exibição de milagres, mas sua capacidade de controlar os mercados. As transações comerciais serão limitadas aos que tiverem um número especial implantado no corpo em local visível (mão ou testa). Essa marca estará disponível apenas aos que se submeterem à idolatria imperial. Judeus e cristãos, portanto, não terão permissão para adquirir itens básicos necessários para sua sobrevivência.

O número 666 é o nome codificado do ditador. Já discutimos seu significado.[74] Até a sua chegada, quando a

---

74 Veja a página 131.

relação entre sua identidade e o número será absolutamente óbvia, todas as tentativas de decifrá-lo não passam de meras especulações. Uma coisa, porém, está clara: ele fica aquém da perfeição (7) em todos os sentidos.

O capítulo 14 parece compensar essas cenas horríveis atraindo nossa atenção a um grupo de pessoas que estão em pé (literalmente) num contraste nítido com aqueles que se permitiram ser enredados pelo sistema. Em lugar do enigmático nome da besta, essas pessoas trazem escrito na testa o nome do Cordeiro e o de seu Pai (outra característica identificada em 22.4). Não são conhecidas por mentiras arrogantes, mas pela integridade de suas palavras, bem como por relações sexuais puras.

Há alguma incerteza a respeito de sua localização – no céu ou na terra – mas o contexto favorece a primeira opção, por causa dos cânticos de louvor dos quatro seres viventes e dos anciãos (14.3 parece repetir 4.4-11), cânticos esses que somente os redimidos podem aprender e também cantar. O número (144.000) é enigmático. Não deve ser confundido com o mesmo número presente no capítulo 7. Ali, o texto se referia aos judeus na terra, aqui, fala dos cristãos no céu. No capítulo 7, o grupo era formado pelas doze tribos, mas isso não ocorre aqui. Também não há equivalência com a frase "grande multidão que ninguém podia contar" presente naquele mesmo capítulo. Aqui também o número pode ter sido arredondado. Mas é provável que encontremos explicação no fato de terem sido "comprados dentre os homens e ofertados como primícias a Deus e ao Cordeiro" (versículo 4). Eles são apenas uma pequena amostra de uma farta colheita. É possível, portanto, que o número total de judeus preservados na terra seja apenas uma porcentagem dos cristãos que adoram no céu.

O restante do capítulo descreve uma procissão de anjos que transmitem várias mensagens de Deus aos homens:

O primeiro convida ao temor e à adoração a Deus, lembrando que o evangelho ainda está disponível para salvar todos da "ira que se aproxima" (Lc 3.7).

O segundo anuncia a queda da Babilônia. Trata-se de mais um vislumbre, pois é a primeira vez que tal local é mencionado. Na seção seguinte (capítulos 16–17) tudo será esclarecido.

O terceiro alerta os crentes sobre as terríveis consequências de ceder às pressões do derradeiro sistema ditatorial. O vocabulário é o mesmo usado em referência ao inferno: incessante "tormento" (a palavra que descreve a experiência do diabo, do anticristo e do falso profeta no lago de fogo – 20.10). Em outras palavras, esses crentes partilharão do destino daqueles a quem se renderam. O fato de que os santos podem encontrar-se nesse destino medonho é evidenciado por um chamado à perseverança imediatamente após o alerta (14.12 – que repete 13.10). Os dois contextos reconhecem que alguns pagarão por sua lealdade com a própria vida. Para eles, uma bem-aventurança especial: "Felizes os mortos que morrem no [o sentido é quase "pelo"] Senhor de agora em diante" (14.13). A benção é dobrada: eles podem agora descansar da árdua labuta e, mantido o registro de sua fidelidade, podem esperar uma recompensa. Mesmo os que, nesse período, morrerem de causas naturais desfrutarão dessa bênção. O versículo, contudo, ainda não deve ser usado em funerais; a promessa restringe-se a "de agora em diante", uma referência ao reinado da besta.

O quarto lança um brado "àquele que estava assentado sobre a nuvem" (uma clara referência a Dn 7.13), dizendo-lhe que chegava o tempo da colheita. Não fica imediatamente claro se objetivo era juntar o joio para ser queimado ou o trigo para ser armazenado (Mt 13.40-43).

O quinto simplesmente aparece trazendo na mão uma foice.

O sexto aponta a foice às uvas, que devem ser pisadas no grande lagar da ira de Deus, localizado fora da cidade. A indicação de que o texto se refere ao extermínio em massa de seres humanos é um gigantesco lagar de sangue.[75] É provável que a imagem seja um vislumbre da batalha de Armagedom, quando os abutres devorarão os cadáveres humanos (19.17-21). Observamos também a conexão entre sangue, vinho e a ira de Deus, que ocorre com bastante frequência. O texto nos remete à cruz, particularmente à agonia da oração no Getsêmani.[76] Na Bíblia, o uso metafórico de cálice refere-se, invariavelmente, à ira de Deus (Is 51.21-22; Mc 14.36; Ap 16.19).

Esses seis anjos são seguidos por outros sete que, em vez de apenas anunciar a ira de Deus, tomam medidas práticas. Levam consigo sete taças – não apenas cálices – para derramá-las sobre a terra. O ato é acompanhado de um cântico de vitória dos mártires no céu, que conscientemente ecoam o regozijo de Moisés após a derrota do exército egípcio no mar Vermelho (15.2-4). O tema é a justiça e a retidão de Deus, expressas em grandes e maravilhosos feitos que vindicam sua santidade através da punição aos opressores. O Rei eterno talvez pareça tardio para julgar o culpado, mas é certo que o julgamento acontecerá – e Apocalipse relata que esse dia finalmente chegará.

*****

Antes de deixarmos essa importante seção central de Apocalipse, duas observações devem ser feitas.

A primeira delas refere-se à *ordem* dos eventos. Tentei elaborar um tipo de cronograma consecutivo que encaixasse os selos, as trombetas e as taças juntamente com os capítulos que aparecem entre as séries. O êxito de

---

[75] Um metro de profundidade por cerca de trezentos quilômetros – certamente uma hipérbole?
[76] Getsêmani significa "lagar de azeite", local onde as olivas eram esmagadas.

tal tentativa será julgado pelo leitor, que talvez já tenha elaborado um esquema diferente.

Na verdade, é extremamente difícil, se não impossível, ordenar todos os eventos previstos em um padrão coerente. Jesus, no entanto, é um mestre por demais qualificado, e não ocultaria sua mensagem principal em uma narrativa tão complexa como esta. A que conclusão chegamos?

Simplesmente esta: *a ênfase dessa seção não está na ordem dos eventos*. O foco está muito mais sobre o que acontecerá, e não sobre quando será. O propósito não é nos tornar adivinhos, capazes de fazer previsões exatas, mas sermos servos fiéis do Senhor, preparados para encarar o pior que pode nos acontecer. Mas isso de fato acontecerá a nós?

A segunda observação refere-se ao *cumprimento* das previsões. Se a Grande Tribulação cobre apenas os últimos poucos anos, é possível que não tenhamos de enfrentá-la em vida. Desse modo, seria, então, um desperdício de tempo para todas as gerações de santos, exceto a última, preparar-se para ela?

Uma resposta é que a tendência e a velocidade dos acontecimentos mundiais hoje tornam a Grande Tribulação uma possibilidade cada vez mais real num futuro próximo.

A principal reação a esse tipo de pensamento deve ser a lembrança de que os eventos futuros são precedidos por sinais. "Filhinhos, esta é a última hora; e, assim como vocês ouviram que o anticristo está vindo, já agora muitos anticristos têm surgido" (1Jo 2.18). O falso profeta está a caminho, e mesmo hoje há muitos falsos profetas (Mt 24.11; At 13.6; Ap 2.20).

Em outras palavras, o que um dia será vivenciado em escala universal por toda a Igreja ("serão odiados por todas as nações" – Mt 24.9) já está acontecendo em âmbito regional ou local. Qualquer cristão está sujeito a enfrentar muita tribulação antes que a Grande Tribulação, de fato, chegue a todos. Devemos estar prontos para as dificuldades que alcançarão seu ápice na ocasião, mas que também podem ocorrer hoje.[77]

Essa seção (capítulos 6–16), portanto, tem total relevância para todos os crentes, seja qual for sua situação atual. A Igreja já sofre pressão na maioria dos países, e é cada vez maior o número de países onde a Igreja é perseguida.

E acima de tudo isso, está a volta do Senhor Jesus Cristo – um evento para o qual todo crente precisa estar pronto. A principal razão de nos prepararmos para agir fielmente sob pressão é que possamos nos apresentar diante dele sem qualquer sentimento de vergonha. Isso talvez explique a advertência encontrada entre a sexta e a sétima taças da ira (que, aliás, confirma a presença de alguns cristãos na terra na ocasião): "Eis que venho como ladrão! Feliz aquele que permanece vigilante e conserva consigo as suas vestes, para que não ande nu e não seja vista a sua vergonha" (16.15; a mesma ênfase sobre as vestimentas é observada em Mt 22.11; Lc 12.35; Ap 19.7-8).

CAPÍTULOS 17–18: O HOMEM NA TERRA

Essa seção, ainda que em parte, está relacionada com a Grande Tribulação. Ela se refere ao momento final, o forte terremoto do sétimo selo, da sétima trombeta e da sétima taça (veja 16.17-19).

A história do mundo avança para uma conclusão. Seu desfecho é iminente. Apesar de todos os alertas, tanto em palavras quanto em feitos divinos, os seres humanos ainda se recusam a se arrepender e amaldiçoam a Deus por seus sofrimentos (16.9,11,21).

O restante do livro de Apocalipse é dominado por duas

---

[77] Veja as sábias palavras de Corrie ten Boom nas páginas 260-261.

figuras femininas: uma prostituta repugnante e uma noiva pura. Não se trata de pessoas; ambas são personificações. Elas representam cidades.

Poderíamos usar aqui o título: "Um conto de duas cidades". São Babilônia e Jerusalém, respectivamente a cidade do homem e a cidade de Deus. Nessa seção, avaliamos a primeira, já mencionada anteriormente (14.8; 16.19).

Na Bíblia, as cidades são geralmente consideradas lugares de impiedade. A primeira menção (geralmente significativa) as associa com a linhagem de Lameque e a manufatura de armas para destruição em massa. As cidades reúnem pessoas, consequentemente, pecadores e pecado. Com menos comunhão e mais anonimato, florescem o crime e a imoralidade. Há mais luxúria (prostituição) e ira (violência) em comunidades urbanas do que nas rurais.

Os dois pecados destacados aqui são ganância e orgulho. Ambos estão relacionados à idolatria [apego] ao dinheiro. Uma vez que é impossível adorar a Deus e a Mamom (Lc 16.13), é mais fácil esquecer-se do Criador do céu e da terra quando se vive em uma cidade próspera. Quando os homens são bem-sucedidos e alcançam sucesso por seu próprio esforço, adoram a si mesmos! A arrogância humana mostra-se na arquitetura; os edifícios costumam ser monumentos à ambição e à realização humana.

Foi o que aconteceu no episódio da torre de Babel, às margens do rio Eufrates, posicionada na rota entre a Ásia, a África e a Europa. Fundada por Ninrode, o mais valente caçador (de animais) e guerreiro (entre os homens), Babel fundamentava-se na lei do mais forte, na sobrevivência do mais apto.

Como era de se esperar, a torre seria a mais alta estrutura já construída pelo homem em todo o mundo, um testemunho extraordinário tanto para os homens quanto para Deus. A expressa intenção – "nosso nome será famoso" (Gn 11.4) –

marca o início do humanismo – a autodeificação do homem. Deus puniu essa soberba concedendo o dom de línguas a todos os habitantes! A remoção simultânea da língua comum, contudo, produziu uma balbúrdia ininteligível (observe que isso não aconteceu no Pentecoste, pois o mesmo dom trouxe unidade – At 2.44).

Essa cidade tornou-se mais tarde a capital de um vasto e poderoso império, principalmente sob o governo de Nabucodonosor, um tirano cruel que, na conquista de um novo território, destruía os bebês, os animais e até as árvores (Hc 2.17).

Enquanto isso, o rei Davi de Israel havia estabelecido Jerusalém como sua capital. A cidade não ocupava uma posição estratégica para o comércio, pois não havia mar, rio ou estrada importante nas proximidades. Era, contudo, a cidade de Deus, o lugar que o Senhor batizou com seu nome e onde escolheu viver entre o seu povo – a princípio no tabernáculo erguido por Moisés, mais tarde no templo construído por Salomão.

Babilônia tornou-se a maior ameaça a Jerusalém. Nabucodonosor acabou destruindo a cidade santa juntamente com seu templo, saqueando seus tesouros e deportando o povo para um exílio de setenta anos. Deus permitiu que isso acontecesse porque os habitantes haviam feito de Jerusalém uma cidade ímpia, como todas as outras.

Esse castigo, no entanto, não foi permanente. Por meio dos profetas, Deus prometeu tanto restaurar Jerusalém quanto destruir a Babilônia (por exemplo, Is 13.19-20; Jr 51.6-9, 45-48). De fato, Babilônia tornou-se um desolador monte de entulho, totalmente inabitada, exceto pelas criaturas selvagens do deserto, exatamente como havia sido previsto.

Não são meras coincidências as profundas semelhanças entre os livros de Daniel e Apocalipse. Ambos contêm visões do fim dos tempos que se equiparam de forma notável. No entanto, as revelações foram concedidas a Daniel no tempo de Nabucodonosor (o jovem Daniel foi incluído na primeira de três deportações). Ele viu a maldição futura dos impérios do mundo ao longo da história até o tempo de Cristo e, ainda além, chegando ao epílogo da história, o reinado do anticristo, o governo milenar, a ressurreição dos mortos e o Dia do Juízo.

Os dois livros falam sobre uma cidade chamada Babilônia. Mas estão referindo-se ao mesmo lugar?

Se esse for o caso, a cidade precisará ser reconstruída. Aqueles que entendem que a Babilônia de Apocalipse é a mesma descrita em Daniel, empolgaram-se quando parte da cidade foi reconstruída pelo ex-presidente do Iraque, Saddam Hussein. Ao que parece, contudo, sua intenção não era restaurá-la como uma cidade habitável; ela seria apenas uma demonstração de sua força e notoriedade.[78] É muito pouco provável que a antiga Babilônia, mesmo que totalmente reconstruída, possa tornar-se novamente um centro estratégico.

A escola de interpretação preterista entende Babilônia como a metrópole Roma. Há algum fundamento para tal interpretação, visto que essa pode ter sido a compreensão dos leitores originais de Apocalipse. Uma das cartas de Pedro, escrita com um propósito muito semelhante (preparar os santos para o sofrimento), talvez tenha feito essa associação de códigos (1Pe 5.13). E a referência às "sete colinas" provavelmente ratificaria essa interpretação (17.9-10).[79]

O caráter decadente de Roma também se encaixaria na descrição encontrada em Apocalipse. A sedução atraente de

---

78 Em 1999, nas festividades anuais da Babilônia, luzes a laser projetaram nas nuvens os rostos de Saddam Hussein e do rei Nabucodonosor!

79 Observe, porém, que as colinas são representações de reis.

bens e dinheiro em troca de favores prestados e o domínio de seus reis mesquinhos se ajustam bem à imagem.

É discutível, no entanto, se esse seria seu cumprimento total. Roma foi certamente *um tipo* de Babilônia. Trata-se, porém, apenas de uma prefiguração *da* Babilônia que domina o fim da história, onde Apocalipse firmemente a situa.

Algumas pessoas solucionaram o problema presumindo um renascimento do império romano. Seus corações bateram acelerados quando dez nações (17.12) assinaram o Tratado de Roma como base para a constituição de uma nova superpotência – a Comunidade Econômica Europeia. O interesse diminuiu com a inclusão de outros estados; hoje há chifres em excesso!

A relutância em deixar de lado Roma como a principal candidata também é aparente na escola de interpretação historicista. Entendendo o livro de Apocalipse como um panorama de toda a história da Igreja, os protestantes fixaram sua atenção no papado e no Vaticano e em suas reivindicações de poder político e religioso, passando a vê-los como representações da mulher escarlate da Babilônia.[80] Em resposta, os católicos começaram a encarar os reformadores protestantes sob a mesma perspectiva!

Na realidade, não há qualquer indicação em Apocalipse de que Babilônia seja um centro religioso. A ênfase está nos negócios e no prazer com os quais seus habitantes estão envolvidos.

A escola futurista parece estar mais próxima da verdade quando interpreta a cidade como uma nova metrópole que surge para dominar sobre as outras durante o fim dos tempos. Por ser classificada como mistério (ou seja, um segredo agora revelado), dá a impressão de ser uma criação recente do homem, e não o restabelecimento de uma cidade

---

80 Essa analogia tem agravado as "turbulências" na Irlanda do Norte.

que já existiu (seja ela Roma ou a antiga Babilônia).

É evidente que será um centro dos mercados financeiros, talvez o maior de todos, um lugar para ganhar e gastar dinheiro (os negociantes são afetados por sua queda; 18.11-16). Também será uma cidade que valorizará a cultura.[81]

A cidade, porém, será corrompida e corruptora, caracterizada pelo materialismo sem moralidade, pelo prazer sem pureza, pela riqueza sem sabedoria, pelo desejo sem amor. A imagem da meretriz é particularmente apropriada, disposta a satisfazer os desejos de qualquer um em troca de dinheiro.

Até agora, consideramos apenas a mulher, porém ela está montada numa besta com sete cabeças e dez chifres – a representação clara de uma coalizão política. O texto não nos informa quem são, nem oferece muitos detalhes a seu respeito. São homens poderosos, porém sem território específico para governar. A autoridade deriva da besta, possivelmente o anticristo, a quem devotam absoluta fidelidade. Acima de tudo, eles serão categoricamente anticristãos e "guerrearão contra o Cordeiro" e contra os que estiverem "com ele" (17.14), talvez por estarem atormentados em sua consciência.

Babilônia, entretanto, está condenada. Cairá juntamente com todos esses homens. Seus dias estão contados. A maneira assombrosa como isso se cumprirá é perfeitamente crível no mundo moderno.

A mulher vem sobre a besta. Uma rainha está montada nas costas de reis (uma reversão de gênero, contrária à criação). É uma outra forma de afirmar que a economia dominará a política, que o poder do dinheiro desbancará a autoridade. Se levarmos em consideração que, no ano 2000 d.C., 300 corporações colossais detinham nas mãos a maior parte dos negócios do mundo, não é difícil imaginar o cenário descrito em Apocalipse.

---

[81] Observe a música em 18.22.

Políticos ambiciosos, sedentos de poder, melindram-se com essa influência financeira. Dispõem-se até a produzir um desastre econômico, se for necessário, para permanecer no poder. Lembramos do tratamento dispensado por Hitler aos judeus, que controlavam muitos bancos na Alemanha.

Os reis se sentirão enciumados da mulher que está montada sobre eles e decidirão destruí-la. A cidade será arrasada pelo fogo. O maior desastre econômico já visto no mundo. Muitas, muitas pessoas chorarão e se lamentarão diante das ruínas.

Deus terá provocado a catástrofe, mas não o fará por meio de qualquer ato físico. Ele colocará no "coração deles o desejo de realizar o propósito que ele tem" (17.17). Encorajados pelo próprio Deus, eles se tornarão aliados da besta contra a cidade. O anticristo terá o controle político, e o falso profeta, o controle religioso; os reis agora lhes oferecerão o controle econômico em troca de poderes a eles delegados. O gozo de tais privilégios, contudo, será extremamente breve ("uma hora" – 17.12).

A queda da Babilônia é de tal modo inevitável que Apocalipse a descreve como um fato no passado. Os cristãos podem estar absolutamente certos disso. No entanto, há razões práticas para que tenhamos conhecimento desses fatos. Qual é a relação entre o povo de Deus e essa última Babilônia? O texto oferece três diretrizes:

Em primeiro lugar, haverá na cidade muitos mártires. A prostituta está "embriagada com o sangue dos santos, o sangue das testemunhas de Jesus". Essa última frase está presente em todo o livro de Apocalipse (1.9; 12.17; 14.12; 17.6; 19.10; 20.4) e é mais uma indicação da presença de cristãos na tribulação. Não há lugar para os santos em uma cidade dedicada à imoralidade. Pessoas que despertam a consciência do certo e errado na comunidade não são bem-vindas.

Segundo, aos cristãos é direcionada a exortação: "Saiam dela, vocês, povo meu, para que vocês não participem dos seus pecados, para que as pragas que vão cair sobre ela não os atinjam! Pois os pecados da Babilônia acumularam-se até o céu, e Deus se lembrou dos seus crimes" (18.4-5). O texto é praticamente idêntico ao apelo de Jeremias aos judeus na antiga Babilônia (Jr 51.6). Note que eles precisam "sair"; o Senhor não os tira de lá. Está claro que nem todos os crentes serão martirizados; alguns escaparão com vida, embora talvez sejam obrigados a deixar para trás dinheiro e posses.

Em terceiro lugar, quando a Babilônia cair, a ordem é comemorar: "Celebre o que se deu com ela, ó céus! Celebrem, ó santos, apóstolos e profetas! Deus a julgou, retribuindo-lhe o que ela fez a vocês" (18.20). Isso ocorre em 19.1-5. Poucas pessoas percebem que o conhecido refrão "Aleluia" da obra "O Messias", de Handel, é uma celebração do colapso da economia mundial, o término da bolsa de valores, a bancarrota de bancos e a ruptura do comércio! Somente o povo de Deus cantará "Aleluia" (que significa: "Louvem o Senhor") nesse dia!

A prostituta desaparece e surge a noiva. O "banquete das bodas do Cordeiro" está prestes a começar. Jesus está vindo para se casar (Mt 25.1-13). A noiva "se aprontou" com um vestido de puro linho branco[82] e o tecido é um símbolo dos "atos justos dos santos" (19.8). A lista de convidados está completa e são bem-aventurados os que dela constam.

Nesse ponto, já entramos no capítulo 19 – encerrando uma seção e iniciando a seção seguinte. O texto original não foi escrito com divisões de capítulos – elas costumam estar nos lugares errados, dividindo o que Deus planejou que estivesse junto. Isso ocorre de forma mais marcante na penúltima seção de Apocalipse.

---

82 Perceba novamente a referência às roupas.

OS CONTEÚDOS DE APOCALIPSE

CAPÍTULOS 19–20: CRISTO NA TERRA

Essa série de eventos leva a um desfecho da história como a conhecemos. Nosso mundo finalmente chega a um fim. Lidamos agora com o futuro distante.

Infelizmente, essa seção tem suscitado mais controvérsia do que qualquer outra seção de todo o livro, principalmente no que se refere ao Milênio – a referida menção a um período de mil anos. Tal é a importância do tema que ele será analisado à parte.[83] Essa análise incluirá uma completa exegese do texto, por isso teremos aqui apenas um resumo.

É vital observar a mudança das revelações audíveis para as visuais. Em toda a seção anterior, João afirma: "Ouvi" (18.4; 19.1,6). Então, a frase repetida passa a ser: "Vi", até que, finalmente, retorna a "Ouvi" (em 21.3).

Quando o trecho visual é analisado, discerne-se claramente uma série de sete visões. Não fosse pela violação injustificada das divisões de capítulos (20 e 21), essa revelação em sete partes teria sido identificada pela maioria dos leitores. Da forma como está, contudo, poucos a percebem. Esse é o último "sete" no livro de Apocalipse. Assim como ocorre com os setes anteriores, os primeiros quatro estão inter-relacionados, os dois seguintes não apresentam uma conexão próxima e o último está isolado (vamos postergar seu estudo até examinarmos os capítulos 21–22). Eles podem ser enumerados da seguinte forma:

1. PARÚSIA[84] – Segundo advento (19.11-16)
   Rei dos reis, Senhor dos senhores
   (e *logos* = "palavra")
   Cavalos brancos, mantos tingidos de sangue

2. CEIA/BANQUETE (19.17-18)

---
83 Veja as páginas 263-342.
84 NdT: Forma aportuguesada do grego *parousia*.

Convite angelical às aves [...]
[...] para se fartarem com os corpos

3. ARMAGEDOM (9.19-21)
    Reis e exércitos destruídos
    (pela "palavra" = *logos*)
    Duas bestas lançadas no lago de fogo

4. SATANÁS (20.1-3)
    Acorrentado e banido para o "abismo"
    Mas por tempo limitado

* * * *

5. MILÊNIO (20.4-10)
    Santos e mártires reinam (primeira ressurreição)
    Satanás liberto e lançado no lago de fogo

6. JULGAMENTO (20.11-15)
    Ressurreição geral de todo o "restante"
    dos seres humanos
    Abertos os livros e o livro da vida

7. RECRIAÇÃO (21.1-2)
    Novo céu e nova terra
    Nova Jerusalém

Esse esboço indica de forma clara uma série consecutiva de eventos, começando com a segunda vinda e terminando com a nova criação. Algumas referências cruzadas internas servem de confirmação (por exemplo, 20.10 refere-se a 19.20). Infelizmente, com o intuito de favorecer os interesses de um sistema teológico, os comentaristas tentaram desconstruir essa sequência (alegando, por exemplo, que o capítulo 20 precede o 19). Mas a ordem nesses últimos capítulos é muito mais evidente do que no trecho central de Apocalipse – e isso é muito significativo.

Os inimigos do povo de Deus, por exemplo, são expulsos de cena na ordem inversa à sua introdução. Satanás aparece no capítulo 12, as duas bestas aparecem no capítulo 13 e a Babilônia, no 17. A Babilônia desaparece no capítulo 18, as duas bestas, no capítulo 19 e Satanás, no capítulo 20. A cidade cai antes da volta de Cristo, mas é necessário que ele esteja na terra para lidar com a trindade profana formada pelo diabo, pelo anticristo e pelo falso profeta.

A maioria dos estudiosos reconhece a visão inicial que João teve de Jesus como um retrato da segunda vinda (apenas alguns, por força de interesses teológicos, afirmam que ela se refere à primeira vinda). O retorno de Jesus à terra, contudo, causará consternação aos poderes estabelecidos. Chocados com seu reaparecimento, eles planejarão um segundo assassinato. Dessa vez, no entanto, um pequeno pelotão de guardas será totalmente inadequado visto que milhões de seus devotos seguidores terão se unido a ele em Jerusalém (1Ts 4.14-17). Uma gigantesca força militar se reunirá alguns quilômetros ao norte da planície de Esdrelão, ao pé do monte de Megido (em hebraico, *Har-Mageddon*): é a encruzilhada do mundo, que pode ser avistada de Nazaré. Ali, muitas batalhas foram travadas e muitos reis morreram (Saul e Josias entre eles).

Jesus precisa apenas de uma palavra para ressuscitar os mortos ou aniquilar os vivos. É mais uma sentença proferida do que uma batalha travada. Os abutres cuidarão dos cadáveres – são muitos os corpos para que sejam sepultados.

A essa altura, há várias revelações surpreendentes. As duas bestas não são mortas, mas lançadas vivas no inferno – os primeiros seres humanos que entram ali. O diabo não é enviado para lá, mas levado sob custódia – para ser novamente liberto mais tarde!

Acima de tudo, Jesus não destrói este mundo, mas assume ele mesmo o seu governo, preenchendo com seus fiéis seguidores – sobretudo os mártires – o vácuo político deixado pela trindade profana. Obviamente, será preciso que os santos ressuscitem dentre os mortos para que cumpram seu dever. Esse Reino terá a duração de mil anos, mas chegará ao fim quando o diabo – sob liberdade condicional – levar as nações a uma derradeira, porém malsucedida, rebelião que será contida pelo fogo dos céus.

Esse ínterim entre o retorno de Jesus e o Dia do Juízo é amplamente rejeitado na Igreja hoje, porém era a interpretação da igreja primitiva. As razões para essa mudança e seu consequente questionamento são discutidos a fundo na seção "A confusão em torno do Milênio" (páginas 263 a 342).

Há unanimidade quanto ao que ocorre a seguir. Um dia final de arrependimento é claramente ensinado em todo o Novo Testamento.

Ele é prenunciado por dois prodígios notáveis. A terra e o céu desaparecem. Sabemos (em 2Pe 3.10) que ambos serão desfeitos pelo calor. Os mortos, inclusive os que morreram no mar, reaparecem. Trata-se da segunda ressurreição, ou ressurreição "geral", e confirma que tanto o justo quanto o injusto ressuscitarão antes que enfrentem seu destino eterno (Dn 12.2; Jo 5.29; At 24.15). Alma e corpo serão lançados no lago de fogo (Mt 10.28; Ap 19.20). O tormento será, ao mesmo tempo, físico e mental (Lc 16.23-24). Desse modo, são agora abolidos tanto a morte, que separa corpo e espírito, quanto o Hades ou *Sheol* – a pousada dos mortos (20.14). A segunda morte, que não separa corpo e alma e tampouco os aniquila, assume o poder a partir desse momento.

Tudo o que se vê agora é o juiz assentado sobre um trono e, diante dele, aqueles que serão julgados e uma enorme pilha de livros. O trono é grande e branco, representando poder e pureza absolutos. É provável que não seja o mesmo trono visto no céu por João (4.2-4). Aquele não era descrito como "grande" ou "branco". Além disso, é pouco provável que aos ímpios ressurretos fosse permitido se aproximar do céu. De fato, não há indicação de que a cena no capítulo 20 ocorra novamente no céu; é mais provável que ocorra no local onde estava a terra, pois esta desapareceu deixando apenas seus habitantes passados e presentes. Antes de tudo, a pessoa que se assenta nesse trono não é identificada como Deus (como em 4.8-11). De fato, não é Deus. Outros textos bíblicos nos informam que ele delegou ao seu Filho, Jesus, a tarefa de julgar a raça humana: "Pois [ele] estabeleceu um dia em que há de julgar o mundo com justiça, por meio do homem que designou" (At 17.31; cf. Mt 25.31-32; 2Co 5.10). Os seres humanos serão julgados por um ser humano.

Não será um julgamento demorado. Todas as provas já foram reunidas e examinadas pelo juiz. Estão contidas em livros; volumes que, verdadeiramente mereceriam o título "Esta é sua vida"! Não se trata de uma seleção dos episódios louváveis da vida de uma pessoa para apresentação em um programa na TV, mas de um registro completo dos atos (e palavras; Mt 5.22; 12.36) de toda uma vida, do nascimento à morte. Podemos ser justificados pela fé, mas seremos julgados pelas obras [ações].

Fossem essas as únicas provas a ser consideradas, estaríamos todos condenados à segunda morte. Que esperança restaria a qualquer um de nós? Graças a Deus, outro livro será aberto naquele dia terrível. É o registro da vida do próprio juiz na terra, absolvendo-o e qualificando-o para julgar outros. É o "livro da vida do Cordeiro" (21.27). O livro, contudo, contém outros nomes além do nome do Cordeiro. Nele, foram anotados os nomes daqueles que estão "em Cristo" – os que viveram e morreram nele. Aqueles que foram ligados à videira verdadeira e nela permaneceram (Jo 15.1-8). Aqueles cujo fruto atesta sua união contínua com ele (Fp 4.3 – cf. Mt 7.16-20). Seus frutos são prova de sua fidelidade.

Seus nomes foram colocados nesse livro quando passaram a viver em Cristo, quando se arrependeram e creram (a frase "desde a criação do mundo" em 17.8 refere-se àqueles cujos nomes não estão registrados no livro e simplesmente significa "por toda a história humana"; o mesmo acontece em 13.8, embora a frase ali possa estar relacionada ao sacrifício do Cordeiro). Seus nomes não foram apagados do livro da vida porque eles venceram (3.5).

Somente aqueles cujos nomes ainda estão nesse livro escapam da segunda morte no lago de fogo. Em outras palavras, fora de Cristo não há qualquer esperança, pois "todos pecaram e estão destituídos da glória de Deus" (Rm 3.23). O evangelho é, portanto, exclusivo: "Não há salvação em nenhum outro [exceto Jesus], pois debaixo do céu não há nenhum outro nome dado aos homens pelo qual devamos ser salvos" (At 4.12). O evangelho, contudo, também deve ser inclusivo: "Vão pelo mundo todo e preguem o evangelho a todas as pessoas" (Mc 16.15 cf. Mt 28.19 e Lc 24.47).

A raça humana será, então, permanentemente dividida em dois grupos (Mt 13.41-43,47-50; 25.32-33). Para um deles, o destino já foi preparado (Mt 25.41). O lago (ou mar) de fogo existe há pelo menos mil anos (Ap 19.20). Para o outro grupo, uma nova metrópole foi preparada (Jo 14.2), porém não há lugar na terra onde ela possa ser localizada, tampouco um céu acima dela. Um novo universo se faz necessário.

CAPÍTULOS 21–22: O CÉU NA TERRA

É com grande alívio que entramos na seção final. A atmosfera muda drasticamente. As nuvens escuras se afastaram e o sol está brilhando outra vez – no entanto, o sol também desapareceu, para ser substituído pela muito mais reluzente glória de Deus (21.23).

Esse é o ato final de redenção que traz salvação a todo o universo. É a obra "cósmica" de Cristo (Mt 19.28; At 3.21; Rm 8.18-25; Cl 1.20; Hb 2.8), a renovação do céu e da terra.[85] Os cristãos já receberam novos corpos [glorificados] quando Jesus retornou à antiga terra. Agora receberão um novo meio ambiente que corresponda a seus novos corpos.

Os dois primeiros versículos cobrem a última visão da sequência de sete conferidas a João (19.11 a 21.2) – o clímax dos eventos finais da história. Mas não acaba aí. Nesse novo universo, observamos uma criação "especial", no âmbito da criação "geral". Assim como Deus plantou um jardim (Gn 2.8) no meio do primeiro universo, também aqui ele projetou e construiu uma "cidade jardim", a qual Abraão viu pela fé e pela qual ansiava (Hb 11.10).

Da mesma forma como o novo céu e a nova terra são reconhecidamente semelhantes aos antigos, a ponto de terem os mesmos nomes, essa cidade recebe o nome da capital de Davi. Jerusalém exerceu um papel importante no Antigo Testamento, e não é diferente no Novo. Jesus a chamou "cidade do grande Rei" (Mt 5.35 – cf. Sl 48.2). "Fora das portas da cidade" ele morreu, ressuscitou e subiu aos céus. Para essa mesma cidade ele retornará a fim de sentar-se no trono de Davi. No Milênio, ela será o lugar de "acampamento dos santos [de Deus], a cidade amada" (20.9).

A cidade terrena foi, de certo modo, uma réplica temporária da "Jerusalém celestial, a cidade do Deus vivo", da qual todos os crentes em Jesus já são cidadãos, ao lado dos anjos e dos santos (Hb 12.22-23). Isso, porém, não significa que a cidade original seja de alguma forma menos

---

85 Observe que "céu" significa "firmamento" – que chamamos de "espaço"; a mesma palavra aparece em 20.11 e 21.1.

real do que a réplica, uma delas física e a outra espiritual. A principal diferença entre as duas cidades diz respeito à localização. E isso mudará.

A cidade celestial "descerá do céu" e será colocada na nova terra. Será uma cidade real, física, construída, no entanto, com materiais muito diferentes! Infelizmente, desde que Agostinho defendeu a separação platônica dos reinos físico e espiritual, a Igreja tem mostrado dificuldades em aceitar o conceito da nova terra, muito menos uma cidade nela localizada. A equação do espiritual e intangível causou imenso dano às esperanças cristãs para o futuro. Esse novo universo e sua metrópole não serão menos físicos do que os antigos.

Apocalipse 21.3-8 é um comentário explicativo sobre essa visão final. A atenção é imediatamente desviada da nova criação para seu Criador. Observe a transição do que João "viu" para o que ele "ouviu". Mas de quem era a forte voz que ouviu? A voz fala sobre Deus na terceira pessoa, e depois, na primeira. Trata-se certamente das palavras de Cristo (cf. 1.15). A frase "assentado no trono" é a mesma do capítulo anterior (cf. 20.11 e 21.5). Nos dois contextos, o juízo é expresso e há menção ao lago de fogo (cf. 20.15 e 21.8). Além disso, uma afirmação idêntica a essa voz é feita por Jesus no epílogo (cf. 21.6 e 22.13). Todavia, o trono de Deus e do Cordeiro são vistos posteriormente como um só (22.1).

Seguem três afirmações surpreendentes:

A primeira é a mais notável revelação a respeito do futuro encontrada em todo o livro. O próprio Deus está mudando de residência – do céu para a terra! Virá morar com os seres humanos no endereço deles, deixando de ser o "Pai nosso, que estás nos céus" (Mt 6.9) para ser o "Pai nosso, que estás na terra", no mais íntimo relacionamento entre seres humanos e divinos. Visto que toda a morte, tristeza e dor opõem-se à natureza de Deus, nessa [nova] terra elas não terão lugar. Não haverá mais separação, não haverá mais lágrimas. Lembramos aqui a única outra menção bíblica à presença de Deus na terra: seu passeio no jardim do Éden (Gn 3.8). Novamente, a Bíblia completa o círculo.

A segunda é a frase: "Estou fazendo novas todas as coisas" (Ap 21.5). Aqui, o carpinteiro de Nazaré declara ser o Criador do novo universo, assim como foi do antigo (Jo 1.3; Hb 1.2). Sua obra não se limita à regeneração de pessoas, embora isso também se classifique como "nova criação" (2Co 5.17). Jesus também está restaurando todas as coisas.

Há um grande debate sobre as palavras "novo" e "nova". Quão novo será esse novo universo? Será uma simples reforma do antigo ou uma criação novinha em folha? Há duas palavras para "novo" na língua grega (*kainos* e *neos*), mas elas são de certa forma sinônimas e o uso da primeira não esclarece a questão. Referências ao antigo universo sendo "desfeito pelo calor" (2Pe 3.10) e tendo "passado" (Ap 21.1) sugerem erradicação, e não transformação. O processo, contudo, já começou – com a ressurreição de Jesus. Seu velho corpo, envolto nos lençóis, dissolveu-se, e Jesus ressurgiu da morte com um novo e glorioso corpo (Fp 3.21).[86] A verdadeira conexão entre os dois corpos está oculta na escuridão do túmulo, mas o que ali se passou um dia acontecerá em escala universal.

A terceira afirmação expressa as implicações práticas dessa nova criação para os leitores de Apocalipse (observe que João precisou ser lembrado de continuar registrando o que ouvia, pois as palavras eram "verdadeiras e dignas de confiança"; 21.5). Por um ângulo positivo, está a promessa de que os sedentos serão saciados com a "água da vida" (21.6;

---

86 Confira meu livro *Understanding the Resurrection* [Compreendendo a ressurreição].

22.1,17). Isso, no entanto, deve nos encorajar a viver uma vida vencedora, para que herdemos um lugar na nova terra e nela desfrutemos do relacionamento com Deus, nosso Pai.

Por um ângulo negativo, está o alerta: os que não vencerem, mas forem covardes, infiéis, imorais ou enganadores, jamais tomarão parte de tudo isso, mas acabarão "no lago de fogo que arde com enxofre. Esta é a segunda morte" (21.8). É necessário salientar que esse alerta, bem como todo o livro, é dirigido aos crentes rebeldes, não aos incrédulos. Jesus não dirige a maior parte das exortações a respeito do inferno aos pecadores, mas aos seus próprios discípulos.[87]

Nesse momento, um anjo conduz João por um tour pela nova Jerusalém e pela vida da cidade (é tão estapafúrdia a ideia de que os acontecimentos seguintes sejam, na realidade, uma recapitulação da velha Jerusalém no Milênio que nem vamos considerá-la; é evidente que o versículo 10 amplia o versículo 2). A descrição é de tirar o fôlego, esgota o vocabulário e, por isso, desperta a pergunta crucial: Quanto essa descrição é literal e quanto é simbólica?

Por um lado, encarar o texto de forma totalmente literal não parece certo. É evidente que João está descrevendo o indescritível (Paulo teve a mesma dificuldade quando as realidades celestiais lhe foram apresentadas; 2Co 12.4). Repare na frequência com que João usa uma comparação ("como" ou "semelhante" em 21.11, 18, 21; 22.1), portanto todas as analogias são somente aproximadas e definitivamente inadequadas. As realidades retratadas aqui com imperfeição, contudo, devem ser ainda mais maravilhosas do que isso.

Por outro lado, também parece errado encarar o texto de forma totalmente simbólica. Levado a esse extremo, o

---

87 Veja meu livro *The Road to Hell* [A estrada para o inferno].

quadro todo se dissipa em ficção espiritual, que não faz justiça à nova terra como um lugar específico.

Para destacar o problema, podemos indagar: A nova Jerusalém representa um lugar ou um povo? A pergunta surge porque a cidade é chamada de "noiva", nome que anteriormente indicava um povo – a Igreja (em 19.7-8). A princípio, essa é apenas uma analogia (em 21.2, "como uma noiva") e qualquer um que tenha assistido a um casamento judaico entenderá a semelhança das roupas de cores fortes ornamentadas com joias. Mais adiante, no entanto, a cidade é especificamente designada "a noiva, a esposa do Cordeiro" (21.9). O anjo, prometendo mostrar a João "a noiva", mostra-lhe a cidade (21.10), embora a visão passe a revelar a vida de seus habitantes (21.24–22.5).

A resposta ao dilema é muito mais óbvia para um judeu do que para um cristão. "Israel", a noiva de Yahweh, sempre foi um povo e um lugar, profundamente envolvidos um com o outro, o que explica todas as promessas proféticas da restauração definitiva do povo à sua própria terra. Os cristãos, por sua vez, representam um povo que não tem a própria terra, são estrangeiros, peregrinos, viajantes de passagem, a nova diáspora, o povo de Deus disperso e exilado (Tg 1.1; 1Pe 1.1). O céu é nosso "lar". No entanto, o céu finalmente desce à terra. Judeus e gentios, unidos, serão o povo estabelecido em um lugar. Por essa razão, estão escritos na cidade os nomes das doze tribos e dos doze apóstolos (21.12-14).

Essa unificação dupla de judeus e gentios, céu e terra, é fundamental para o propósito eterno de Deus "de fazer convergir em Cristo todas as coisas" (Ef 1.10; Cl 1.20). A "noiva", portanto, que se torna uma, tanto em si mesma quanto com seu marido, é um povo e um lugar. E que lugar!

As medidas têm clara importância, sendo todas elas múltiplos de 12. O *tamanho* é gigantesco: com mais de dois mil quilômetros em cada uma das três dimensões, a cidade cobriria a maior parte da Europa ou caberia na lua se ela fosse oca. Em outras palavras, ela é grande o bastante para acomodar todo o povo de Deus. Seu *formato* também é significativo; assemelha-se mais a um cubo do que a uma pirâmide, indicando uma cidade "santa" como o cúbico "santo dos santos" do tabernáculo e do templo. A serventia dos muros é determinar o que fica de fora, não necessariamente proteger o que está dentro, pois as portas estão sempre abertas. Não há ameaça de perigo, por isso seus habitantes entram e saem livremente.

Os materiais usados em sua construção já nos são conhecidos, mas somente a referência a raras pedras preciosas, que nos oferecem um pequeno vislumbre do céu. A lista apresentada aqui é uma das provas mais admiráveis da inspiração divina desse livro. Agora que somos capazes de produzir luz "mais pura" (polarizada e a laser), uma qualidade antes desconhecida das pedras preciosas pode ser revelada. Quando porções delgadas das pedras são expostas à luz polarizada cruzada (por exemplo, com a sobreposição de duas lentes de óculos de sol no ângulo certo), elas se dividem em duas categorias muito distintas. As pedras isotrópicas perdem toda a sua cor, pois seu brilho depende de raios aleatórios (diamantes, rubis e granadas). As pedras anisotrópicas, independentemente de sua cor original, produzem todas as cores do arco-íris em padrões deslumbrantes. Todas as pedras da nova Jerusalém pertencem à segunda categoria! Ninguém poderia ter esse conhecimento quando Apocalipse foi escrito – exceto o próprio Deus!

Outro aspecto extraordinário dessa descrição é o fato de haver, em apenas 32 versículos, 50 alusões ao Antigo Testamento (principalmente Gênesis, Salmos, Isaías, Ezequiel e Zacarias). Cada característica é, na realidade, o cumprimento das esperanças dos judeus expressas em profecia. É também uma comprovação de que todas as profecias do Antigo e do Novo Testamento se originam da mesma fonte (1Pe 1.11; 2Pe 1.21). Apocalipse é o clímax e a conclusão de toda a Bíblia.

Quando o enfoque da demonstração angelical passa a ser a vida desfrutada pelos habitantes da cidade, encontramos algumas surpresas. Talvez o maior contraste com a velha Jerusalém seja a ausência de um prestigioso templo que concentre a adoração em um local específico (ou em um tempo determinado?). Toda a cidade é templo de Deus, onde os remidos "o servem dia e noite" (Ap 7.15), o que sugere que o trabalho e a adoração se harmonizam outra vez, como acontecia com Adão (Gn 2.15 – Adão não foi instruído a separar um dia entre sete para a adoração).

A cidade será enriquecida com a cultura internacional (Ap 21.24,26). Jamais será contaminada pelo comportamento imoral (21.27). É por essa razão que os crentes condescendentes com o pecado correm o risco de ter seus nomes riscados do "livro da vida do Cordeiro" (3.5; 21.7-8).

O rio e a árvore da vida serão garantia contínua de saúde. Como no princípio, a alimentação será à base de frutas, e não de carne (Gn 1.29), embora, antes disso, ninguém esteja obrigado a seguir a dieta vegetariana (Gn 9.3; Rm 14.2; 1Tm 4.3).

Acima de tudo, os santos viverão na presença de Deus. Contemplarão de fato o seu rosto; o privilégio antes concedido a poucos (Gn 32.30; Êx 33.11) será usufruído por todos, daquele momento em diante (1Co 13.12). Eles terão no próprio rosto o reflexo de Deus, seu nome escrito na testa, da mesma forma como, anteriormente, outros foram marcados com o número da besta (Ap 13.16). Reinarão para todo o sempre, não uns sobre os outros, mas provavelmente sobre a nova criação como foi originalmente designado

(Gn 1.28). Dessa forma servirão ao Criador.

É preciso enfatizar mais uma vez que os seres humanos não foram ao céu para ficar com o Senhor para sempre; é Deus quem vem à terra para desfrutar da eterna companhia de seu povo. A nova Jerusalém é, ao mesmo tempo, tabernáculo divino e humano – um lugar de habitação permanente.

Novamente, João precisa ser lembrado de registrar tudo por escrito. Sua distração é compreensível!

* * * *

O epílogo (Ap 22.7-21) tem muitos aspectos em comum com o prólogo (1.1-8). Os dois trechos usam o mesmo título para Deus e para Cristo (1.8; 22.13). Essa exortação final é totalmente trinitariana: Deus, o Cordeiro e o Espírito estão presentes.

Há uma forte ênfase na conscientização de que o tempo é curto. Jesus virá "em breve" (22.7,12,20). O fato de muitos séculos terem se passado desde que essas palavras foram ditas e escritas não deve nos levar à complacência; certamente estamos muito mais próximos das "coisas que em breve hão de acontecer" (22.6).

Ainda vivemos o tempo oportuno para salvação. O sedento ainda pode beber da água da vida ofertada gratuitamente (22.17). As escolhas, contudo, devem ser feitas agora. Perto está o dia em que o rumo moral de nossas vidas será para sempre definido (22.11). Sete vezes faraó endureceu seu coração contra o Senhor, por isso Deus endureceu o coração do faraó outras três vezes (Êx 7–11; Rm 9.17-18). Virá o momento em que isso acontecerá a todos os que desafiarem e desobedecerem à sua vontade.

No final, há somente duas categorias de pessoas: aquelas que "lavam as suas vestes" (Ap 22.14 – cf. 7.14) e, portanto, entram na cidade, e as que são mantidas do lado de fora

(22.15), como acontece hoje com os cães selvagens no Oriente Médio, que vivem nos arredores da cidade. Aqui, pela terceira vez, uma lista de delitos desqualificadores é incluída nesse sublime desfecho (21.8,27; 22.15), como se aos leitores jamais fosse permitido esquecer que as glórias do futuro não lhes sobrevirão simplesmente por crerem em Jesus e pertencerem a uma igreja, mas porque "prosseguiram para o alvo, a fim de ganhar o prêmio do chamado celestial de Deus em Cristo Jesus" (Fp 3.14) e que se esforçaram "para ser santos [...] pois sem santidade ninguém verá o Senhor" (Hb 12.14).

Outra maneira pela qual os crentes podem rejeitar esse futuro é adulterando o livro de Apocalipse, seja pelo acréscimo seja pela subtração de qualquer informação. Trata-se de uma profecia, a palavra de Deus dada por meio de seu servo, e alterá-la de qualquer forma é cometer sacrilégio, ficando, portanto, sujeito à mais severa das punições. É improvável que os incrédulos se deem ao trabalho de fazê-lo. É muito mais plausível que seja algo feito pelos que assumem a tarefa de explicar e interpretar o seu texto a outros. Que Deus tenha misericórdia deste pobre autor caso tenha cometido tal afronta!

A mensagem final, no entanto, é positiva e pode ser resumida em uma palavra: "Vem!"

Por um lado, esse convite nos lábios da Igreja é dirigido ao mundo, a "todo aquele" que responder ao evangelho (Ap 22.17 – cf. Jo 3.16). Por outro lado, ele é dirigido ao Senhor: "Amém. Vem, Senhor Jesus" (22.20).

Esse apelo duplo é uma marca distintiva da verdadeira noiva, que é movida pelo Espírito (22.17) e está experimentando a graça do Senhor Jesus (22.21). Todos os santos exclamam "Vem!" tanto ao mundo renegado quanto ao Senhor que logo retornará.

CAPÍTULO 9

A CENTRALIDADE DE CRISTO

Esse último livro da Bíblia é a "revelação de Jesus Cristo" (1.1). O genitivo ("de") pode ser compreendido de duas formas: é revelação por ele ou sobre ele. É possível que esse sentido duplo seja intencional. De qualquer maneira, Jesus é o tema central da mensagem.

Se o tema é o fim do mundo, Jesus é "o fim", assim como foi "o princípio" (22.13). O plano de Deus é "fazer convergir em Cristo todas as coisas, celestiais ou terrenas" (Ef 1.10).

Tanto o prólogo quanto o epílogo concentram-se no retorno de Jesus ao planeta Terra (1.7; 22.20). O eixo sobre o qual a história futura se desloca do pior para o melhor período é a segunda vinda (19.11-16).

"Este mesmo Jesus [...] voltará" (At 1.11). Ele é o Cordeiro de Deus que veio a primeira vez para "tirar o pecado do mundo" (Jo 1.29). Em todo o livro de Apocalipse, o Cordeiro "parecia ter estado morto" (5.6). Presume-se que as cicatrizes em seu corpo (cabeça, lado, costas, mãos e pés) ainda estivessem visíveis (Jo 20.25-27). Em Apocalipse, muitos versículos nos lembram que ele derramou seu sangue para redimir seres humanos de todas as raças e etnias (5.9; 7.14; 12.11).

No entanto, o Jesus de Apocalipse também é muito diferente do homem da Galileia. Mesmo tendo sido João seu discípulo mais chegado (Jo 21.20), a aparição de Jesus foi tão impressionante que João caiu como morto a seus pés (1.17). Como já mencionamos, na visão, ele tinha cabelos brancos como a lã, olhos como chama de fogo, língua afiada e pés reluzentes.

Embora encontremos breves exemplos da ira de Jesus nos Evangelhos (Mc 3.5; 10.14; 11.15), sua incessante ira em Apocalipse aterroriza os corações dos homens, que preferirão ser esmagados por rochas que resvalam dos montes, em vez de fitar seus olhos nele (6.16-17). Não há um sinal do "Jesus manso e humilde" e, mesmo que esses atributos sejam discutíveis, essa descrição nesse contexto parece um tanto quanto inapropriada.

Muitos creem que Jesus pregava e praticava o pacifismo, muito embora ele tivesse afirmado: "Não pensem que vim trazer paz à terra; não vim trazer paz, mas espada" (Mt 10.34; Lc 12.51). É claro que suas palavras podem ser espiritualizadas, mas não é tão fácil justificá-las em Apocalipse, pois a compreensão mais natural do final é encará-lo como um conflito físico.

Jesus desce do céu montado em um cavalo de guerra, não um jumentinho da paz (Zc 9.9; Ap 19.11; cf. 6.2). Seu manto está "tingido de sangue" (19.13), mas não de seu próprio sangue. Embora a única espada que empunhe seja sua língua, seu efeito é o massacre de milhares de reis, generais e homens poderosos (tanto aqueles que se voluntariaram como os que foram convocados); essa mesma língua havia, certa vez, proferido palavras que causaram a morte a uma figueira (Mc 11.20-21).

Jesus é claramente retratado aqui como o responsável por um massacre, seguido pelos abutres que farão a limpeza! Esse retrato vívido vem como um choque aos respeitáveis adoradores acostumados a vê-lo com seu olhar benévolo, estampado nos vitrais coloridos das igrejas. Surpresa ainda maior terão os que costumam apresentá-lo em peças natalinas como um indefeso bebê no presépio. Ele jamais será assim novamente.

Jesus mudou? Sabemos que o avanço da idade abranda alguns. Outros, porém, tornam-se irritadiços e até maldosos. Isso aconteceu com ele com o passar dos séculos? Espero que não!

Não foi seu caráter ou personalidade que mudou, mas sua missão. Sua primeira vinda tinha o intuito de "buscar e salvar o que estava perdido" (Lc 19.10). Ele não veio "para condenar o mundo, mas para que este fosse salvo por meio dele" (Jo 3.17). Veio oferecer aos seres humanos a oportunidade de serem libertos do poder do pecado antes de executar juízo, destruindo todo pecado. Sua segunda vinda tem o propósito oposto – destruir em vez de salvar, punir o pecado em vez de perdoá-lo, "julgar os vivos e os mortos", como declara o Credo Niceno.

A frase "Jesus ama o pecador, mas odeia o pecado" tornou-se um clichê. A primeira afirmação é percebida nitidamente em sua primeira vinda; a segunda será também evidente quando ele vier outra vez. Os que se apegam aos seus pecados devem enfrentar as consequências. Naquela ocasião, "o Filho do homem enviará os seus anjos, e eles tirarão do seu Reino tudo o que faz tropeçar e todos os que praticam o mal" (Mt 13.41). Essa limpeza será tão meticulosa quanto justa. Para que seja totalmente justa, no entanto, deve ser aplicada tanto aos crentes como aos incrédulos (conforme Paulo ensina sem rodeios em Rm 2.1-11, concluindo com "Pois em Deus não há parcialidade").

Mais uma vez, precisamos nos lembrar que o livro de Apocalipse é dirigido exclusivamente aos que passaram pelo novo nascimento. As descrições da feroz oposição de Jesus ao pecado têm como objetivo infundir um temor saudável nos santos, como um incentivo para que "obedeçam aos mandamentos de Deus e permaneçam fiéis a Jesus" (14.12).

Aqueles que experimentaram a graça de nosso Senhor Jesus Cristo se esquecem com facilidade que ele ainda será seu Juiz (2Co 5.10). Aqueles que o conhecem como amigo e irmão (Jo 15.15; Hb 2.11) têm a tendência de ignorar seus atributos mais radicais. No mínimo, ele é digno de "louvor, e honra, e glória e poder, para todo o sempre!" (5.13).

Entre os 250 nomes e títulos concedidos a Jesus nas Escrituras, um número considerável é usado em Apocalipse e alguns estão exclusivamente aqui, não sendo encontrados em outras passagens. Ele é o Primeiro e o Último, o Princípio e o Fim, o Alfa e o Ômega. Ele é o Soberano da criação de Deus. Essa é *sua relação com o universo*. Ele esteve envolvido em sua criação, é responsável por sua continuidade e promoverá sua consumação (Jo 1.3; Cl 1.15-17; Hb 1.1-2).

Ele é o Leão da tribo de Judá, a Raiz (e renovo) de Davi. Essa é *sua relação com Israel, o povo escolhido de Deus*. Ele era, é e sempre será o Messias judeu.

Ele é santo e verdadeiro, fiel e verdadeiro, a testemunha fiel e verdadeira. É aquele que vive, que foi morto e vivo está para todo o sempre, que tem as chaves da morte e do Hades. Essa é *a relação de Cristo com a Igreja*. A Igreja precisa lembrar-se da paixão de Jesus pela verdade, que conduz à realidade e à integridade, em oposição à hipocrisia.

Ele é o Rei dos reis, o Senhor dos senhores. É a resplandecente estrela da manhã, a única cujo brilho persiste quando todas as outras (inclusive astros da música e do cinema!) desaparecem. Essa é *a relação de Cristo com o mundo*. Um dia, a autoridade de Jesus será reconhecida em todo o universo.

Muitos desses títulos são introduzidos por uma conhecida expressão encontrada no Evangelho de João: "Eu sou". Não se trata apenas de uma afirmação pessoal. A expressão é tão semelhante ao nome por meio do qual Deus se revelou a Israel, que Jesus sofreu vários atentados e, finalmente, foi executado por referir-se a si mesmo usando o nome de Deus (Jo 8.58-59; Mc 14.62-63). Seu intuito de indicar que partilhava da igualdade e da divindade com Deus confirma-se em Apocalipse, quando são atribuídos ao Pai e ao Filho exatamente os mesmos títulos, como, por exemplo, "Alfa e Ômega" (1.8 e 22.13).

O mundo está chegando ao seu fim, mas esse fim é pessoal, não impessoal. Na realidade, o fim é uma pessoa. Jesus é o fim.

Se estudamos Apocalipse com o principal objetivo de descobrir para onde irá o mundo, então deixamos de compreender sua mensagem central. A mensagem essencial é para quem o mundo irá ou, melhor, quem virá ao mundo.

Os cristãos são de fato os únicos que anseiam pelo fim. Cada geração espera que esse fim aconteça durante sua existência. Para eles, o fim não é um evento, mas uma pessoa. Eles aguardam ansiosamente por "quem virá", não pelo "que acontecerá".

O penúltimo versículo (22.20) contém um resumo muito pessoal de todo o livro: "Aquele que dá testemunho destas coisas diz: 'Sim, venho em breve!' Amém. Vem, Senhor Jesus!"

CAPÍTULO 10

AS RECOMPENSAS DO ESTUDO

Já comentamos que Apocalipse é o único livro da Bíblia que expressa tanto uma bênção aos que o leem quanto uma maldição aos que fazem qualquer alteração em seu conteúdo (1.3; 22.18-19). A título de resumo, vamos agora enumerar dez benefícios que resultam do estudo de sua mensagem e servem de grande auxílio aos que vivem a autêntica vida cristã.

A COMPLETUDE DA BÍBLIA
O estudante começará a partilhar do conhecimento de Deus, que faz o fim conhecido desde o início (Is 46.10). A história está completa. O final feliz é revelado. O romance termina com o casamento, que marca o início do verdadeiro relacionamento. Sem essa revelação, a Bíblia estaria incompleta e deveria ser conhecida como a "versão amputada"! A notável semelhança entre a primeira e a última página das Escrituras Sagradas (a árvore da vida) é coerente com tudo que se situa entre elas.

UMA DEFESA CONTRA A HERESIA
É bastante comum que certos cultos e seitas, cujos representantes vêm bater à nossa porta, se especializem em Apocalipse. Seu aparente conhecimento impressiona os cristãos, que jamais entenderam o livro principalmente pela

falta de ensino (e de professores que dominem o tema). Esses cristãos são incapazes de desafiar a interpretação oferecida pelas seitas, que pode ser bastante excêntrica. O único jeito de se defender contra a heresia é ter conhecimento superior.

UMA INTERPRETAÇÃO DA HISTÓRIA

Uma noção superficial dos temas atuais pode impedir qualquer pessoa de discernir o rumo a seguir. Ciente de que os eventos futuros são precedidos por sinais, o cristão que estuda Apocalipse encontrará espantosa equivalência com os acontecimentos em âmbito mundial, que claramente rumam para o estabelecimento de um governo mundial, com uma moeda mundial. Qualquer pregador que exponha o livro sistematicamente receberá de seus ouvintes muitos links de matérias de jornal relacionadas e relevantes.

UMA ESPERANÇA BEM FUNDAMENTADA

Tudo segue conforme o plano – o plano de Deus. Ele ainda está no trono, dirigindo os acontecimentos que rumam ao fim – Jesus. Apocalipse nos assegura que o bem triunfará sobre o mal, que Cristo derrotará Satanás e os santos um dia governarão o mundo. Nosso planeta será limpo de toda poluição, tanto física quanto moral. Até o universo será reciclado. A esperança de que todas essas coisas acontecerão é a "âncora da alma" nas tempestades da vida (Hb 6.19). O paganismo, o secularismo e o humanismo apenas parecem ganhar terreno; seus dias estão contados.

UMA RAZÃO PARA EVANGELIZAR

Não há apresentação mais clara das alternativas de destino para a raça humana – novo céu e nova terra ou o lago de fogo; regozijo ou tormento eternos. A oportunidade de escolher não durará eternamente. O Dia do Juízo chegará e cada indivíduo da raça humana deverá responder por seus atos.

"Quem tiver sede, venha; e quem quiser, beba de graça da água da vida" (22.17). O convite – "Venha!" – é apresentado em conjunto pelo Espírito e pela noiva [a Igreja]".

UM ESTÍMULO À ADORAÇÃO

O livro de Apocalipse está repleto de adoração em cânticos e brados de muitas vozes. Há 11 cânticos principais que têm inspirado muitos outros hinos ao longo dos tempos, desde "O Messias", de Handel, até "Vencendo vem Jesus" (Já refulge a glória eterna de Jesus, o Rei dos reis...). A adoração é direcionada a Deus e ao Cordeiro, não ao Espírito; e jamais aos anjos. "Como os anjos, que o louvam, eu também o louvarei".

UM ANTÍDOTO CONTRA O MUNDANISMO

É muito fácil ter uma mente centrada nas coisas terrenas. Como nos lembra o poeta William Wordsworth [tradução livre]:

O mundo está impregnado em nós; estamos atrasados ou adiantados.

Ganhando e gastando, esgotamos nossas forças, exauridos,

Não há do que se orgulhar, pois, da Natureza, fomos destituídos.

Apocalipse nos ensina a pensar mais no lar eterno do que na "casa ideal" e transitória, mais em nosso corpo ressurreto do que no envelhecimento de nossa carcaça.

UM INCENTIVO À RETIDÃO

A vontade de Deus para nós é: santidade hoje e felicidade na vida futura. Não o contrário, como muitos cristãos entendem a vontade de Deus. A santidade é essencial para que possamos sobreviver ao sofrimento do presente, vencer a tentação interior e a perseguição exterior. Apocalipse nos desperta de nossa frouxidão, complacência e indiferença, lembrando-nos de que Deus é "santo, santo, santo" (4.8) e que, quando Jesus voltar, somente os santos participarão da primeira ressurreição (20.6). Todo o livro e, principalmente, as sete cartas do início confirmam o princípio de que "sem santidade ninguém verá o Senhor" (Hb 12.14).

UMA PREPARAÇÃO PARA A PERSEGUIÇÃO

Essa, certamente, é a razão fundamental para que o livro de Apocalipse fosse escrito. Sua mensagem é clara aos cristãos que estão sofrendo por sua fé, encorajando-os a perseverar e vencer, preservando assim seus nomes no livro da vida e sua herança na nova criação. Jesus previu que seus seguidores seriam odiados de todas as nações antes que viesse o fim (Mt 24.9). Portanto, todos nós temos de estar preparados.

Leitor, se o seu país ainda não sofre com a perseguição, saiba que ela certamente virá. E Jesus também virá, diante de quem os covardes serão "vergonhosamente expostos" (16.15) e condenados ao inferno (21.8).

UM ENTENDIMENTO A RESPEITO DE CRISTO

Com Apocalipse, a imagem de nosso Senhor e Salvador está completa. Sem esse livro, o retrato seria desequilibrado, até distorcido. Se os Evangelhos o apresentam em seu papel de profeta e as Epístolas o mostram como sacerdote, em Apocalipse afirma-se sua posição de Rei, o Rei dos reis e o Senhor dos senhores. Em Apocalipse, vemos o Cristo que o mundo nunca viu, mas que um dia verá; o Cristo que os cristãos hoje veem pela fé e um dia verão face a face.

* * * *

AS RECOMPENSAS DO ESTUDO

Depois de estudar Apocalipse, ninguém consegue ser o mesmo. A mensagem do livro, contudo, pode ser esquecida. É por essa razão que sua bênção não está reservada somente aos que leem, mesmo em voz alta a outros, mas aos que guardam o seu conteúdo. É importante que a mensagem não seja apenas levada ao coração e à mente, mas também colocada em prática. "Sejam praticantes da palavra, e não apenas ouvintes, enganando-se a si mesmos" (Tg 1.22).

C.

A BASE LÓGICA DO ARREBATAMENTO

CAPÍTULO 11

A NOVA DOUTRINA

No início do século 19, uma perspectiva radicalmente nova da segunda vinda espalhou-se por todo o mundo. Podemos encontrá-la na maioria dos livros contemporâneos que tratam do tema. Em resumo: o retorno de Jesus ao planeta Terra foi dividido em duas partes – a "segunda" e "terceira" vindas estão separadas por alguns anos apenas, em contraste com os séculos que distanciam a primeira da segunda.

A "segunda" vinda seria invisível ao mundo; um evento particular. Um acontecimento breve, com um propósito apenas: levar todos os verdadeiros crentes para o céu *antes* da Grande Tribulação dos últimos anos, período que estará sob o domínio de Satanás, do anticristo e do falso profeta.

Esse arrebatamento da Igreja somente será observado pelo mundo devido ao desaparecimento repentino de uma proporção considerável da população e do caos que isso provocará. Sermões e filmes sensacionalistas preveem acidentes causados por carros sem motoristas e aviões sem pilotos!

Ainda mais significativo, especialmente para os crentes, é que esse arrebatamento acontecerá sem qualquer aviso. Visto que todas as profecias bíblicas que ainda não foram cumpridas[88] se referem à Grande Tribulação e ao período

---

88 Aproximadamente 150 entre as mais de 700 (PAINE, 1973).

subsequente, a vinda "secreta" de Jesus para levar sua Igreja ao céu seria o próximo evento no calendário divino. Pode, portanto, acontecer "a qualquer momento", frase preferida dos adeptos dessa visão; outros falam sobre sua iminência. Essa ausência de alertas serve, obviamente, como um forte motivo para estar sempre pronto.

A "terceira" vinda será assistida por todos e corresponde à expectativa tradicional da Igreja. Jesus descerá das nuvens "da mesma forma" como foi visto subir (At 1.11). A principal diferença é que ele não estará acompanhado apenas de seus anjos, mas também da Igreja, que terá levado ao céu anos antes. As duas vindas costumam ser distinguidas pelas frases "*para* seus santos" e "*com* seus santos".

A primeira visita geralmente é descrita como "arrebatamento secreto" ou simplesmente "arrebatamento". Não tem qualquer relação com o sentido de êxtase emocional, embora, sem dúvida, esse poderia ser um efeito colateral! O termo vem da Vulgata Latina, antiga tradução da Bíblia, que usa a palavra *raptura* para o termo grego *arpagesometha* em 1Tessalonicenses 4.17, cujo significado é "sequestrado". Mesmo no inglês arcaico, "ser arrebatado" significava "ser transportado de um lugar a outro". A palavra "transportar" também tem o mesmo sentido duplo, físico e emocional ("transporte mecanizado" e "música que nos transporta").

É importante compreender que *não há* discordância a respeito do arrebatamento em si. O texto bíblico citado ensina claramente que os crentes vivos, em contraste com os crentes mortos que ressuscitarão primeiro (1Ts 4.16), serão "*arrebatados* juntamente com eles nas nuvens, para o encontro com o Senhor". A questão é *quando* isso acontecerá – se em um evento particular e pouco visível ou na vinda pública presenciada por todos. Significativamente, essa passagem não oferece resposta alguma nem sequer reconhece a pergunta!

A essa altura, precisamos apresentar alguns termos técnicos geralmente usados para descrever o que se acredita a respeito da data em que acontecerá esse evento pelo qual anseiam todos os cristãos que creem na Bíblia. A visão que descrevemos até agora é conhecida como "arrebatamento pré-tribulação", pois seus adeptos acreditam que os cristãos serão removidos de cena antes das graves dificuldades, das quais eles escaparão. A visão antiga é então chamada de "arrebatamento pós-tribulação", segundo a qual os cristãos somente se encontrarão com Cristo nos ares depois do período de sofrimento que serão obrigados a enfrentar. Surgiu, recentemente, uma terceira perspectiva, chamada de "arrebatamento meso-tribulação", segundo a qual os cristãos experimentarão as primeiras tribulações, mas serão levados antes que elas se agravem. Mais adiante falaremos sobre essa terceira visão, porém ela nunca atraiu muitos adeptos e, basicamente, é apenas uma variação da "pré-tribulação". O principal debate ocorre entre as visões pré e pós-tribulação. Voltaremos a analisar a visão pré-tribulação.

Agora que temos um esboço desse novo ensinamento, talvez seja esclarecedor traçar sua história, que começa com três homens: um inglês, um irlandês e um escocês! Como já vimos, não há nenhum indício dessa teoria antes de 1830, o que nos leva a indagar o motivo, se é que ela é realmente encontrada nas Escrituras.

Há certo mistério sobre sua origem, embora alguns afirmem que se baseia em uma "profecia" feita por Margaret Macdonald, em Port Glasgow, Escócia.[89]

Fica evidente que a teoria teve origem no ensinamento

---

[89] Dave MacPherson tem alguns livros sobre o tema; por exemplo, *The Great Rapture Hoax* [A grande farsa do arrebatamento].

destes mestres: o reverendo Edward Irvine, que deixou uma igreja na Escócia para fundar a Igreja Católica Apostólica, cuja "catedral" vazia ainda se encontra em Albury, próximo a Guildford, em Surrey, o dr. Henry Drummond, proprietário do Albury Court, cuja biblioteca serviu de local para as conferências proféticas, das quais participou o reverendo John Nelson Darby, que deixou a igreja Anglicana para fundar a igreja dos Irmãos (ou da Irmandade).

Este último que citamos fez mais do que todos os outros para popularizar essa nova doutrina. Apesar de alguns de seus colegas do movimento, como George Müller, conhecido por seu orfanato em Bristol, nunca terem aceitado a ideia de um "arrebatamento secreto", esse tornou-se o ensino "ortodoxo" do qual poucos ousavam se desviar.

Cruzando o Atlântico, Darby persuadiu um advogado, o dr. C. I. Scofield, a adotar esse conceito. Scofield, por sua vez, o incorporou à Bíblia de Estudo Scofield, que mesclava de tal forma os comentários interpretativos e o texto inspirado, que os leitores tinham dificuldade em distingui-los. O arrebatamento secreto era, portanto, encontrado na "Bíblia"! Essa versão foi um sucesso de vendas e, provavelmente, a principal razão da assombrosa propagação desse conceito.

Hoje é ensinado em seminários teológicos[90] e lido por muitas pessoas em publicações que se tornaram populares.[91]

Aqui, é preciso deixar claro que essa doutrina dificilmente se sustenta por si só. Faz parte de todo um pacote teológico, geralmente denominado "dispensacionalismo", que analisaremos no capítulo 18, na seção "A confusão em

---

90 Dallas, Texas, é um dos mais conhecidos.
91 Hal Lindsay, que escreveu *A Agonia do Grande Planeta Terra*, foi aluno do Seminário Teológico de Dallas.

torno do Milênio" (páginas 336-341).

O dispensacionalismo surgiu na estrutura da Bíblia de Estudos de J.N. Darby. Ele enfatizava a necessidade de "*dividir* corretamente" a palavra da verdade (tradução da versão King James em inglês de 2Tm 2.15; a tradução da Nova Versão Internacional é mais precisa e usa "manejar corretamente"). Esse método de dividir as Escrituras extrapola em três direções.

Em primeiro lugar, esse método divide a história da Bíblia em sete eras ou dispensações distintas (que servem de título para esse esboço). São elas:

1. Inocência (Adão)
   A QUEDA

2. Autodeterminação (de Caim a Enoque)
   O DILÚVIO

3. O governo humano (de Noé a Terá)

4. Os patriarcas (de Abraão a José)

5. A Lei (de Moisés a Malaquias)
   A PRIMEIRA VINDA

6. A graça (a Igreja)
   A SEGUNDA VINDA

7. O Milênio (Israel)

Como um resumo das fases que representam a sequência da história, é algo inusitado. Mas um princípio crucial foi acrescentado à análise: que Deus dividiu em dispensações seu relacionamento com os seres humanos – ele instituiu bases totalmente distintas para a salvação em cada uma dessas épocas ou eras. Para cada uma ele fez uma aliança diferente e os textos bíblicos devem ser interpretados à luz de seus termos.

Segundo, ele fez uma separação entre o destino da Igreja (povo celestial de Deus) e o destino de Israel (povo terreno de Deus). A era da Igreja cristã e o Milênio judaico estão desconectados. Na eternidade, os cristãos estarão no céu e os judeus estarão na terra. O chamado "arrebatamento secreto" marca a inauguração dessa separação permanente. Israel assumirá o chamado da Igreja tanto para sofrer pelo evangelho quanto para propagá-lo na terra.

Terceiro, alinhado a tudo isso, ele dividiu a segunda vinda em dois eventos, separados por alguns anos, conforme o esboço acima.

É, portanto, bastante raro nesse esquema dispensacionalista que se acredite no arrebatamento secreto, isolado de seu contexto. Ou você aceita o pacote todo ou o rejeita por completo.

É bastante compreensível que esse ensino seja amplamente aceito. Exceto pelo "fundamento bíblico" que se apresenta (que veremos em detalhes na próxima seção e refutaremos na seguinte), essas são notícias muito bem-vindas.

Por um lado, é um imenso *consolo*. É muito gratificante ouvir que os cristãos serão levados antes da Grande Tribulação (conforme descrito em Ap 6–18), e que não há necessidade de nos prepararmos para tempos difíceis. Não estaremos por aqui quando as coisas piorarem de fato. A escatologia dá lugar à "escapologia"!

Por outro lado, é um tremendo *desafio*. O ensino de que Jesus pode voltar a qualquer momento e sem nenhum aviso para levar consigo seus seguidores é uma forte pressão sobre os incrédulos para que se unam aos crentes antes que seja tarde demais. Muitas crianças nas comunidades dos Irmãos aceitaram a Cristo somente porque temiam que seus pais pudessem desaparecer durante a noite (esse tipo de pressão não existe no evangelismo do Novo Testamento). Depois da conversão, esse ensino é um poderoso incentivo na busca da fidelidade e da santidade (isso sim pode ser visto no Novo Testamento, embora não se relacione ao momento da volta de Jesus, mas à prestação de contas que será exigida na ocasião, que é o principal incentivo).

Na prática, portanto, esse ensino alcançou resultados consideráveis na vida tanto de pecadores quanto de santos. Mas corresponde à verdade? É uma interpretação verdadeira das referências bíblicas sobre a segunda vinda? Seus adeptos e proponentes alegam que sim.

CAPÍTULO 12

O FUNDAMENTO BÍBLICO

O fato é que não há, no Novo Testamento, uma única afirmação clara de que haverá um "arrebatamento secreto" da Igreja antes da Grande Tribulação. Muitos apresentam 1Tessalonicenses 4 como texto-base. Embora o texto realmente fale de um "arrebatamento", nada ali sugere que seja secreto e não há qualquer indício de quando acontecerá, além da frase "até a vinda do Senhor", como se houvesse apenas uma.

Na ausência de qualquer menção explícita, os defensores apelam às inferências implícitas, que podem ser deduzidas a partir de várias passagens. Quando uma doutrina é construída sobre inferência, e não sobre afirmações claras, é muito maior o risco de lermos no texto bíblico o que, na verdade, não está lá (*eisegese*), em vez de extrairmos o que realmente o texto diz.

No entanto, vamos analisar primeiramente a teoria apresentada, deixando a crítica para o próximo capítulo. Há sete vertentes principais no argumento, embora algumas delas, de certa forma, tendam a se sobrepor. Tenha em mente que tudo deveria sustentar a ideia de um arrebatamento secreto da Igreja, que pode ocorrer a qualquer momento, antes do período de tribulação.

Afirmações sobre a *proximidade* de sua vinda. A recorrência do termo "em breve" (Ap 22.7, 12, 20; traduzido como "sem demora" na Almeida Revista e Atualizada) implica um evento iminente. Outras afirmações de que ele "está às portas" (Tg 5.9; cf. Mt 24.33) sugerem que seu próximo ato será o seu retorno. Por essa razão, no que se refere tanto ao tempo quanto ao espaço, somos levados a crer que a vinda de Jesus está muito próxima.

Afirmações referentes ao elemento *surpresa* de sua vinda. A frase "como um ladrão na noite" é usada por Jesus e por Paulo (hoje é título de um filme sensacionalista que propaga a teoria). Jesus declarou a seus discípulos que ninguém sabe quando ele voltará, "nem os anjos dos céus, nem o Filho, senão somente o Pai" (Mt 24.36), e exortou em seguida: "Portanto, vigiem, porque vocês não sabem em que dia virá o seu Senhor" (Mt 24.42). Há uma ênfase repetida na imprevisibilidade de seu reaparecimento.

A *linguagem* diferente usada para descrever seu retorno. No grego, são usados três substantivos: *parousia*, *epiphaneia* e *apokalypsis*.[92] O texto descreve que Jesus virá "para" seus santos e também "com" eles. Algumas vezes, a ocasião é descrita como "o dia de Cristo", outras como "o dia do Senhor". Afirma-se que, por trás dessa variedade de expressões, exista uma diferenciação entre duas vindas, uma secreta e uma pública. Os termos não são sinônimos e cada um deles se refere a um ou a outro evento.

A *expectativa* da igreja primitiva. O apelo à constante prontidão está presente em todo o Novo Testamento. Aparentemente, esse conceito baseia-se nas seguintes afirmações de Jesus: "Alguns dos que aqui estão de modo nenhum experimentarão a morte, antes de verem o Reino de Deus vindo com poder" (Mc 9.1) e "Eu lhes asseguro que não passará esta geração até que todas essas coisas aconteçam" (Mt 24.34). Se a igreja primitiva o esperava "a

---

92 Para uma definição de seu significado, consulte as páginas 34-35.

qualquer momento", muito mais deveríamos nós, passado tanto tempo.

A ausência da palavra *igreja* nas passagens sobre a tribulação (como Mt 24). Embora o termo seja frequente nos capítulos 1 a 3 de Apocalipse, ele não aparece em toda a seção central (capítulos 4–18), que descreve os terríveis últimos anos antes do retorno de Cristo (cap. 19). As palavras "eleitos" [ou escolhidos] e "santos" que, de fato, ocorrem nesses capítulos são termos conhecidos do Antigo Testamento e devem referir-se aos judeus deixados na terra durante a Grande Tribulação (Ap 7.1-8), enquanto a Igreja desfruta do alívio no céu (Ap 7.9-17). Acredita-se até mesmo que o convite feito a João em Patmos – "Suba para cá" (Ap 4.1) – também indique o momento em que a Igreja é arrebatada, escapando de tudo que virá a seguir.

A tribulação é um derramamento de *ira*. Depois dos selos e das trombetas, sete taças de ira são esvaziadas na terra, intensificando seus sofrimentos e tristezas (Ap 14.10,19; 15.7; 16.1). Os cristãos não podem ter parte nisso, pois foram salvos da ira Deus por meio da morte expiatória de Jesus na cruz (Rm 5.9). "Porque Deus não nos destinou para a ira" (1Ts 5.9; observe a ocorrência dessas palavras em uma passagem diretamente relacionada à segunda vinda). Aparentemente, isso se confirma pela promessa em Apocalipse 3.10 aos que perseverarem com paciência: "[...] eu também o guardarei da hora da provação que está para vir sobre todo o mundo, para pôr à prova os que habitam na terra".

A ênfase no *consolo* e no encorajamento. Essa é a razão que Paulo oferece para sua revelação do "arrebatamento" (1Ts 4.13,18). Que consolo verdadeiro haveria se os crentes precisam primeiro enfrentar sofrimentos terríveis? Mas se o "arrebatamento" nos remove do cenário terreno antes que o sofrimento realmente comece, então ele é, de fato, "bálsamo para nossas almas". A boa notícia não é tanto o fato de que Jesus voltará, mas sim de que ele voltará para nós, para nos livrar das tribulações e dificuldades que virão.

Essas portanto, são as "bases" para crer no "arrebatamento secreto". Admite-se com frequência que nenhuma dessas inferências é decisiva por si só, mas seu efeito cumulativo é considerado conclusivo.

CAPÍTULO 13

A ALEGAÇÃO DUVIDOSA

Num estudo cumulativo, qualquer falha em um de seus componentes o enfraquece gravemente. Aqueles componentes que sobreviverem ao escrutínio determinarão o quanto ele é convincente.

Vamos rever os sete itens, examinando-os à luz de todos os dados bíblicos.

PROXIMIDADE

Como lidar com as expressões "em breve" e "sem demora", especialmente depois de uma demora de mais de dois milênios? É evidente que os termos devem ser relativos. Mas relativos a quê? Ou melhor, relativos a quem? A resposta é: ao próprio Deus, a quem "mil anos são como um dia que passou" (Sl 90.4).

Esse mesmo versículo é citado no Novo Testamento (2Pe 3.8) em resposta à pergunta que temos diante de nós: "O que houve com a promessa da sua vinda? Desde que os antepassados morreram, tudo continua como desde o princípio da criação" (2Pe 3.4). O autor está indicando que, para Deus passaram-se apenas dois dias desde que ele enviou seu Filho em sua primeira vinda à terra, portanto ele não pode ser acusado de demorar-se. Mas essa aparente demora tem uma explicação: a imensurável paciência de Deus e seu desejo de ter em sua família tantos de nós quantos for possível, sendo o arrependimento o caminho para a inclusão. Essa é a razão pela qual ele precisou enviar seu Filho: tornar possível o perdão dos nossos pecados por meio do enfrentamento da ira de Deus sobre a cruz, na primeira vez em que o Pai se separou de seu Filho – um dia que deve ter parecido durar mil anos!

É claro que essa demora é penosa para aqueles que "amam a sua vinda" (2Tm 4.8). Bernardo de Claraval clamou: "Consideras pouco o tempo em que eu não te verei? Ah, este pouco tempo é muito longo!"

Precisamos equilibrar o "breve" e "sem demora" com outras passagens no Novo Testamento que indicam com clareza um espaço de tempo prolongado entre a primeira e a segunda vinda. Observe em cada uma das parábolas de Jesus referentes à sua volta (Mt 24.48; 25.5,19 – as frases "meu senhor se demora", "o noivo demorou a chegar" e "depois de muito tempo o senhor voltou"). Encontramos também o frequente paralelo com o tempo de colheita (Mt 13.30, 40-41). Isso não acontece em um curto período depois que a semente foi lançada, razão pela qual Tiago, o irmão de Jesus, exorta seus leitores a que sejam "pacientes até a vinda do Senhor. Vejam como o agricultor aguarda que a terra produza a preciosa colheita e como espera com paciência até virem as chuvas do outono e da primavera. Sejam também pacientes e fortaleçam o coração, pois a vinda do Senhor está próxima" (Tg 5.7-8).

Observe nesta última citação que há um singular chamado à espera paciente por um evento que está "próximo". Isso reflete um paradoxo presente em todo o Novo Testamento. A segunda vinda é, simultaneamente, "depois de muito tempo" e "em breve". As duas notas precisam soar em conjunto. De nossa perspectiva, podemos entender o "depois de muito tempo", mas temos dificuldades com o "em breve".

Se o significado de "em breve" cabe apenas na perspectiva divina, por que ele deixaria no texto bíblico essa referência de tempo que poderia nos levar ao engano? Talvez, em parte, porque ele espera que aprendamos a pensar como ele pensa e que busquemos uma perspectiva de longo prazo. Mas o termo pode nos ser útil, mesmo quando o encaramos pela perspectiva humana. Ele nos mantém alertas, trazendo o futuro próximo ao presente e lembrando-nos de que, quando ele vier, prestaremos contas do que estamos fazendo hoje.

O que as palavras "em breve" não fazem é nos oferecer provas de que ele poderia vir a qualquer momento. É um termo relativo nas medidas de tempo tanto humanas quanto divinas.

SURPRESA

Embora seja verdade que tanto Jesus quanto Paulo tenham afirmado que a vinda de Jesus seria inesperada como a de um ladrão que "vem à noite" (Mt 24.43; 1Ts 5.2), a uma hora desconhecida e inesperada, não quer dizer que será sem qualquer aviso ou que poderia ser "a qualquer momento".

Uma distinção clara é feita entre incrédulos e crentes em relação a esse ponto. Para os primeiros, será uma completa surpresa, até mesmo um choque repentino. Algo análogo às primeiras dores de parto (1Ts 5.3). Essa ideia é enfatizada com as palavras "noite" e "trevas", quando é mais difícil discernir o que se vê, e a maioria das pessoas está dormindo. Até mesmo a palavra "ladrão" é significativa para o mundo, pois a vinda de Cristo representará a perda de muitas oportunidades de indulgência e prazer egoísta.

Para os crentes não será uma surpresa, pois eles vivem na luz e permanecem despertos e atentos ao que está acontecendo à sua volta (1Ts 5.5-7). O dono da casa que está preparado e tem o olhar vigilante verá a aproximação do ladrão *antes* que ele chegue à casa (Mt 24.43).

Provavelmente, ele age dessa forma porque recebeu informações de que há um ladrão na vizinhança!

A chave é a palavra "vigiar" que, muitas vezes, está associada ao ato de orar e ao conselho de Jesus para que estejamos prontos para sua vinda. Talvez seu conselho seja para vigiarmos a nós mesmos e nossa conduta e assim garantir que o receberemos sem embaraço, mas isso é pouco provável. Ele certamente não desejava que ficássemos estudando o céu sempre que estivesse cheio de nuvens (At 1.11). Seria um hábito bastante perigoso no mundo moderno. E, de qualquer maneira, teria relevância apenas na região de Jerusalém.

Os vários contextos de "vigiar" indicam claramente que ele se referia a observar os *sinais* da sua vinda nos eventos do tempo, e não nas dimensões do espaço. Quando os discípulos lhe perguntaram que sinais seriam esses, ele respondeu com uma lista clara.[93] Somente depois que "todas essas coisas" acontecerem e forem claramente vistas por seus seguidores, é que eles podem esperar o retorno de Jesus.

O último sinal será inconfundível: "O sol escurecerá, e a lua não dará a sua luz; as estrelas cairão do céu, e os poderes celestes serão abalados" (Mt 24.29, unindo Is 13.10 e 34.4). É nesse momento que eles verão o Filho do homem vindo numa nuvem com poder e grande glória. "Quando começarem a acontecer estas coisas, levantem-se e ergam a cabeça, porque estará próxima a redenção de vocês" (Lc 21.27-28).

No entanto, existe sempre a possibilidade de alguns crentes caírem em sonolência espiritual, ficando menos atentos aos acontecimentos, e chegando mesmo a perder o autocontrole, sujeitando-se à característica intoxicação com as coisas do mundo (1Ts 5.5-7) Eles também serão apanhados de surpresa

---

93 Veja a explicação de Mateus 24 nas páginas 41-57.

quando o Noivo vier (essa é a mensagem da parábola das dez virgens em Mateus 25.1-13; metade delas foi impedida de entrar e participar da cerimônia).

Novamente, não há fundamento aqui para a volta a qualquer momento, sem nenhum aviso. Há, contudo, uma necessidade clara de que todos os crentes mantenham os olhos bem abertos para que não sejam tão surpreendidos como o mundo será.

LINGUAGEM

Não há razão para dividir as palavras e frases usadas na descrição da segunda vinda entre dois eventos distintos, separados por alguns anos apenas. Supondo por um momento que a teoria seja verdadeira, que de fato há um "arrebatamento secreto" da Igreja algum tempo antes da aparição pública de Cristo, podemos afirmar haver uma diferença clara entre a linguagem usada a respeito de um ou de outro evento?

Trata-se de algo impossível de identificar. Palavras gregas como *parousia*, *epiphaneia* e *apokalypsis*, embora descrevam os diferentes aspectos da vinda de Jesus, são, claramente, sinônimos para o *mesmo evento*. "O dia de Cristo" e o "dia do Senhor" são usados de forma intercambiável.

A ideia de que seu povo será reunido é usada tanto a respeito do reencontro com o Senhor nos ares, quanto ao fato de o acompanharem em seu retorno à terra (cf. Mc 13.27 com 2Ts 2.1).

A suposta distinção entre a vinda de Jesus "*para* seus santos" e "*com* seus santos" exige mais alguns comentários. Por um lado, "santos" é uma tradução da palavra grega *hagioi*. É usada livremente no Novo Testamento, em referência tanto aos anjos quanto aos crentes. Nem sempre é fácil saber a que grupo o texto se refere e, muitas vezes, isso será determinado pelo contexto. Portanto, a resolução da questão "para" e "com" não precisa ser a hipótese de dois eventos distintos. É provável que as passagens relevantes estejam dizendo simplesmente: Jesus voltará com seus anjos para os crentes. Embora certos textos bíblicos afirmem claramente que ele trará consigo anjos (Mt 24.31, 25.31; 1Ts 3.13; 2Ts 1.7; Jd v.14) essa seria uma solução simples demais, pois alguns contextos parecem mesmo sugerir que a vinda dos santos com ele inclui sim os crentes.

Por outro lado, isso ainda não implica duas vindas separadas. A chave está na palavra mais popular da descrição de sua vinda: *parousia* (derivada dos termos do grego "ao lado" e "estar", que vieram a significar "chegada"). Um de seus usos mais comuns destinava-se a descrever a visita de um rei a uma cidade de seu domínio, uma aplicação peculiarmente apropriada para a segunda vinda. O soberano visitante era recebido a alguma distância da cidade por um seleto grupo de dignatários e alguns parentes próximos, que então o acompanhariam em cortejo cruzando os portões da cidade, a fim de serem vistos pela população local (muito semelhante às boas-vindas oferecidas à rainha no aeroporto, antes do cortejo pelas ruas da cidade).

Isso, certamente, é o que o Novo Testamento indica que acontecerá. Os crentes, tanto os que já morreram quanto os que ainda estiverem vivos, "serão arrebatados juntamente com eles nas nuvens" (1Ts 4.17) e o acompanharão na última parte de sua jornada de volta à terra. Não há indícios de qualquer intervalo entre essas duas fases e, certamente, nenhuma ascensão ao céu por apenas alguns anos.

Seja como for, esse encontro com o Senhor não é imperceptível. 1Tessalonicenses 4.16 é considerado "o versículo mais barulhento da Bíblia" – dificilmente seria uma referência a um "arrebatamento secreto"!

Devemos concluir, portanto, que nas palavras ou nos termos usados para descrever a segunda vinda, não há fundamento para dois episódios distintos. Embora não tenhamos apresentado muitas referências, qualquer leitor pode verificar nossa conclusão fazendo uso de uma concordância bíblica.

EXPECTATIVA

Afirma-se com frequência que a Igreja do Novo Testamento, em sua totalidade, esperava que o Senhor Jesus reaparecesse a qualquer momento e que vivia na expectativa diária de vê-lo outra vez. O que pode se estabelecer é que eles esperavam que isso acontecesse enquanto ainda estivessem vivos. É evidente que o apóstolo Paulo partilhava desse anseio (2Co 5.2-3; observe também a frase "*nós*, os que estivermos vivos" de 1Ts 4.15), embora posteriormente ele tivesse percebido que não seria assim (2Tm 4.6).

O próprio Jesus permitiu que eles nutrissem essa esperança. Percebemos isso na fascinante conversa entre Pedro e seu Senhor após a ressurreição, às margens do mar da Galileia (registrada em Jo 21.18-25). Jesus havia predito a morte de Pedro por crucificação, o que, aparentemente, não lhe causou muita perturbação, talvez porque só aconteceria quando ele fosse velho. Pedro estava muito mais interessado no que aconteceria a João, o discípulo amado de Jesus.[94] A resposta foi que cuidasse da própria vida, e sua vida era seguir o seu Senhor, até a cruz. Pedro também foi lembrado de que o destino de João era responsabilidade de Jesus: "Se eu quiser que ele permaneça vivo até que eu volte, o que lhe importa?"

Essa última observação deu origem a um boato muito difundido: de que João estaria vivo na ocasião da vinda de Jesus; que esse evento ocorreria durante a sua vida. É certo

---

[94] Será que ele sentia uma ponta de ciúme desse relacionamento especial e desejava saber se João, em consequência dessa proximidade, seria poupado de um fim doloroso e humilhante?

que João viveu por mais tempo do que os outros apóstolos; e foi o único, até onde se sabe, a morrer de causas naturais. Mas ele morreu antes que Jesus voltasse. Quando escreveu seu Evangelho, próximo ao final da sua vida (possivelmente 85-90 d.C.), João cuidou de salientar que o boato havia ignorado a partícula "se" presente na afirmação de Jesus (Jo 21.23).

Podemos supor a partir disso que Jesus não negou a possibilidade de retornar ainda durante o período de vida de um apóstolo (ele já havia confessado que não fazia ideia de quando seria; Mt 24.36, embora alguns manuscritos antigos omitam a frase: "nem o Filho"). Não serve de prova, no entanto, de que todos os apóstolos aguardavam seu retorno a qualquer momento. Na verdade, aponta para a direção oposta. Pedro sabia que morreria primeiro e somente quando fosse velho (Jo 21.18).

Em consonância com a ideia de que haveria um intervalo de muitos anos entre os dois adventos estão os mandamentos "vão e façam discípulos de todas as nações" (Mt 28.19); "vão pelo mundo todo e preguem o evangelho a todas as pessoas" (Mc 16.15); e sejam "minhas testemunhas [...] até os confins da terra" (At 1.8). Tudo isso levaria muito tempo. Será que poderia ser realizado em apenas uma geração? Pensamos na ambição que Paulo tinha de evangelizar a Espanha, a extremidade ocidental do mundo que se conhecia, mas não sabemos se ele a realizou (Rm 15.24).

Outra linha de argumento que se opõe à expectativa da igreja primitiva de que a segunda vinda aconteceria "a qualquer momento" é a previsão dos eventos que a precederão. Por exemplo, Jesus viu com clareza a destruição de Jerusalém e de seu templo após um cerco militar (Mt 24; Mc 13 e Lc 21). Isso sucederia antes da sua volta, mas não há sinal desse acontecimento por quase toda uma geração.

Encontramos outro exemplo na correspondência de Paulo

com os crentes em Tessalônica. É possível que, por meio de uma carta falsamente atribuída a Paulo, eles tenham sido persuadidos a pensar que o "dia do Senhor" já estava próximo 2Ts 2.1-2); a última frase, geralmente traduzida como "já tivesse chegado" também pode significar "é iminente", como em 1Co 7.26 e 2Tm 3.1). Paulo afirma que isso não pode ser verdade, pois alguns acontecimentos devem preceder o evento. Em especial, ainda não apareceram o homem do pecado (2Ts 2.3), geralmente usado como uma referência ao anticristo (1Jo 2.18), e a besta que sai do mar (Ap 13.1). Seja qual for sua identidade, uma coisa é clara: o retorno do Senhor não acontecerá sem aviso e, portanto, não pode ser a qualquer momento.

Às vezes, o conceito de "a qualquer momento" é justificado por sua influência no comportamento do cristão. Acredita-se que seja saudável perguntar: "Se Jesus voltasse nesse momento, eu ficaria satisfeito com o que eu estou fazendo?" Na verdade, esse tipo de pensamento pode levar a uma atitude desequilibrada. Um crente poderia sentir-se culpado por desfrutar de suas férias, ter relações sexuais com seu cônjuge ou até saborear uma boa refeição. Conheci uma jovem que passava seu tempo livre em um cemitério para que estivesse pronta para a ressurreição! Pobrezinha!

Sejam quais forem os efeitos psicológicos positivos ou negativos, essa motivação é praticamente o exato oposto do ensinamento de Jesus sobre como aplicar o evento da sua vinda à nossa vida. O verdadeiro teste de fidelidade não é a forma como nos conduzimos se a vinda de Jesus for iminente, mas a nossa conduta quando ele se demora (Mt 24.48; 25.5,19). Deus não espera uma atitude apavorada, mas o serviço leal. O que importa não é tanto o que estaremos fazendo quando ele voltar, mas sim o que teremos feito durante todo o tempo em que sua vinda estava distante. Esses receberão sua aprovação: "Muito bem!"

IGREJA

Dá-se muita importância à ausência do termo específico para "igreja"[95] em passagens-chave do Novo Testamento. Entende-se que o fato de a Igreja e seus membros não estarem envolvidos nos eventos descritos indica que foram removidos antes que esses eventos acontecessem. Sendo assim, as descrições "eleitos" e "santos" que aparecem aqui devem ser referências ao povo judeu que ainda estará na terra na ocasião.

Este é um dos argumentos mais fracos para um "arrebatamento secreto". Mas ainda merece uma resposta.

O primeiro ponto a destacar é que todas essas passagens são dirigidas diretamente aos crentes em Cristo, e não ao "remanescente de Israel". Mateus 24, por exemplo, é parte de uma conversa particular entre Jesus e seus discípulos, os quais, ao longo de todo o texto, são tratados na segunda pessoa do plural: "Em verdade *vos* digo [...]*vereis* [...] ninguém *vos* engane".

Isso nos leva a uma pergunta bastante óbvia: Que valor para a edificação cristã poderiam ter essas descrições dos terríveis acontecimentos que sucederão se os cristãos já terão partido? Podemos supor que isso contribuiria para aumentar sua gratidão, mas também poderia produzir complacência e satisfação. E por que a descrição dos sofrimentos precisa ser tão detalhada? Há aqui um nítido contraste com a informação bastante escassa a respeito do inferno, suficiente apenas para expressar seu horror sem criar um fascínio doentio (nem todos os pregadores têm exercitado a mesma restrição).

O próximo ponto a observar é que tanto "eleitos" quanto "santos" são termos coletivos normais usados para "cristãos" em todo o Novo Testamento. Afirmar que o texto

---

95 No grego *ecclesia*, cujo significado literal é "chamados para fora" e era usado para assembleias especiais.

de Apocalipse 4–18 refere-se aos judeus somente é um julgamento puramente arbitrário.

Ocorre que há seis epístolas no Novo Testamento que também evitam o uso da palavra "igreja" (2Timóteo, Tito, 1 e 2Pedro, 2João e Judas). Isso significa que se destinam aos judeus após o "arrebatamento" da Igreja? Seria uma dedução ridícula! Significativamente, cinco desses textos usam apenas o termo "eleitos", enquanto um deles (Judas) usa "santos".

Um aspecto ainda mais impressionante é que a palavra "igreja" também não está presente nas passagens que tratam diretamente do "arrebatamento", do reencontro dos cristãos com Jesus (por exemplo, Jo 14; 1Co 15; 1Ts 4-5). Não se encontra sequer na descrição do novo céu e da nova terra ou da nova Jerusalém (Ap 21–22). Isso significa, então, que somente os judeus experimentarão a nova criação?

Se for assim, não temos qualquer informação de onde os cristãos estarão após sua absolvição no Dia do Juízo!

A presença dos cristãos na terra durante os desastrosos últimos anos retratados nos capítulos centrais de Apocalipse é comprovada de forma decisiva por um comentário explicativo no capítulo 14: "Aqui está a perseverança dos santos que obedecem aos mandamentos de Deus e permanecem fiéis a Jesus" (Ap 14.12). Também se confirma pelo uso da frase "testemunho de Jesus" nesses capítulos (12.17; o mesmo em 1.9 e 19.10). Mesmo que se considere essa uma referência aos judeus convertidos (como fazem alguns poucos), por que eles não foram arrebatados como parte da Igreja? Essa interpretação forçada mais agrava o problema do que contribui para a solução.

Pode, contudo, haver outra razão para que Apocalipse não contenha a palavra "igreja" após o capítulo 3. Deus não rejeitou os judeus, mesmo tendo sido rejeitado por eles (Rm 11.1). A obra de Deus com esse povo ainda não foi concluída (Rm 11.11). Deus ainda os ama e tem um propósito para eles. Portanto, ainda está comprometido com a preservação dos judeus como povo, segundo sua promessa incondicional.[96]

Isto está claramente expresso no Novo Testamento e nos capítulos intermediários de Apocalipse (7.1-8). Seja qual for o cálculo que façamos do número exato de sobreviventes (12 mil de cada tribo, perfazendo um total de 144 mil), a ideia central da passagem é que Deus protegerá até o fim dos tempos um remanescente de seu povo.[97]

Deus, portanto, lidará com dois grupos na terra durante a Grande Tribulação: Israel, o povo de sua antiga aliança, e a Igreja, o povo de sua nova aliança. É possível que as palavras "eleitos" e "santos" sejam usadas para abranger ambos: talvez fosse essa a intenção de Jesus quando afirmou "[...] por causa dos eleitos, aqueles dias [de grande e inigualável sofrimento, desde o início do mundo] serão abreviados" (Mt 24.22).

Esse remanescente preservado de Israel crerá em Jesus quando olhar "para aquele a quem traspassaram" (Zc 12.10; citado também em Ap 1.7); presume-se que seja quando ele voltar (Ap 19.11-16). Depois disso, o destino de judeus e cristãos se fundirão e a nova Jerusalém terá os nomes das doze tribos e dos doze apóstolos (Ap 21.12-14).

A possível razão para a omissão de "igreja" e a substituição por "eleitos" e "santos" é especulativa e, portanto, apresentada de forma empírica. Não é, de forma alguma, definitiva. E é dispensável para o argumento apresentado aqui. Já vimos que a ausência do termo "igreja" por si só não prova que os cristãos não estarão presentes.

Passamos agora do argumento mais fraco em favor de um "arrebatamento secreto" para aquele que talvez seja o mais forte.

---

96 Veja Jeremias 31.35-37 para dar apenas um exemplo.
97 A tradução de Mateus 24.34 da Nova Versão Internacional diz: "Eu lhes asseguro que não passará esta geração até que todas essas coisas aconteçam".

IRA

À primeira vista, esse argumento impressiona e, para algumas pessoas, é conclusivo. Pode ser apresentado simplesmente assim: se a Grande Tribulação é o derramamento da ira de Deus no mundo, como os cristãos poderiam experimentá-la se "Deus não nos destinou para a ira" (1Ts 5.9)?

No entanto, há mais a ser dito, e precisamos dedicar algum tempo a este ponto.

Talvez seja o momento apropriado para expandir a última variação: o "arrebatamento meso-tribulação" ou no meio [na metade] da tribulação. Chama-se a atenção para o fato de que a ira manifesta-se na terceira série de sete desastres (as taças), mas não na primeira e segunda séries (os selos e as trombetas). Sugere-se, portanto, que os cristãos passarão pela *primeira* parte da Grande Tribulação, porém não pela *pior* parte, que é a direta expressão da ira divina.

No entanto, outra variação é o "arrebatamento parcial", a crença de que somente os vencedores serão levados, enquanto permanecem aqui os crentes mais fracos!

Percebemos, na verdade, que essas propostas são praticamente idênticas ao "arrebatamento pré-tribulação". Exceto pelo adiamento no tempo, ainda haverá duas vindas, uma secreta, *para* os santos, e outra pública *com* os santos. Todos os adeptos dessa teoria usam o argumento da ira; e diferem-se apenas quanto a que parcela do sofrimento final pode ser descrita por essa palavra.

Na realidade, a palavra "ira" aparece associada aos selos e às trombetas (veja Ap 6.16-17); e as sete taças da ira (Ap 16.1) vêm apenas completar a experiência terrena da ira de Deus (Ap 15.1).

Sendo assim, toda a experiência dos desastres (Ap 6-16) é somente ira. Os cristãos escaparão de tudo ou enfrentarão tudo. Precisamos refletir novamente.

Talvez o primeiro aspecto a se considerar seja que os cristãos e seus familiares não estão isentos de passar por tragédias que normalmente assolam um mundo caído. Enquanto escrevo esta página, pediram-me que aconselhasse um casal cristão cujo bebê nasceu com espinha bífida.[98] Os cristãos podem morrer por escassez de alimentos ou em terremotos. Tais tragédias não fazem parte das intenções originais do Criador tampouco refletem a condição espiritual dos envolvidos. Elas estão associadas a uma criação corrompida e podem acontecer a qualquer um.

Em seguida, é importante lembrar que os discípulos de Jesus poderão sofrer mais do que outras pessoas neste mundo. Além dos riscos naturais, eles ainda enfrentarão a hostilidade social. Jesus foi sincero o bastante para prometer a seus seguidores: "Neste mundo vocês terão aflições" (Jo 16.33). Paulo disse a seus convertidos que "é necessário que passemos por muitas tribulações para entrarmos no Reino de Deus" (At 14.22). Ele acreditava que tais sofrimentos eram inevitáveis: "De fato, todos os que desejam viver piedosamente em Cristo Jesus serão perseguidos" (2Tm 3.12). A palavra "tribulação", com suas variações, na verdade, aparece 50 vezes no Novo Testamento, e apenas três ocorrências se referem à Grande Tribulação.

Além disso, o mundo em que vivem os crentes *já* está experimentando a ira de Deus (Rm 1.18-31). À medida que os homens rejeitam a verdade a respeito de Deus revelada tanto na criação ao seu redor quanto em sua consciência interior, preferindo acreditar em mentiras, Deus remove sua mão restritiva sobre seus relacionamentos consigo mesmos e uns com os outros. Da mesma forma como eles desistem de Deus, Deus os entrega a paixões incontroláveis e a relações antinaturais, particularmente de natureza homossexual.

---

98 NdT: Um defeito no fechamento da coluna vertebral.

A ALEGAÇÃO DUVIDOSA

Há afronta tanto em sua mente quanto em seu corpo, o que leva a atitudes e atividades antissociais, tanto em família quanto em comunidade. É impossível para os cristãos saírem totalmente ilesos de um ambiente tão decadente.

O ponto que quero frisar é que os cristãos *já* habitam um mundo que é alvo da ira divina. A diferença entre o que já ocorre e a Grande Tribulação é de intensidade, e não de tipo. O fato de ser universal não a torna radicalmente diferente para o indivíduo que é atingido hoje por um desastre do mesmo tipo.

Mas embora os cristãos sejam obrigados a viver em um mundo que já está sofrendo os efeitos da ira divina, sua atitude diante desse quadro será diferente. Por um lado, eles sabem que a ira não lhes é pessoalmente dirigida; não clamarão com o temor de uma consciência culpada, implorando que as pedras caiam sobre eles e os ocultem da face de Deus (Ap 6.16-17). Eles também saberão que o derramamento dessa ira não se prolongará, mas será estritamente limitado. Além disso, sabem que jamais enfrentarão o ápice final da ira divina, "a ira que há de vir", que não é a Grande Tribulação, mas o "lago de fogo" – o próprio inferno. Acima de tudo, eles saberão que a volta de Jesus deve estar muito próxima. Todos esses fatores ajudarão a tornar o sofrimento suportável.

Então, qual é o sentido da promessa de Jesus "eu também o guardarei da hora da provação que está para vir sobre todo o mundo" (em Ap 3.10)? Esse texto é considerado por muitos uma comprovação de que haverá um "arrebatamento pré-tribulação". Mas todo texto usado fora de contexto torna-se pretexto!

Essa garantia encontra-se na carta à igreja de Filadélfia, uma das duas, entre as sete da Ásia Menor, às quais Jesus não tece nenhuma crítica e expressa apenas aprovação. A promessa de guardá-la é dada *apenas* a esta comunidade e não às outras seis, nem mesmo à outra igreja aprovada por Jesus. Ela é dirigida especificamente a essa fiel congregação. Isso se confirma pelo fato de que a promessa está no trecho da carta que trata da situação local específica, e não nas recomendações gerais dirigidas ao vencedor, presentes no final de cada carta e, mais adiante no livro de Apocalipse, aplicadas a *todos* os crentes.

Quando muito, essa promessa poderia ser reivindicada apenas pelas outras igrejas que estivessem na mesma condição irrepreensível da congregação de Filadélfia. Ela não pode ser estendida para incluir igrejas que precisam de correção, muito menos para abranger todos os crentes.

Também precisamos perguntar se a "hora da provação que está para vir sobre todo o mundo" sequer é uma referência à Grande Tribulação.

A igreja de Filadelfia desapareceu por completo há muito tempo. Foi assim que Jesus cumpriu a promessa? Se foi esse o caso, não há qualquer relação com o "arrebatamento secreto". Do contrário, como Jesus poderia poupar da Grande Tribulação algo que nem existe? Simplesmente não faz sentido aos ouvintes originais aos quais a promessa foi feita.

Faz sentido, no entanto, se o significado de "hora da provação" compreender as perseguições imperiais que se espalharam por todo o império romano ao longo dos séculos 2º e 3º. Essa ideia se encaixaria na afirmação de que a hora da provação serviria para testar os que vivem na terra, não para puni-los. Como Jesus impediria que os crentes de Filadélfia passassem por isso? Não há indícios de que ele os levaria para o céu antes que começassem as provações. É muito mais provável que ele impedisse que a onda de opressão chegasse à cidade, talvez sensibilizando o coração das autoridades; isso sim é algo que ele poderia fazer.

A ALEGAÇÃO DUVIDOSA

Foi exatamente o que Deus fez quando lançou as pragas no Egito. Ele disse: "Naquele dia tratarei de maneira diferente a terra de Gósen, onde habita o meu povo [...] para que você saiba que eu, o Senhor [literalmente: Yahweh, seu nome na aliança], estou nesta terra. Farei distinção entre o meu povo e o seu [de faraó]" (Êx 8.22-23; cf. 10.23; 11.7). Embora Deus estivesse derramando sua ira sobre toda a nação, ele era perfeitamente capaz de proteger seu povo dos resultados calamitosos. Talvez seja exatamente o que acontecerá na Grande Tribulação. Muitos já observaram as semelhanças entre os desastres daquele período e as pragas do Egito (até os gafanhotos! Êx 10.13-15; Ap 9.3). Se a mulher em Apocalipse 12 representa a Igreja,[99] ela é levada "para o lugar que lhe havia sido preparado no deserto, onde seria sustentada durante um tempo, tempos e meio tempo", certamente os quarenta e dois meses ou três anos e meio da Grande Tribulação (Ap 12.14). Sua "descendência" é identificada como "os que obedecem aos mandamentos de Deus e se mantêm fiéis ao testemunho de Jesus" (Ap 12.17; cf. 14.12).

Talvez tenhamos invadido o campo da especulação. Nosso ponto de partida era a duvidosa aplicação de Apocalipse 3.10 a um futuro "arrebatamento secreto". É hora de voltarmos à questão central: "Os cristãos passarão pela Grande Tribulação?"

Se a resposta for negativa, por que razão a maior porção de um livro dirigido aos crentes contém uma descrição tão detalhada de tudo que acontecerá durante aquele período terrível? Visto que o propósito claro do livro como um todo é prepará-los para o que virá, por que contar-lhes tanto sobre eventos para os quais eles não precisam se preparar? Se eles não estarão presentes para testemunhar os eventos

---

99 Veja as páginas 185-187.

descritos nos capítulos 6–18, toda essa seção é, no mínimo, um desperdício de papel! Sua inclusão no livro é um completo mistério.

Associado a isso está o fato já apresentado em outra conexão: que bem no meio dessa seção há um chamado para "permanecer fiel a Jesus" (Ap 14.12). Essa frase permite uma única interpretação: os cristãos estão muito envolvidos nisso!

Quando essa declaração direta é contraposta à inferência indireta, que é como se realmente classifica o argumento sobre a "ira", então, certamente, a primeira deve ser aceita, por mais lógica que a segunda possa parecer.

Lembrando que a prova de um "arrebatamento secreto" é abertamente considerada cumulativa, ainda não encontramos uma única inferência que seja suficientemente substancial para ser incluída. Isso também vale para o último ponto a ser analisado.

CONSOLO

Esse aspecto está fortemente relacionado ao moral dos crentes. Seguramente, diz-se, o retorno antecipado de Cristo dificilmente seria uma "bendita esperança" se isso significa que primeiro teremos que passar pela Grande Tribulação!

Mas isso serve para confundir o efeito subjetivo de "esperança" com seus fundamentos objetivos. Não pode haver consolo duradouro em uma mentira. Uma esperança segura e certa só pode estar fundamentada na verdade.

A palavra "consolo" pode ter diversas conotações. Seu significado mais profundo, contudo, é fortalecer e encorajar. *"Fortificar"* é um sentido próximo. O verdadeiro consolo resulta de se encarar a verdade, toda a verdade, a respeito da situação.

Considere as palavras consoladoras de Jesus (em

Jo 16.33): "Neste mundo vocês terão aflições [essa é a verdade]; contudo, tenham ânimo! Eu venci o mundo [essa é toda a verdade]". Quando a Grande Tribulação chegar, diz ele: "É sua vez de vencer, como eu venci. Tenham ânimo! Eu voltarei em breve" (essa afirmação não é um versículo bíblico, mas um resumo preciso da mensagem de Apocalipse!).

Um homem prevenido vale por dois. Exatamente no mesmo contexto em que Jesus descreveu sua última e maior aflição, ele diz: "Vejam que eu os avisei antecipadamente" (Mt 24.25). Quanta bondade a dele de nos preparar dessa forma.

Essa é seguramente a razão pela qual passagens como Mateus 24 e Apocalipse 6–18 estão no Novo Testamento: nos preparar para o pior. No entanto, mesmo quando acontecer, seremos capazes de resistir, sabendo que o melhor ainda está por vir e virá pouco tempo depois.

Chega ao fim o nosso estudo do "arrebatamento". Talvez o leitor não tenha sido convencido pelas conclusões ou pelo raciocínio apresentados. Este autor pode estar equivocado, mas prefere estar errado por defender essa perspectiva do que a outra! Certamente, é melhor exortar os crentes a que se preparem para a Grande Tribulação e então descobrir que não precisarão enfrentá-la, do que dizer-lhes que não precisam estar prontos e depois descobrir que deveriam ter sido preparados.

Se a ideia de um "arrebatamento secreto" se originou de uma falsa profecia, como alegam alguns, ou não, seu fundamento extremamente frágil indica que é uma falsa profecia sempre que ela é transmitida a outros. Todas as falsas previsões são perigosas, e esta traz riscos específicos. Considere o seguinte testemunho da holandesa Corrie ten Boom, uma mulher temente a Deus que apreciava ouvir as fitas deste autor durante sua enfermidade terminal:

Estive em países onde os santos já sofrem terrível perseguição. Na China, os cristãos sempre ouviram: "Não se preocupem, antes que venha a tribulação, vocês serão trasladados, arrebatados". Veio então uma terrível perseguição. Milhões de cristãos foram torturados até a morte. Anos depois, ouvi um bispo vindo da China admitir com tristeza: "Falhamos. Deveríamos ter fortalecido as pessoas para a perseguição ao invés de dizer-lhes que Jesus viria buscá-las primeiro". Virando-se para mim, disse: "Ensine as pessoas a serem fortes em tempos de perseguição, a resistirem quando a tribulação vier, a se colocarem em pé e não esmorecer". Sinto que tenho um chamado divino para dizer às pessoas deste mundo que é possível ser forte no Senhor Jesus Cristo. Estamos sendo treinados para a tribulação. Como já fui presa por causa de Jesus e desde que conheci aquele bispo da China, sempre que leio uma boa passagem bíblica, penso: "Posso usar isso no tempo da tribulação". Então anoto e memorizo o texto.

Poucas pessoas poderiam expressar melhor, em palavra e ação. Hoje ela está com o Senhor, depois de ter enfrentado sua própria tribulação. Quando passarmos pela nossa tribulação, seja ela pessoal, local ou universal, talvez estejamos entre os vencedores como ela estava e está.

D.

A CONFUSÃO EM TORNO DO MILÊNIO

CAPÍTULO 14

UMA DECEPÇÃO GERAL

O mundo, de forma geral, decepcionou-se com Jesus. Ele não conseguiu atender às expectativas de judeus ou de gentios.

JUDEUS
Os judeus foram os primeiros a sentir que Jesus os havia desapontado. Quando ele veio, muitos esperavam que o reino ou o governo de Deus fosse restabelecido no planeta Terra. Eles acreditavam que Deus enviaria um rei "ungido" (em hebraico: *mashiach*), herdeiro da dinastia davídica, para realizar esse feito por meio de Israel, seu povo escolhido. Suas esperanças, portanto, tinham um sabor tanto nacional quanto internacional.

Por um lado, a monarquia restaurada traria a liberdade política que eles haviam perdido cinco séculos antes, recuperada brevemente na revolta dos Macabeus contra os gregos. Agora, sob o domínio romano, persistia o anseio por liberdade, expresso em frases como "a consolação de Israel" e "a redenção de Jerusalém" (Lc 2.25,38).

Por outro lado, eles esperavam essa libertação de outras nações para alcançar uma posição de liderança, a cauda tornando-se a cabeça (Dt 28.13). Jerusalém não seria apenas sua própria capital, mas o centro do governo mundial (Mq 4.1-5; Is 2.1-5). A justa mediação disponível em Sião forneceria a base para a paz, levando ao desarmamento multilateral.

Esse sonho duplo de liberdade nacional e liderança internacional fica particularmente evidente nas profecias posteriores de Isaías (observe a interação entre Jerusalém e nações/ilhas/confins da terra nos capítulos 40–66). Também aparece nas palavras do velho Simeão ao ver o bebê Jesus nos átrios do templo – ele disse ao Senhor que poderia morrer em paz, pois havia visto a "luz para revelação aos gentios e para a glória de Israel, teu povo" (Lc 2.32).

Trinta e três anos depois, Jesus deixou a terra sem ter alcançado qualquer um daqueles objetivos. Entre a ressurreição e a ascensão, o desapontamento com a frustrada aspiração nacional foi expresso mais de uma vez: "E nós esperávamos que era ele que ia trazer a redenção a Israel" foi o lamento dos dois homens que viajavam na estrada para Emaús (Lc 24.21). A última pergunta dos discípulos foi: "Senhor, é neste tempo que vais restaurar o reino [a monarquia] a Israel?" (At 1.6 – observe que Jesus aceitou as premissas da pergunta, mas respondeu que não lhes competia saber a data estabelecida pelo Pai).

Durante suas últimas seis semanas na terra, o próprio Jesus parece mudar o foco da abrangência do reino de nacional para internacional (Mt 28.19; Mc 16.15; Lc 24.47; At 1.3). Antes, ele já havia anunciado: "o Reino de Deus será tirado de vocês [Israel] e será dado a um povo que dê os frutos do Reino" (Mt 21.43).

Não se tratava, como alguns supõem, do cancelamento do aspecto nacional. Muitos textos bíblicos afirmam que Israel e Jerusalém ainda têm um lugar no propósito divino de permitir essa inclusão (por exemplo, Mt 23.39; Lc 21.24; 22.29-30; Rm 11.1,11). A parte destinada a eles foi adiada. A ordem de eventos foi invertida. Os gentios receberão o reino antes dos judeus (Rm 11.23-26). O primeiro deve ser o último e o último deve ser o primeiro.

Mas o governo de Deus foi estabelecido entre as nações de acordo com essa mudança de planos?

GENTIOS

Os gentios também expressaram sua desilusão com Jesus. Afirma-se com frequência que o cristianismo existe há dois mil anos, mas o mundo não apresenta melhora. Na verdade, parece estar cada vez pior! Além do holocausto, o século 20 assistiu a duas grandes guerras no "civilizado" continente europeu. O mal parece desenfreado e entranhado como nunca esteve. No entanto, mais de um terço da população declara-se cristã.

É claro que podemos afirmar que há muitos cristãos apenas nominais em sua fidelidade religiosa. Ou podemos concordar com G.K. Chesterton que "o ideal cristão não foi reprovado; foi considerado difícil e nem chegou a ser provado". Podemos fazer uma lista dos benefícios para a humanidade que resultaram da compaixão cristã: a emancipação de escravos e mulheres, o cuidado dos enfermos e deficientes, dos órfãos e analfabetos. Além disso, muitos defendem as origens cristãs da ciência moderna e todos os seus avanços.

No entanto, ainda há espaço para crítica. Poucos teriam a ousadia de afirmar que o mundo é hoje um lugar melhor, mais seguro e mais feliz para se viver. Menos pessoas ainda afirmariam que isso se deve, em grande parte, à influência de Cristo. A avaliação do Novo Testamento de que "o mundo todo está sob o poder do Maligno" (1Jo 5.19) parece tão precisa hoje quanto era naquela época.

CRISTÃOS

Os cristãos também têm suas dúvidas. Uma boa parcela de cristãos parece ter aceitado que este mundo jamais mudará. Sua esperança para o futuro está centrada no mundo que virá. Eles entendem que sua tarefa é salvar o maior número possível de indivíduos de uma sociedade em estado terminal.

Surpreendentemente, e talvez como uma reação a tal pessimismo, há outro setor do escopo cristão que tem confiança na ideia de que a Igreja caminha para assumir a liderança de governos nacionais e internacionais. Os cristãos poderiam tornar-se maioria e assim desempenhar um papel decisivo nas questões sociais, políticas e universais.

É possível que a maioria dos crentes esteja entre esses dois extremos, buscando o realismo em vez do pessimismo sombrio ou do otimismo ingênuo. Além de evangelizar, eles acreditam que devem fazer todo o possível para tornar este mundo melhor e por meio do trabalho social contribuir para o bem-estar de indivíduos e de comunidades.

Nem todos eles indagarão qual o propósito final de seus esforços. Muitos se contentarão em suprir algumas necessidades imediatas. Mesmo que o cenário total se agrave, eles se contentarão em terem feito a sua parte. Essa postura é infinitamente preferível à depressão que chega ao ponto de paralisar a ação.

Mas a questão do resultado final não pode ser esquecida. Fé e amor não são suficientes para sustentar o serviço cristão. A esperança é a terceira dimensão vital. É como "uma âncora da alma" (Hb 6.19), especialmente quando experimentamos o desânimo e a tentação do desespero. Pensar no sucesso final nos deixa fortes para superar todos os obstáculos intermediários.

Jesus ensinou seus seguidores a orar todos os dias para que o reino de Deus, o governo divino, viesse e a vontade de Deus fosse feita na terra "assim como no céu" (Mt 6.10). É evidente que isso ainda não aconteceu ou não precisaríamos continuar a pedir. Mas pelo que estamos orando? O que esperamos que aconteça quando a oração for respondida? Alguém já disse que toda a nossa teologia se baseia em nossas respostas a essas perguntas.

O reino virá à terra? Se assim for, como e quando será? Virá de forma gradual ou repentina? Por meio da infiltração humana ou da intervenção divina? Será puramente espiritual ou político também?

Em outras palavras, o Senhor Jesus Cristo governará este mundo de forma tão visível que todos saberão que toda a autoridade lhe foi dada no céu e na terra (Mt 28.18), que ele é o Rei dos reis e Senhor dos senhores (Ap 19.16), fazendo com que, diante dele, todo joelho se dobre e toda língua confesse que ele é o Senhor (Fp 2.11)? Ou somente os cristãos, pela fé, verão essas coisas?

Já estamos discutindo a questão do Milênio! Pois são essas mesmas perguntas que estão no centro do debate.

Muitos descartam o assunto como um debate acadêmico com pouco ou nenhum significado prático. Qual é o sentido de discutir sobre a interpretação de "uma passagem obscura em um livro extremamente simbólico"? Afirma-se que as diferenças resultantes ameaçam a unidade da Igreja e a distraem de sua missão.

Mas já vimos que as expectativas futuras são a essência da virtude cristã da esperança. Somos salvos pela fé e na esperança (Rm 8.24).

É preciso deixar imediatamente claro que é ampla a concordância a respeito do próximo mundo, o novo céu e a nova terra (Ap 21.1) que sucederão este velho universo, embora todos geralmente se refiram a esse mundo futuro como "céu", com pouca ou nenhuma ênfase em "terra". Há pouca discordância sobre os dois últimos capítulos da Bíblia!

As verdadeiras diferenças surgem quando se discutem as esperanças futuras para *este* mundo. Até que ponto a divina autoridade concedida a Jesus será manifesta neste mundo antes de seu fim? Como já indicamos, há uma imensa variedade de perspectivas cristãs, que têm aumentado ao longo dos séculos de história da Igreja.

A controvérsia, por vezes feroz, concentra-se no vigésimo capítulo do livro de Apocalipse. Não há surpresa alguma nisso, pois o texto parece cobrir os últimos eventos que antecedem o Dia do Juízo final, que, por sua vez, introduzirá a nova criação.

Ao ler esse capítulo, um leitor simples pode facilmente concluir que Cristo e seus seguidores, particularmente aqueles que foram martirizados por sua fé, na verdade reinarão sobre este mundo por mil anos, antes que ele termine.

É a partir da repetida frase "mil anos" que deriva a palavra *milênio* (do latim *mille* = mil e *annum* = anos). O substantivo "milenismo", portanto, descreve a crença de que Cristo reinará na terra durante esse período. A doutrina é, às vezes, chamada "quiliasmo" (do grego *chilioi* = mil).

À medida que nos aproximávamos do final do século 20, a palavra "milênio" voltou à baila, pois em 1º de janeiro de 2001, entraríamos no terceiro milênio d.C. (ou AD – do latim *anno domini* – ano do nosso Senhor). Essa data despertou um interesse renovado na promessa do retorno do nosso Senhor e, indiretamente, estimulou o debate a respeito do reino milenar de Cristo na terra, especialmente entre aqueles que ainda creem que o século 21 deu início ao sétimo milênio desde a criação (um tipo de *shabat* cósmico), supondo-se que a criação aconteceu em 4004 a.C., como sugere uma observação encontrada em algumas Bíblias antigas.

Não devemos permitir que as tentativas de encontrar uma data obscureçam a verdadeira questão, levando o debate ao descrédito especulativo. A principal questão não é quando, mas *se* acontecerá. Cristo de fato governará este mundo por mil anos?

Nosso ponto de partida deve, obviamente, ser a passagem bíblica que levou muitos a uma conclusão positiva: Apocalipse 20. Esse texto será estudado em detalhe e contexto. Então caminharemos na direção contrária – do Novo para o Antigo Testamento – buscando a confirmação ou a contradição de nossas descobertas. Depois, percorreremos a história da Igreja, observando quando e por que surgiram tantas interpretações diferentes. Essas interpretações serão analisadas quanto à sua precisão exegética e influência prática. Finalmente, vou apresentar razões para minha própria conclusão e convicção.

A posição atual é bem mais complexa do que muitos imaginam. A maioria dos leitores deve estar familiarizada com as três classificações: amilenista, pré-milenista e pós-milenista ou dispensacionalista. Certo amigo, quando perguntado qual dessas era sua visão, respondeu: "Essa é uma pergunta dispensável". Outros evitam comprometer-se declarando-se pan-milenistas: não sabem qual visão sobre o Milênio é a correta, mas acreditam que o panorama final será positivo!

No entanto, evasivas jocosas não podem diminuir a importância de se chegar a alguma conclusão. Como veremos, nossa crença terá um efeito profundo em nossa atitude para com este mundo e em nossa responsabilidade por ele. Portanto, precisamos ser claros.

Um problema é que cada uma das três abordagens principais tem duas variações bastante diferentes, fazendo com que existam, na verdade, seis posições dentre as quais escolher. Outro agravante é que a maioria dos que se autodeclaram amilenistas pertencem, com efeito, a uma subdivisão dos pós-milenistas, embora raramente se deem conta disso. Continue lendo e tudo será esclarecido!

Enquanto isso, é com certo alívio que nos voltamos para o próprio texto bíblico e começamos nosso estudo analisando o que a Bíblia *realmente diz* antes de considerarmos o que os outros *acreditam que ela quer dizer*. Ao fazê-lo, precisamos ser constantemente lembrados de que o livro de Apocalipse foi escrito para crentes comuns nas sete igrejas da Ásia Menor, hoje Turquia ocidental. Não era um enigma complexo para ser desvendado por professores de teologia e estudiosos da Bíblia. É uma escolha sensata ler a Bíblia em seu sentido claro e simples, a menos que haja uma indicação clara de que o texto deve ser compreendido de outra forma. Devemos procurar resgatar a mensagem que o texto teria comunicado aos seus leitores originais.

Com essas poucas diretrizes, podemos agora estudar a passagem-chave, que é motivo de tanto debate.

CAPÍTULO 15

A PASSAGEM BASE
(APOCALIPSE 20)

Esta é, sem dúvida alguma, a passagem mais clara a respeito do Milênio em toda a Bíblia. Alguns diriam que é a única passagem sobre o tema. Certamente, sem esse capítulo o assunto não seria controverso. A vida seria muito mais simples! Aqueles que desejam que assim fosse e tentam ignorá-lo precisam ser lembrados da maldição lançada sobre os que removerem qualquer palavra "deste livro de profecia" (Ap 22.19): eles podem perder seu lugar na eternidade!

Aqueles que creem que a Bíblia é, e não apenas contém, a palavra inspirada de Deus devem encarar este capítulo com seriedade. Mesmo que ele seja a única menção dessa parte do propósito divino, ainda seria a palavra de Deus. Quantas vezes Deus precisa afirmar algo para que acreditemos?

Sendo assim, devemos deixar que a passagem fale por si mesma. Mas, primeiramente, é preciso que a vejamos em seu contexto – não apenas seu contexto imediato (capítulos 19 e 21), mas sua configuração mais ampla.

Está no Novo Testamento, não no Antigo. É parte da "nova" aliança de Jesus, não da "velha" aliança de Moisés. É dirigida aos cristãos, e não aos judeus. Embora a atmosfera seja judaica (o livro de Apocalipse contém 400 alusões às Escrituras hebraicas, mas nenhuma citação), o público-alvo são os crentes gentios e não é necessário reinterpretar o texto para que eles o compreendam (como, por exemplo, as leis deuteronômicas exigiriam). Foi escrita por um cristão para cristãos.

Este capítulo é parte de um livro singular do Novo Testamento. Em outra seção deste volume que você tem em mãos, examinamos Apocalipse em detalhes,[100] mas um breve resumo se faz necessário aqui.

É basicamente uma carta, uma epístola circular para um grupo de igrejas, sendo essa a única semelhança com as epístolas (por exemplo, com Efésios). Nunca se planejou escrevê-la! Trata-se da transcrição de uma série de reflexões verbais e visuais reveladas inesperadamente a um prisioneiro que, por sua vez, foi instruído a registrá-las e passá-las adiante. É provavelmente por essa razão que a carta é descrita como uma profecia, a única do Novo Testamento. É ao mesmo tempo uma palavra para o presente (revelação) e para o futuro (previsão), com maior ênfase no segundo. Aproximadamente dois terços dos versículos dessa passagem contêm predições, que cobrem 56 eventos diferentes. Inevitavelmente, a linguagem pictórica é usada para descrever o desconhecido e até mesmo inimaginável; mas o simbolismo destina-se mais a esclarecer do que a ocultar, e raramente é obscuro.

O livro/profecia/carta deveria ser lido em voz alta.[101] É provável que somente nessas circunstâncias seu sentido seja mais profundo e seu impacto ainda maior.

Acima de tudo, precisamos nos lembrar constantemente que o propósito do livro é extremamente prático: preparar os indivíduos cristãos e as igrejas para tempos futuros mais difíceis. Seu alvo é encorajar (dar coragem a) e preparar os crentes para suportar o sofrimento por sua fé – a ponto do

---

100 Veja as páginas 115-228.
101 Veja a bênção ao leitor e aos ouvintes em Apocalipse 1.3.

A PASSAGEM BASE (APOCALIPSE 20)

martírio – e vencer todas as pressões hostis, mantendo assim seus nomes no livro da vida (Ap 3.5). Cada parte desse livro destina-se a esse objetivo. Uma pergunta deve ser feita a respeito de cada passagem e de sua interpretação: "De que forma essa passagem ajuda os discípulos perseguidos?"

O livro está claramente dividido em seções. A divisão mais óbvia está entre os três primeiros capítulos, que lidam com a situação *presente* dos leitores, e o restante, que lhes desvenda *o futuro* (veja 4.1). Essa última seção trata diretamente as questões do fim do mundo e além dele, mas divide-se em duas fases, que podem ser vistas como "más notícias" e "boas notícias". Essa simples mensagem tripla pode ser apresentada da seguinte forma:

i. O que deve ser corrigido hoje (1-8).
ii. O que ficará muito pior antes de melhorar (4-18).
iii. O que ficará muito melhor depois de piorar (19-22).

A segunda seção trata do futuro mais imediato enquanto a terceira lida com o período futuro final, os últimos acontecimentos de fato. É a volta de Cristo ao planeta Terra que muda a maré no fluxo de eventos.

O capítulo 20 situa-se firmemente nessa terceira seção. Pertence aos "últimos acontecimentos". Está entre as "boas notícias". É parte daquele futuro encorajador pelo qual os perseguidos podem ansiar e deveriam estar dispostos a morrer.

A essa altura, um importante princípio do estudo bíblico deve ser relembrado: *ignorar a divisão em capítulos!* Ela não estava presente no texto original. Embora seja conveniente para referência, a numeração dos capítulos não foi inspirada por Deus e geralmente está inserida no lugar errado, separando o que Deus planejou que fosse lido junto! O grande número "20" no início do capítulo leva a um grave equívoco (mais um argumento em favor da leitura em voz alta). A evidente continuidade do original foi violentamente interrompida e fez com que os comentaristas separassem o capítulo de seu contexto, revisassem de forma radical sua mensagem e sua aplicação e reposicionassem o Milênio na história (falarei mais sobre isso).

Quando a divisão é ignorada e os "capítulos" 18–22 são lidos como uma narrativa contínua, surge um padrão notável. Poderíamos dar-lhes o título: "Um conto de duas cidades" (Babilônia e Jerusalém) personificadas como duas mulheres: uma prostituta imoral e uma noiva pura. A destruição de uma e a inauguração da outra são separadas por uma extraordinária série de eventos, revelada em sete visões.

É instrutivo observar as mudanças nas revelações, que passam de verbais para visuais. A queda da Babilônia é relatada por um anjo e "ouvida" tanto por João (18.4) como pela multidão celestial que demonstra grande alegria (19.1,6). João, então, é instruído a escrever o que "ouviu" (19.9). Depois dessas vozes, vem uma série de visões (19.11, 17,19; 21.1, 4, 11; 21.1). Sete coisas são "vistas" antes que a próxima seja "ouvida" (21.3). Essa série de visões pode ser organizada da seguinte forma:

1. O cavaleiro do cavalo branco se põe à entrada do céu.
2. Um anjo convida as aves para a "última ceia" de carne humana.
3. Uma batalha no Armagedom contra todas as forças contrárias a Deus.
4. Um anjo amarra, bane e aprisiona o diabo.
5. Os santos reinam com Cristo por mil anos, período ao final do qual Satanás é solto, derrotado e lançado no lago de fogo.
6. A ressurreição dos mortos e o Dia do Juízo final.
7. A criação de um novo céu e uma nova terra; e a descida da nova Jerusalém.

A PASSAGEM BASE (APOCALIPSE 20)

O número sete é frequente neste livro, começando com as sete igrejas da Ásia Menor e as sete cartas escritas a elas. Mais significativas ainda são as três séries de desastres sob a figura de sete selos, sete trombetas e sete taças.

Essas últimas três séries apresentam uma sequência de eventos que crescem em intensidade. Além disso, os primeiros quatro elementos de cada série se completam (o exemplo mais claro são os quatro cavaleiros dos primeiros quatro selos em 6.1-8), os dois seguintes estão relacionados e o último, ou sétimo, fica isolado. Esse mesmo padrão 4-2-1 pode ser identificado com mais clareza na série final de visões que estamos examinando agora (de 19.11 a 21.2).

Removida a divisão em capítulos e versículos do texto em questão (capítulos 20 e 21), a série de sete visões apresenta claramente uma sequência de eventos, cada um deles relacionado ao anterior. Há evidências internas de que as visões são consecutivas e estão em ordem cronológica. Dois exemplos bastam:

i. O diabo é lançado no lago de fogo *depois* da besta e do falso profeta (compare 20.10 com 19.20).
ii. O novo céu e a nova terra aparecem *depois* que os antigos já passaram (compare 21.1 com 20.11).

Separar especialmente o capítulo 20 do capítulo 19 destrói toda essa sequência. É algo comumente feito com o objetivo de justificar posições amilenistas e pós-milenistas, por aqueles que querem fazer do capítulo 20 uma recapitulação de toda a era da Igreja, e não o prosseguimento da sequência de eventos iniciada no capítulo 19. Deveria ser considerada uma separação artificial, que depende fortemente da divisão de capítulos feita no período medieval.

As partes dessa sequência estão interconectadas. A única pergunta válida é: "Que período de tempo ela cobre?"

Todos concordam a respeito de quando essa sequência de eventos *termina*. O Dia do Juízo (visão 6) e o novo céu e a nova terra (visão 7) nos levam exatamente ao final desta era, do que conhecemos como história.

Mas quando ela *começa*? Quem é o cavaleiro montado em um cavalo branco e quando ele vem atacar a terra acompanhado dos exércitos celestiais?

Não há debate quanto à sua identidade. Os títulos de "Testemunha fiel e verdadeira" (aplicado a Jesus em Ap 3.14), "Palavra de Deus" (usado em apenas mais uma ocorrência no Novo Testamento: Jo 1.1, 14) e "Rei dos reis e Senhor dos senhores" (identificado com "o Cordeiro" em 17.14) não dão margem a dúvidas. Ele é o Senhor Jesus Cristo.[102]

Há certa discordância quanto à sua "saída" do céu: se ela ocorre em sua primeira ou sua segunda vinda.

O limitado número de acadêmicos que alegam tratar-se de uma representação da *primeira* vinda de Cristo à terra faz isso para interromper a sequência de sete eventos e aplicar o Milênio à era da Igreja. Para sustentar essa hipótese, os detalhes precisam ser fortemente alegorizados: o cavalo branco da vitória é um símbolo puramente espiritual, pois, na realidade, Jesus montou em um jumentinho da paz (Mt 21.4-5, em cumprimento a Zc 9.9); o manto está tingido com seu próprio sangue; a tomada das nações é somente metafórica, e quase sempre ignorada. Essa tentativa fracassa principalmente quando tenta aplicar a batalha decisiva do Armagedom à crucificação, o que significa que a besta e o falso profeta foram "lançados vivos no lago de fogo" no Calvário! Isso torna absurdo o fato de aparecerem no capítulo 13, citados entre o que "deve acontecer depois dessas coisas" (4.1). Essa abordagem cria mais problemas

---

[102] Observe que esse não é, necessariamente, o caso em 6.2, onde o cavaleiro não é identificado, usa um arco, e não uma espada e a ênfase está na cor do cavalo – um símbolo geral de agressão militar.

do que resolve, e convenceu muito poucos.

A maioria concorda que a primeira visão (19.11-16) refere-se à *segunda* vinda de Cristo. Há muitas razões sólidas para essa conclusão. Em primeiro lugar, essa missão "de guerra" é muito mais compatível com sua segunda vinda "para julgar os vivos e os mortos". Segundo, os inimigos que ele destrói aqui são tanto humanos quanto demoníacos, o que não foi o caso em sua primeira vinda. Terceiro, o contexto anterior é o anúncio de um casamento e uma noiva preparada, algo que naturalmente leva à chegada do Noivo (cf. Mt 25.6). A quarta e, aparentemente, decisiva razão, é que se não for uma referência à segunda vinda, então a volta do nosso Senhor não é mencionada em nenhum lugar no corpo principal dessa profecia, embora tanto o prólogo quanto epílogo indiquem que esse seja o tema principal (1.7 e 22.20). Não surpreende que a maioria dos comentários aceite essa interpretação. A sequência de eventos começa com a segunda vinda.

Podemos selecionar quatro eventos principais na série de sete visões:

1. A segunda vinda (cap. 19)
2. O reino milenar (cap. 20)
3. O Dia do Juízo (cap. 20)
4. A nova criação (cap. 21)

Praticamente todos os acadêmicos ortodoxos aceitam os eventos 1, 3 e 4 como se pertencessem ao final da história e exatamente nessa ordem! Mas há muita relutância em incluir o número 2 na sequência, embora esteja claro que seja seu lugar. Isso, por sua vez, se deve a uma tradição de longa data na Igreja de rejeitar o chamado "prémilenismo".[103] Isso resultou em tentativas extraordinárias

---

103 A crença de que o evento 1 precede o evento 2 no tempo; que Jesus retornará antes que ele e seus santos reinem.

de provar que Apocalipse 19-21 realmente força o leitor a entender a ordem dos eventos como 2, 1, 3, 4 – apesar da sequência em que são apresentados!

Essa sutil justaposição não se baseia em qualquer indicação clara encontrada no próprio texto. Ela resulta de uma convicção pré-concebida trazida ao texto (o significado exato de preconceito): a hipótese de que nada se interpõe entre a volta de Cristo e o Dia do Juízo. Essa havia sido a opinião predominante na Igreja durante muitos séculos e está implícita em seus credos.[104] Acreditava-se que Cristo voltaria para julgar, e não para reinar.

Alguns textos bíblicos que examinaremos logo mais parecem sustentar essa síntese de eventos. Afirma-se com frequência que essas são afirmações claras, enquanto o texto de Apocalipse 20 é considerado obscuro. Feito esse julgamento, defende-se então que o segundo evento deveria ser interpretado à luz do primeiro – o que geralmente significa forçar para que um se encaixe no outro.

Mesmo que o texto fosse obscuro, não seria razão para descartá-lo. Aparentemente, algumas pessoas acreditam que afirmar que o texto é extremamente simbólico serve de desculpa para não encará-lo com seriedade ou mesmo explicar as realidades por trás dos símbolos. E elas parecem suficientemente preparadas para aceitar a primeira e a última visão sem questionar!

Mas o texto é, de fato, tão obscuro assim? Na opinião deste autor, parece haver nessas visões um uso muito limitado de linguagem simbólica. A maioria dos eventos é descrita como fato, como acontecimentos reais. As figuras de linguagem são pouco enigmáticas: a frase "quatro cantos da terra" é perfeitamente óbvia e não nos leva a pensar que João acreditava que a terra era quadrada. E quem não

---

[104] Tanto no Credo Apostólico quanto no Niceno.

entende o que o grande trono branco representa? A única referência realmente intrigante é Gogue e Magogue, mas uma olhada em Ezequiel 39 sugere que sejam títulos para o último príncipe e o último povo a investir contra o povo de Deus *após* a restauração da dinastia de Davi.

Chegou o momento de estudarmos a passagem (20.1-10) em detalhe, permitindo que o texto fale por si mesmo antes de compará-lo com outros textos bíblicos relevantes. Vamos procurar estudá-lo com a reverência devida às palavras inspiradas de Deus e com a integridade de uma mente preocupada com a exegese objetiva.

O primeiro aspecto a observar é o uso repetido da frase "mil anos" – seis vezes em uma breve passagem. Em três dessas ocorrências o artigo definido torna a expressão ainda mais enfática: "*os mil anos*". Dificilmente poderia ser mais precisa.

Alguns preferem entendê-lo como um símbolo, considerando dez ao cubo um sinal de completude. No entanto, mesmo os que o fazem costumam afirmar que a frase representa um longo período de *tempo*, e não um breve intervalo. É mais como um interlúdio. Uma época específica, com designação própria.

O argumento para interpretar a frase de forma literal reside no fato de que outros espaços de tempo presentes neste livro são indicados de forma específica. Por exemplo, a duração da Grande Tribulação é de "um tempo, tempos e meio tempo" (12.14) ou "mil duzentos e sessenta dias" (12.6) ou "quarenta e dois meses" (13.5).

O contraste entre esses três anos e meio de sofrimento intenso para os santos e os mil anos seguintes de um reino com Cristo está muito alinhado com todo o propósito do livro: encorajar a fidelidade no tempo presente enquanto reflete sobre o futuro. Como escreveu Paulo: "Considero que os nossos sofrimentos atuais não podem ser comparados com a glória que em nós será revelada" (Rm 8.18).

Ainda considerando os dez "versículos" como um todo, podemos fazer as costumeiras perguntas básicas: quando, onde e quem?

QUANDO os mil anos acontecem? A resposta dupla é clara a partir da série de sete visões da qual fazem parte: *depois* que o cavaleiro montado em um cavalo branco (Jesus) derrotar a besta e o falso profeta e *antes* do grande trono branco. Em outras palavras, o Milênio se situa *entre* a segunda vinda e o Dia do Juízo.

ONDE reinam Cristo e seus santos? No céu ou na terra? O livro de Apocalipse alterna entre céu e terra (4.1; 7.1; 8.1, etc.). Mas costuma haver uma indicação muito clara da localização. Então, qual é o contexto do capítulo 20?

Precisamos começar com o capítulo 19. O céu está "aberto" para o cavaleiro (19.11), mas fica evidente que ele vem à terra para batalhar contra as forças malignas (19.19). O anjo que prende Satanás "desce do céu" (20.1). Sua posterior libertação acontece na "terra" (20.8-9). Mais tarde a "terra" desaparece antes do julgamento final (20.11).

Ao longo de toda esta passagem, o foco está na "terra". Na ausência de qualquer indício contrário, podemos concluir que o reino milenar dos santos acontece nessa velha terra antes que ela venha a desaparecer. Uma mudança repentina nos versículos 4-6 teria sido claramente indicada. Além disso, os santos reinam "com Cristo" (20.4) que, na ocasião, terá retornado à terra (19.11-21).

O contexto mais amplo de todo o livro confirma isso em três anúncios anteriores. Aos que vencerem será dada a "autoridade sobre as nações" (2.26). Os que foram redimidos pelo sangue do Cordeiro "reinarão sobre a terra" (5.10). O reino do mundo se tornará o reino de Cristo (11.15). Nenhuma dessas promessas é cumprida antes do capítulo 20.

QUEM é a figura central dessa passagem?

A PASSAGEM BASE (APOCALIPSE 20)

Surpreendentemente, não é Cristo! Ele é apenas mencionado brevemente. A atenção está principalmente sobre Satanás, embora sua participação no Milênio esteja limitada apenas aos primeiros e últimos momentos. Durante esses séculos intermediários, os santos são protagonistas. A estrutura da passagem se assemelha, portanto, a um "sanduíche":

1-3 Satanás removido (breve)
4-6 Os santos reinam (prolongado)
7-10 Satanás liberto (breve)

Precisamos encontrar uma razão para essa extraordinária desproporção de conteúdo. Enquanto isso, vamos analisar mais a fundo cada um dos três "parágrafos".

SATANÁS REMOVIDO (20.1-3)
Para entender o que está acontecendo aqui, precisamos olhar novamente para o contexto mais amplo.

Quatro figuras estranhas e hostis já foram apresentadas. Três delas, na verdade, são pessoas, apenas duas são seres humanos: Satanás (lançado à terra no cap. 12), o anticristo e o falso profeta (surgindo no cap. 13). Juntos eles formam uma espécie de trindade profana, que assume o governo do mundo no clímax da história, causando imenso sofrimento ao povo de Deus. São todos do sexo masculino. A quarta figura é feminina, mas não é uma pessoa. Ela, uma prostituta, é a personificação de uma cidade, Babilônia, o centro comercial do mundo.

Esses quatro dominam o período final, porém muito breve, dessa presente era perversa. São tratados na ordem inversa em que aparecem:

A Babilônia cai (cap. 18)
O anticristo e o falso profeta são lançados no inferno, os

primeiros seres humanos a irem para lá (cap. 19).
Satanás é removido, liberto, então ele mesmo é lançado no inferno (cap. 20).

Deve-se notar que a condenação de Satanás acontece em fases e inclui um desdobramento surpreendente (em 7-10).

A primeira fase é sua remoção da terra. Seus dois fantoches humanos – o ditador político e seu cúmplice religioso – já foram lançados no lago de fogo (19.20). Mas esse não será o destino de Satanás [...] ainda. Ele deve ser aprisionado, e não lançado, mantido sob custódia enquanto aguarda o julgamento final (como já aconteceu com seus companheiros; 1Pe 2.4; Jd v.6).

Quem removerá Satanás? Não será Deus, nem Cristo, nem a Igreja, mas um anjo cujo nome desconhecemos. Que indigno para alguém que teve todo o mundo sob seu poder (1Jo 5.19)! Esse ponto é importante, pois esse ato, às vezes, é confundido com afirmações encontradas nos Evangelhos (Mt 12.29; 16.19)

Como ele será removido? Esse ato é equivocadamente chamado de "o aprisionamento de Satanás" por aqueles que tentam identificá-lo com a vitória de Jesus sobre o diabo durante a tentação no deserto (Lc 4.12-14; Mt 12.29). Mas é algo que vai muito além de ser preso. São cinco verbos, não apenas um: Satanás é capturado, acorrentado, lançado, trancado e um selo é colocado sobre ele. Fica totalmente inoperante, completamente deslocado de sua esfera de influência terrena. O incidente deveria receber o nome de "o *banimento* de Satanás". O mestre do engano e da dissimulação não está mais por perto. Não pode mais enganar as nações (20.3).

Afirmar que isso já aconteceu é certamente enganar a si mesmo. No entanto, isso acontece muitas vezes com o intuito de associar o Milênio à era presente da Igreja.

A PASSAGEM BASE (APOCALIPSE 20)

O efeito do aprisionamento de Satanás se limitaria então a possibilitar a propagação do evangelho, mas os incrédulos permanecem firmemente sob seu comando. O absurdo dessa aplicação é óbvio. Se o mundo é como é depois que Satanás foi capturado, acorrentado, lançado no abismo, trancado e selado, como será quando ele for liberto novamente? Quem ousaria afirmar que ele não está enganando as nações neste momento?

Onde ele será aprisionado? Não será na terra, mas "sob" ela. A palavra usada para sua localização (no grego *abussos* = sem fundo) refere-se ao abismo imensurável, a região mais profunda da morada dos mortos, o lar dos demônios (cf. Dt 30.13.; Rm 10.7; Lc 8.31); é usada sete vezes em Apocalipse (9.1,2,11; 11.7; 17.8; 20.1,3). Outro nome para esse lugar de aprisionamento é "Tártaro".[105] Seja onde for, certamente não é na terra.

OS SANTOS REINAM (20.4-6)

A remoção da besta, do falso profeta (19.20) e do diabo (20.3) deixará um vácuo político no mundo. Quem assumirá seu governo? Antes disso, contudo, uma pergunta precisa ser respondida: "Será necessário que alguém assuma o controle?" Em outras palavras: "Restará alguém para governar?"

Alguém sobreviverá ao conflito de Armagedom descrito no capítulo 19? As primeiras impressões podem sugerir que não restou ser humano vivo na terra. Os abutres são convidados para consumir "a carne de todos" (19.18). Assim que os dois líderes vivos são levados cativos, "os demais" são mortos (19.21). Muitos acreditam que seja uma referência a toda a população do mundo, mas uma leitura mais atenta mostra que esses termos inclusivos são

---

[105] Esse termo familiar do mundo pagão é usado em 2Pedro 2.4.

qualificados pela frase "os reis da terra e os seus exércitos", ou seja, a vasta hoste que havia se reunido para guerrear (19.19).

O fato de que não há muitas pessoas envolvidas é claramente indicado na sequência, quando Satanás precisa ser impedido de enganar as nações (20.3) e, após sua libertação, consegue reunir uma imensa multidão (20.8).

Portanto, ainda existirá a necessidade de um governo mundial. Quem o constituirá? A resposta é ao mesmo tempo individual e coletiva: Cristo e seus seguidores fiéis.

A palavra "tronos" está no plural (a única outra ocorrência neste livro é 4.4). Visto que a cena acontece na terra, esses tronos não devem ser confundidos com o trono eterno de Deus no céu (cap. 4–5) ou com o grande trono branco do juízo final, após a "fuga" da terra (20.11). O substantivo coletivo cobre todos os postos governamentais: locais, regionais, nacionais e internacionais. Seu propósito é a ministração da justiça; eles serão ocupados por aqueles aos quais foi "dada autoridade para julgar" (20.4). Mas quem são eles?

Aqui, nos deparamos com uma difícil questão gramatical: o texto indica um, dois ou três grupos de governantes? À primeira vista, parece que somente aqueles que foram martirizados por Cristo reinam com ele. Eles foram "decapitados por causa do testemunho de Jesus e da palavra de Deus" (20.4; essa acusação dupla foi a razão da prisão de João e a base do seu apelo à perseverança, 1.9; 14.12). Eles foram fiéis até a morte (2.10), e isso significa perseverança até o ponto de morrer pela fé, não apenas até o momento da morte; sendo aplicado de forma indevida em funerais em caso de morte natural.

Um exame mais minucioso revela que aqueles aos quais foi dada autoridade para julgar não são, necessariamente, os mesmos que foram decapitados. Observe a inserção da palavra "vi" entre os dois grupos. Parece que eles não são inteiramente iguais, mas também não são totalmente diferentes! A explicação mais simples é que os últimos citados formam uma parte do grupo anterior. João vê os fiéis seguidores de Jesus partilhando de seu reino e observa, em especial, aqueles que escolheram morrer em vez de negar a seu Senhor. Isso se ajustaria à promessa de que *todos* os que perseverarem até que ele venha e cumprirem a sua vontade até o fim governarão as nações (2.25-27), embora, para *alguns*, isso signifique o martírio (2.10).

É fácil perceber por que estes últimos devem receber uma menção especial. Que encorajamento aos que ouvem a sentença de morte pronunciada por juízes terrenos saber que, um dia, eles se assentarão em tronos. Será a junção da vindicação com a recompensa. Em um nível mais profundo, sua própria experiência de injustiça no tribunal fortalecerá seu desejo de serem absolutamente justos quando lhes for dada a responsabilidade de julgar. Que extraordinária inversão de papéis!

Alguns identificam ainda outro subgrupo naqueles que "não tinham adorado a besta nem a sua imagem, e não tinham recebido a sua marca na testa nem nas mãos" (20.4). Poderia ser uma referência aos que se recusaram a ceder, mas escaparam com vida. Em outras passagens de Apocalipse (12.6,17 e 18.4, por exemplo) há indicações de que esse subgrupo existirá. Se ninguém tivesse sobrevivido, não haveria santos vivos para receberem Cristo em seu retorno, para serem "transformados em um abrir e fechar de olhos" (1Co 15.51-52; 1Ts 4.17). No entanto, continua aberta a questão se Apocalipse 20 está se referindo especificamente a estes ou se ainda está estendendo a definição dos decapitados; este autor tende a escolher a segunda opção. A opção anterior estaria incluída no grupo maior, mencionado primeiramente.

Sendo assim, trata-se de um grupo geral, com um ponto de destaque – os santos em geral e os mártires em particular. Como os mártires podem estar reinando neste planeta? Expulsos do mundo por causa da sua fé, eles agora estão de volta. Devem ter sido trazidos de volta à vida, seus espíritos reencarnados para que vivam aqui na terra. Em outras palavras, eles experimentaram a ressurreição.[106] A linguagem implica que João, na verdade, viu isso acontecer em sua visão do futuro, portanto a imagem era um filme! Ele já havia visto as almas dos mártires clamando pela retribuição divina de suas mortes (6.9). Agora ele os vê em corpos ressurretos, reinando sobre a terra.

Essa é outra indicação clara de que o reino milenar sucede a segunda vinda de Jesus, pois é nesse momento que "os que lhe pertencem" recebem seus novos corpos (1Co 15.20-23; 1Ts 4.16).

A distinção entre a "primeira ressurreição" dos "bem-aventurados e santos" e a "do restante dos mortos" não poderia ser mais clara. Sabemos por outros textos bíblicos que toda a raça humana, tanto os ímpios como os justos, ressuscitará antes do Dia do Juízo (Dn 12.2; Jo 5.29; At 24.15). No entanto, referir-se a esse *fato* como "a ressurreição geral", termo que não é bíblico, é um engano, pois implica um único *evento*. Em Apocalipse, aprendemos que duas categorias de pessoas são ressuscitadas em ocasiões diferentes, em datas bem distantes entre si. Haverá duas ressurreições, a dos "primeiros" e a do "restante", no início e no fim dos mil anos.

A natureza idêntica dos dois acontecimentos é confirmada pelo uso do mesmo verbo para ambos.[107]

---

[106] 20 .5; este substantivo, *anastasis*, usado 41 vezes no Novo Testamento, sempre se refere a um milagre físico, o ressuscitamento de um corpo; o termo nunca é usado para a regeneração, o novo nascimento.

[107] O tempo aoristo indicativo de *zoe* na terceira pessoa plural, cujo significado é: exercer as funções da vida, aqui traduzido como "voltar [ou tornar] a viver".

É verdade que essa palavra, ocasionalmente, pode ser usada em um sentido espiritual;[108] mas seu significado normal é físico, como em Jo 11.25 e Rm 14.9, particularmente em Apocalipse até este ponto (Ap 1.18; 2.8; 13.14).

Mais um aspecto a se considerar é que o verbo "ressuscitar" no versículo 4 contrasta de forma clara com "decapitado", ambos eventos físicos. Eles devem ter sido "espiritualmente ressuscitados com Cristo" muito antes de seu martírio; e após o ocorrido, estavam plenamente conscientes e capazes de se comunicar com ele (6.9-10). Assim como Cristo, eles experimentaram a morte física e a ressurreição – mas sua vida espiritual ou até mesmo mental, contínua desde sua conversão, não foi interrompida. Foram seus corpos que voltaram à vida, capacitando-os novamente a operar neste mundo físico.

Mesmo que não nos aprofundemos nessa questão, é importante enfatizá-la, uma vez que as perspectivas amilenista e pós-milenista conferem ao verbo dois significados inteiramente diferentes – regeneração espiritual no versículo 4 e ressurreição física no versículo 5, embora o próprio texto não indique essa variação. Isso viola uma regra elementar da exegese: a mesma palavra no mesmo contexto tem o mesmo significado, salvo clara indicação do contrário. Permita que um acadêmico mais experiente, Dean Alford, resuma essa inconsistência:

> [...] se em tal passagem a primeira ressurreição pode ser compreendida como se significasse ascensão *espiritual* com Cristo enquanto a segunda ressurreição significa literalmente erguer-se da sepultura, então extingue-se todo significado na linguagem, e as Escrituras são descartadas como testemunho do que quer que seja. Se a primeira ressurreição é espiritual, então a segunda também é, o que, suponho, ninguém será corajoso

---

108 João 5.25, em que o contexto indica esse uso metafórico.

o suficiente para sustentar; mas se a segunda for literal, então também é a primeira, a qual, de acordo com toda a igreja primitiva e muitos dos melhores expositores modernos, eu endosso e recebo como um artigo de fé e esperança. (ALFORD apud BIEDERWOLF, 1991, p. 697)

Esse conceito de duas ressurreições, de justos e de ímpios, separadas por um longo intervalo, não foi originalmente extraído do livro de Apocalipse. A ideia foi muito difundida entre os judeus do tempo de Jesus. Muitos esperavam que os justos que já haviam morrido fossem ressuscitados antes do reino messiânico na terra, ao passo que os ímpios seriam ressuscitados somente no fim, para o juízo.[109] Por essa razão, Jesus poderia se referir, sem explicação, à "ressurreição dos justos" quando falava aos fariseus (Lc 14.14). Eles já acreditavam em duas ressurreições, enquanto os saduceus não criam na ressurreição (Lc 20.27).

Três afirmações são feitas a respeito daqueles que "participam da primeira ressurreição". Primeiramente, sua *santidade*. Eles são "bem-aventurados e santos". Isso implica que os da segunda ressurreição são malditos e ímpios. Em segundo lugar, sua *segurança*. Na segunda vinda, sua salvação do pecado será completa (Fp 1.6; 1Jo 3.2). Eles terão certeza de que não haverá mais risco de sofrerem "a segunda morte," que é "o lago de fogo" (20.6,14). Terceiro, sua *soberania*. Seu reino será associado ao seu sacerdócio (compare 1.6 com 20.6). Para Cristo, eles atuarão como administradores, para o povo, como mediadores. Essa função dupla substitui o papel político e religioso da besta e do falso profeta respectivamente.

Essa situação não é permanente. O reino nesta terra

---

[109] Alguns já afirmaram que o intervalo entre as duas ressurreições seria de mil anos.

terminará juntamente com ela, embora tenha continuidade na nova terra (22.5). Os mil anos chegarão ao fim de forma muito surpreendente.

SATANÁS LIBERTO (20.7-10)

O desdobramento revelado aqui é tão inesperado que dificilmente poderia ter sido criado pela imaginação humana. Sua estranheza é uma marca da inspiração divina.

Vemos agora por que Satanás não foi lançado ao inferno antes, juntamente com seus dois agentes humanos (19.20). Deus vai usá-lo só mais uma vez. Ele terá uma aventura final! Em liberdade condicional, ele tem permissão para enganar as nações mais uma vez.

A natureza desse engano tem muito em comum com sua primeira trapaça contra a raça humana (Gn 3). Na ocasião, duas pessoas estavam envolvidas, agora são muitos grupos étnicos. Mas o apelo é o mesmo: autonomia moral e libertação do governo de Deus (que agora inclui Cristo e seus santos). Visto que esse reino agora está na terra, um corpo físico, pode se investir contra ele com poderio militar. Uma enorme força é reunida dos quatro cantos do mundo para marchar contra a sede do governo, a cidade amada [por Deus], uma referência clara a Jerusalém, a sede das "Nações Unidas" durante o Milênio (20.9; cf. Is 2.1-5; Mq 4.1-55; Mt 5.35).

Essa última grande batalha não deve ser confundida com o Armagedom, que corresponde à sexta taça (16.16) e aconteceu antes dos mil anos (19.19-21). Ela é identificada por um título diferente, Gogue e Magogue, nomes usados para o "príncipe" e seus seguidores que atacam a terra de Israel *depois* que o povo de Deus é restabelecido ali e a dinastia davídica é restaurada ao trono.[110] Em Apocalipse,

---

110 Veja Ezequiel 37–39.

parece que "Gogue" é o último de vários nomes dados a Satanás (como "Apoliom" em 9.11 e "Belzebu" em Mt 10.25) e "Magogue" refere-se ao exército internacional que foi convencido por ele a lutar ao seu lado.

A tentativa de sitiar e atacar a capital do mundo fracassa completamente. Não há adesão à batalha. Nem os cristãos nem o próprio Cristo precisam enfrentar o inimigo. Deus, o Pai, envia "fogo dos céus" (Gn 15.17; Lv 9.24; Jz 13.20; 1Rs 18.38; 2Cr 7.1; Lc 9.54; Ap 9.18). Embora o diabo pudesse explorar tal poder destrutivo (13.13), esse poder agora é usado para destruir toda a sua milícia. O próprio diabo é lançado no lago de fogo, onde já estão seus dois agentes humanos há mil anos.

O versículo 10 é muito importante. É a afirmação mais elucidativa da natureza do inferno no Novo Testamento. A linguagem é clara e simples; não pode ser descartada por ser extremamente simbólica. Trata-se de um lugar de tormento, que nada mais pode significar além de dor consciente, seja física ou emocional, ou ambas. Esse entendimento remonta ao próprio Jesus (Mt 25.30; Lc 16.23-25). O sofrimento é contínuo (dia e noite) e eterno.[111]

Visto que a palavra "eles", o sujeito dessa afirmação, inclui dois seres humanos, descarta-se a noção moderna do aniquilacionismo.[112] Jesus ensinou a mesma punição para todos que fossem rejeitados por ele no julgamento (Mt 25.41-46). Para uma análise mais completa dessa questão vital, veja meu livro *The Road to Hell* [A estrada para o inferno].

Assim se encerra o reinado de Satanás neste mundo. Tendo sido o príncipe, o soberano e até mesmo o deus deste

---

111 "Para todo o sempre" é uma expressão equivalente à frase em grego *eis tous aionas ton aionon*, literalmente, "por todas as eras", a frase mais contundente naquela língua para a ideia de "eternidade"; cf 4.9-10; 5.13-14; 7.12; 10.6 ; 11.15; 14.11; 15.7; 19.3; 22.5.

112 A crença de que os "ímpios" são condenados ao esquecimento por extinção, seja por morte ou após o Dia do Juízo.

mundo (Jo 12.31; 2Co 4.4), ele agora enfrenta sua sentença e partilha do destino comum de todos – seres humanos ou anjos – que se rebelam contra o governo régio de Deus (Mt 25.41; Ap 12.4).

Ele não imaginou que isso aconteceria? Será que esperava ter êxito em sua última tentativa para alcançar a soberania terrena? Além de iludir as nações ele também teria se iludido? Ele realmente acreditava ser mais forte do que o povo de Deus e, consequentemente, do que o próprio Deus? Ou percebendo que seu destino estava selado e seu fim estava próximo, buscava arregimentar tantos quantos fosse possível para partilharem de sua ruína, em um derradeiro e frustrado ataque de ira? Talvez nunca venhamos a saber. Talvez não seja necessário.

Na verdade, toda essa passagem desperta muitas perguntas aflitivas, às quais nenhuma resposta é oferecida. Praticamente nada se diz sobre o Milênio em si e a forma como ele acontecerá na prática. Podemos apenas concluir que tais informações não eram relevantes para o propósito do livro de Apocalipse. Basta saber que as forças do bem serão publicamente vindicadas e as forças do mal, finalmente erradicadas.

Temos, portanto, os fatos básicos. Somos informados sobre *o que* acontecerá no final, mas não *por que os eventos* tomarão esse rumo. É claro que Deus não é obrigado a nos revelar as razões por trás de tudo o que faz, como, há muitos séculos, Jó descobriu da forma mais difícil (Jó 40.1-5; 42.1-6). Há um lugar para o agnosticismo reverente (Rm 9.20).

No entanto, persiste o enigma. Por que o diabo tem uma última chance de causar tanto dano bem ao final de mil anos de um governo justo? E, aliás, qual a razão desse período de mil anos? Evitando a mera especulação, podemos seguir com cautela por esse caminho rumo à compreensão, considerando os efeitos espirituais desses dois desdobramentos.

Pela perspectiva positiva primeiramente, o governo milenar de Cristo e de seus santos nesta terra servirá para justificá-los aos olhos do mundo. Demonstrará exatamente como este mundo pode ser sem a presença de Satanás e, na verdade, com a volta de Jesus, mostra o que poderia ter sido todo o tempo, se não tivesse sido contaminado pelo pecado.

Em um nível mais complexo, o Milênio ratificará que este mundo é de Deus, que ele o criou para seu Filho e que tudo estará novamente em suas mãos. A criação é essencialmente boa e a terra não deve ser descartada como algo sem possibilidade de redenção. A história deve se encerrar com uma consumação, e não com uma catástrofe, com redenção, e não com ruína.

Caso se pergunte por que esse clímax deve ocorrer na "velha" terra antes que a "nova" terra apareça, pode-se destacar que, do contrário, o "mundo" (os incrédulos na terra) jamais assistiria a vitória do bem sobre o mal.

E há um paralelo notável entre nossa própria redenção e a do planeta. Em ambos os casos, a regeneração espiritual precede a física. Devemos praticar nossa salvação enquanto ainda estivermos no "velho" corpo material, antes que ele seja "transformado" no "novo" corpo (Fp 3.21). O novo corpo será o sinal de que fomos finalmente restaurados ao nosso estado original. De modo muito semelhante, a nova terra será o sinal de que o processo de restauração iniciado durante o Milênio foi concluído.

A perspectiva negativa é um pouco mais intrigante. Por que Satanás é liberto novamente no final desse regime de governo "ideal"? Pode-se apenas concluir que seja uma demonstração convincente de que as condições externas não afetam o coração humano. É exposta, finalmente, a grande mentira de que o pecado é consequência do meio. Após mil anos de paz e prosperidade, ainda haverá pessoas ingratas e descontentes.

A PASSAGEM BASE (APOCALIPSE 20)

É claro que vale lembrar que o governo milenar não será democrático, mas uma "ditadura benevolente", não escolhida por meio do voto popular, mas imposta por decisão divina. É nesse sentido que tanto Cristo como os cristãos governarão com um "cetro de ferro" (2.27; 12.5; 19.15). Não se trata de um símbolo de tirania cruel, como podem supor, mas de um governo forte que não pode ser corrompido. Esse governo incluirá, por exemplo, estrita censura; uma ofensa para os ímpios.

Apesar dos muitos benefícios desse bom governo, sua condução imparcial da justiça perfeita e seu generoso sistema de bem-estar social para todos, ainda haverá muitos súditos que abririam mão desses benefícios para recuperar sua autonomia moral, ou melhor, imoral. Seus corações ressentidos e rebeldes querem estar livres das restrições impostas pelo Senhor e seu povo. Por essa razão Satanás será capaz de reunir uma força mundial. Ele só consegue enganar os que desejam o que ele tem para oferecer.

Fica evidente que o Milênio é um prelúdio adequado para o Dia do Juízo. A questão torna-se clara e cristalina: aceitar ou rejeitar o governo divino, o reino do céu na terra. Essa questão esteve presente ao longo de toda a história e vem à tona durante o Milênio. Tal contexto oferece a prova dupla da necessidade de haver uma separação eterna na raça humana. O novo universo que Deus planeja criar somente pode ser habitado por aqueles que voluntária e ansiosamente "entraram no reino", acolhendo a vontade de Deus para sua criação com corações alegres e gratos.

É, portanto, totalmente apropriado que a passagem sobre o Milênio (20.1-10) seja imediatamente seguida pela separação da raça humana no grande Dia do Juízo, para o qual "o restante dos mortos", mesmo os que morreram no mar, "voltará a viver". Para eles, os "livros" que contêm o registro de sua vida ímpia na terra são prova suficiente para sua sentença. O livro da vida contém os nomes de todos os que permaneceram fiéis a Jesus (3.5), que participaram da primeira ressurreição e reinaram com ele durante os mil anos.

CAPÍTULO 16

O CONTEXTO MAIS AMPLO

Até agora, nosso estudo nos conduziu ao entendimento pré-milenista de Apocalipse 20. Ou seja, a segunda vinda de Cristo precede seu reino milenar na terra, que, por sua vez, vem antes do juízo final.

Mas essa interpretação está longe de ser aceita de forma universal pela Igreja cristã. Ela sofre frequentes ataques em seu embasamento tanto bíblico quanto filosófico. Vamos começar com o primeiro, afinal de contas, a revelação divina tem mais peso do que a especulação humana.

Afirma-se com frequência que esse capítulo é a *única* passagem em toda a Bíblia que fala de forma clara sobre o Milênio. Alguns vão além e não admitem que mesmo nessa passagem o texto seja claro, pois todo o livro de Apocalipse é extremamente simbólico e, consequentemente, obscuro! Por uma ou por ambas as razões, considera-se um despropósito formular toda uma doutrina com base nesses versículos.

Felizmente, a exegese anterior demonstra que a passagem está longe de ser enigmática quando pode falar por si mesma, sem conclusões previamente impostas. E mesmo que esta fosse a única referência, ainda seria uma porção da Palavra de Deus. Deveria bastar que Deus dissesse apenas uma vez o que ele quer que ouçamos (e precisamos nos lembrar da enfática repetição de mil anos – seis vezes na passagem).

Além disso, a Igreja não demonstrou nenhuma relutância

em construir outros ensinamentos fundamentados em uma única passagem ou até um versículo apenas! Pense na insistência em determinar uma fórmula trinitariana para o batismo (com base unicamente em Mt 28.19, pois todas as outras referências têm apenas o nome de Jesus). Outro exemplo é a aplicação do nome "Israel" à Igreja (com base na frase ambígua de Gálatas 6.16, sendo que todas as outras 70 referências ou mais do Novo Testamento se referem ao povo judeu).

Parece até que o preconceito é a regra quando o assunto é o Milênio!

Pode haver, contudo, genuínas objeções "bíblicas" à formulação de uma doutrina com base em uma única passagem. Aqui estão duas em especial:

i. Negativamente, a ausência de confirmação
ii. Positivamente, a existência de contradição

Ou seja, se nenhum outro texto bíblico aponta na mesma direção ou se muitos outros textos bíblicos apontam numa direção diferente, deve-se reexaminar a passagem sob esta luz. A segunda objeção apresenta a maior dificuldade.

AUSÊNCIA DE CONFIRMAÇÃO

Seguramente, não há outra passagem do Novo Testamento que fale de forma inequívoca a respeito do Milênio. Mas há um bom número de referências indiretas, talvez mais extraordinárias ainda por serem incidentais.

Existem, é claro, algumas promessas claras no restante do livro de Apocalipse. Por exemplo, os vencedores terão "autoridade sobre as nações" (2.26-27). Os redimidos "reinarão sobre a terra" (5.10). O reino do mundo se tornará o reino de Cristo (11.15). O capítulo 20 é, claramente, o cumprimento dessas previsões.

O CONTEXTO MAIS AMPLO

Quando nos voltamos para as cartas de Paulo, encontramos diversas pistas. É provável que a mais clara delas esteja em sua primeira carta aos Coríntios. Repreendendo os crentes de Corinto por processarem uns aos outros em tribunais pagãos, ele diz: "Vocês não sabem que os santos hão de julgar o mundo? Se vocês hão de julgar o mundo, acaso não são capazes de julgar as causas de menor importância?" (1Co 6.2). Essa não pode ser uma referência ao juízo final, pois este depende exclusivamente do Senhor. O texto aponta para um dia em que os cristãos serão responsáveis pela condução da justiça. Observe que Paulo pressupõe que eles já estariam cientes disso.

Mais adiante, na mesma carta, abordando o tema da ressurreição, ele descreve a ordem na qual as pessoas serão ressuscitadas, aparentemente em três fases:

i. "Cristo, o *primeiro*;
ii. *depois*, quando ele vier, os que lhe pertencem.
iii. *Então* virá o fim" (1Co 15.23-24).

É certo que a terceira fase não menciona a ressurreição especificamente. Mesmo assim, Paulo não afirma que haverá uma ressurreição "geral" de toda a raça humana na ocasião da volta de Cristo. No entanto, as duas palavras gregas traduzidas como "então" (*epeita* e *eita*) têm o sentido de "subsequente"; se o terceiro evento "concorresse" com o segundo, outro termo teria sido usado (*tote*). Paulo passa imediatamente a falar do reino de Cristo *antes* "do fim", que culmina com a destruição final da própria morte (1Co 15.25-26; cf. Ap 20.14).

A certeza de Paulo a respeito de uma ressurreição dos cristãos fiéis *antes* do restante da humanidade é confirmada por seu uso de uma frase bastante incomum (Fp 3.11): "ressurreição [para fora] dentre os mortos". Em outras palavras, não se trata de uma ressurreição geral de todos, mas de um evento anterior e limitado. Não surpreende que a frase tenha sido usada para falar do próprio Jesus (1Pe 1.3). Aqui, Paulo a usa em referência aos cristãos que perseveram para alcançá-la. Nada precisa ser feito para alcançar a ressurreição geral (exceto morrer!). Está claro que Paulo se refere aqui à "primeira ressurreição" dos "bem-aventurados e santos" (Ap 20.6).

Na mesma carta, Paulo olha adiante, para o dia em que "ao nome de Jesus se dobrará todo joelho [...] e toda língua confessará que Jesus Cristo é o Senhor" (Fp 2.10-11; cf Is 45.23 e Ap 5.13). Quando ele esperava que esse reconhecimento mundial acontecesse?

Escrevendo a Timóteo, e possivelmente citando um antigo hino, Paulo promete: "Se perseveramos, com ele também reinaremos" (2Tm 2.12; cf. Ap 3.21). Essa frase resume com perfeição toda a mensagem de Apocalipse. Observe que praticamente todas as referências do Novo Testamento ao fato de os cristãos reinarem estão no *futuro*.[113] Os seguidores de Jesus devem seguir seus passos – o sofrimento conduz à glória, a cruz precede a coroa.

Talvez não haja muitas referências paulinas, mas isso não pode servir de desculpa para descartá-las. Paulo menciona a ceia do Senhor em uma carta somente e faz isso devido aos abusos cometidos – no entanto, o ensinamento do tema é encarado com seriedade. E suas exceções são significativas porque nos indicam justamente quais eram as regras.

Voltando ao Novo Testamento, chegamos ao livro de Atos. Notamos a expressão "ressurreição dentre os mortos" usada na pregação apostólica da ressurreição de Jesus (At 4.2).

Mas a referência crucial está logo no início, na última pergunta feita pelos discípulos antes que Jesus retornasse

---

113 Em Romanos 5.17 o enfoque é reinar sobre o pecado, e não sobre outras pessoas.

ao céu: "Senhor, é neste tempo que vais restaurar o reino a Israel?" (At 1.6). Todos os acadêmicos concordam que "reino" significava para eles a autonomia política sob um monarca da dinastia davídica. A pergunta contém quatro premissas (suposições anteriores):

i. Israel já teve seu "reino".
ii. Israel perdeu esse "reino".
iii. Israel recuperará esse "reino".
iv. É por meio de Jesus que Israel terá novamente um reino.

A única incerteza que eles têm é quanto ao momento em que acontecerá: agora ou depois?

É vital observar que Jesus não questiona a pergunta; algo que ele costumava fazer quando percebia que a pergunta que lhe era feita estava fundamentada em suposições equivocadas.[114] Ele aceita todas as quatro premissas básicas e lida apenas com a indagação a respeito do tempo: "Não lhes compete saber os tempos ou as datas que o Pai estabeleceu pela sua própria autoridade" (At 1.7). Em outras palavras: "Esse evento acontecerá, sim. Já está na agenda de Deus. Mas a data não é algo com que devem se preocupar. Há outras questões que precisam de atenção imediata: serem minhas testemunhas até os confins da terra pelo poder do Espírito Santo" (At 1.8). O ponto central da resposta de Jesus torna-se óbvio quando imaginamos outra pergunta: "Senhor, é neste tempo que vais assassinar Pilates e Herodes?" Considere as complicações se a resposta fosse ainda: "Não lhes compete saber os tempos ou as datas que o Pai estabeleceu". O que os discípulos teriam entendido?

Além disso, há uma indicação posterior de que essa foi a convicção que os apóstolos passaram a ter em resposta à sua

---

[114] Um exemplo moderno é a pergunta capciosa: "Você parou de bater na sua mulher?"

própria pergunta. Em seu segundo sermão público, Pedro afirma que era necessário que Jesus permanecesse no céu "até que chegue o *tempo* em que Deus *restaurará* todas as coisas" (At 3.21); as palavras em itálico são exatamente as mesmas palavras incomuns no grego de Atos 1.6. É difícil resistir à conclusão de que, após a ascensão, os apóstolos precisaram somar dois mais dois e perceberam que o reino seria restaurado a Israel no retorno de Jesus, muito embora eles ainda não soubessem "os tempos ou as datas que o Pai estabeleceu" (At 1.7).

Jesus, portanto, está aceitando o que eles creem: um dia a monarquia seria restaurada a Israel. Mas quando um descendente de Davi poderá assentar-se novamente no trono em Jerusalém? E quem será ele? Se a resposta não for o governo milenar de Cristo na terra, o Novo Testamento não oferece outra possibilidade.

Voltando para os Evangelhos, especialmente Mateus e Lucas, encontramos o mesmo tipo de pistas espalhadas por todas as páginas. No início da história, um anjo promete a Maria que o Senhor Deus dará a seu filho "o trono de seu pai Davi" (Lc 1.32). Para Maria, esse trono seria terreno, não celeste.

Jesus nasceu "Rei dos judeus" (Mt 2.2) e morreu "Rei dos judeus" (Lc 23.38). Seu "crime", afixado no alto da cruz em que foi executado, suscitou a súplica de um criminoso moribundo: "Jesus, lembra-te de mim quando entrares no teu reino" (Lc 23.42). A despeito de todas as aparências e circunstâncias, ele acreditava que Jesus era o Messias e que retornaria um dia para reivindicar o trono de Israel. Jesus lhe respondeu que, muito antes disso, naquele mesmo dia, eles estariam juntos "no paraíso" (Lc 23.43).[115]

---

[115] Observe que Jesus evitou a palavra "reino", substituindo-a pelo termo persa para "jardim do palácio", ou seja, ele estaria em um lugar privilegiado, na companhia de uma figura da realeza.

Outros haviam previsto o retorno dessa monarquia. A ambiciosa mãe de Tiago e João exigiu: "Declara que no teu Reino estes meus dois filhos se assentarão um à tua direita e o outro à tua esquerda" (Mt 20.21). Indiscutivelmente, ela entendia esse reino como algo terreno, uma monarquia restaurada em Israel que exigiria um primeiro-ministro e um vice-ministro. Jesus aceita essas suposições, mas destaca que ele não será responsável pelas indicações. Novamente, essas decisões cabem a seu Pai (Mt 20.23).[116]

Jesus de fato prometeu aos discípulos que "quando o Filho do homem se assentar em seu trono glorioso, vocês que me seguiram também se assentarão em doze tronos, para julgar as doze tribos de Israel" (Mt 19.28). Precisamos encontrar espaço em nosso entendimento para o cumprimento dessas palavras, bem como para previsões mais gerais como "os mansos herdarão a terra" (Mt 5.5). Quando isso acontecerá?

Em diversas ocasiões, Jesus ofereceu recompensas terrenas para o serviço fiel. Prometeu riquezas e propriedades àqueles que lidassem de forma íntegra com o dinheiro e os bens de outras pessoas (Lc 16.11-12). Nas parábolas que tratam da sua vinda, servos fidedignos são agraciados com mais responsabilidade: passarão a ser encarregados de muitas tarefas (Mt 25.21,23) ou de cinco ou dez cidades (Lc 19.17-19). As assembleias, bem como os tribunais (1Co 6.2), estarão aos cuidados de cristãos.

O próprio Jesus acreditava em duas ressurreições, com um intervalo entre elas, e isso se reflete em seu uso do termo comum "a ressurreição dos justos" (Lc 14.14) e em sua validação das qualificações morais para a primeira ressurreição: "Os que forem considerados dignos de tomar parte na era que há de vir e na ressurreição dos [dentre os]

---

116 Observe que os lugares são preparados para as pessoas, e não o contrário.

mortos" (Lc 20.35).

Até agora, só folheamos as páginas do Novo Testamento. Mas as expectativas dos apóstolos a respeito do futuro têm suas raízes nas profecias do Antigo Testamento, para o qual nos voltamos agora.

Existem, é claro, muitas promessas de uma terra transformada sob o governo do próprio Deus, um tempo de paz e prosperidade sem paralelos, no qual as nações podem comprometer-se com segurança com um desarmamento multilateral. A harmonia será acompanhada pela longevidade da vida humana. Essa visão de uma terra restaurada à sua condição original permeia as palavras dos profetas, mas, de forma particularmente clara, o livro de Isaías.

No entanto, há duas ambiguidades nessa esperança dos hebreus. Em primeiro lugar, ela se cumpriria por meio de um agente divino (o próprio Deus Pai) ou humano (o Messias)? Segundo, ela poderia se concretizar nesta velha terra ou exigiria a criação de uma nova? Essa dupla tensão não é resolvida no cânon das Escrituras judaicas, mas por volta da época de Jesus, um plano pode ser encontrado em outros escritos, na literatura intertestamentária conhecida hoje como livros apócrifos e pseudopígrafos. A expectativa que desponta prevê uma era messiânica na velha terra (as estimativas de sua duração variam de quarenta a mil anos) *antes* que Deus crie uma nova terra (Is 65.17). Esse padrão é extraordinariamente paralelo ao apresentado em Apocalipse 20.

Há um texto bíblico que prevê de forma enfática um tempo em que o povo de Deus governará este mundo. Significativamente, esse texto pertence ao mesmo gênero apocalíptico de literatura do livro de Apocalipse: é a segunda metade do livro de Daniel. Os dois textos têm muito em comum e esclarecem um ao outro.

O CONTEXTO MAIS AMPLO

O capítulo sete, especialmente os versículos 13-22, é bem específico quanto ao reino futuro do povo de Deus nesta terra. O trecho começa com "vi alguém semelhante a um filho de um homem, vindo com as nuvens dos céus" (v. 13), palavras ditas por Jesus a respeito de si mesmo (Mc 14.62) e uma clara referência à sua segunda vinda. Esse trecho é seguido por: "A ele foram dados autoridade, glória e reino; todos os povos, nações e homens de todas as línguas o adoraram" (v. 14). Em seguida, três afirmações de que ele partilhará sua autoridade com seu povo: "[...] os santos do Altíssimo receberão o reino" (v. 18); "até que o ancião veio e pronunciou a sentença a favor dos santos do Altíssimo, e chegou a hora de eles tomarem posse do reino" (v. 22); "então a soberania, o poder e a grandeza dos reinos *debaixo de todo o céu* serão entregues nas mãos dos santos, o povo do Altíssimo" (v. 27). Os reinos que serão transferidos são especificamente definidos como "quatro reinos que se levantarão na *terra*" (v. 17).

É praticamente impossível não associar Daniel e Apocalipse. Os paralelos são muitos para que sejam considerados coincidências, e esses paralelos se estendem até mesmo a detalhes como a cor do cabelo (Dn 7.9 e Ap 1.14). A descrição do Ancião de Dias [ARA], do Filho do Homem e dos santos assumindo o controle dos reinos da terra em Daniel corresponde ao Milênio em Apocalipse.

Sintetizando essa parte de nosso estudo, parece correto afirmar que há evidências consideráveis, tanto diretas quanto indiretas, de que outros textos bíblicos confirmam o conceito de um reino milenar na terra. Mas e aqueles que parecem contradizer tal noção?

EXISTÊNCIA DE CONTRADIÇÃO

Afirma-se que alguns textos, na verdade, anulam a possibilidade de que Jesus virá governar sobre um reino terreno.

Eis aqui a muito citada declaração de Jesus em seu julgamento perante Pôncio Pilatos: "O meu Reino não é deste mundo" (Jo 18.36). A pequena palavra "deste" recebeu muitos significados: não neste mundo, não como este mundo, não para este mundo etc. No entanto, é mais provável que a afirmação diga respeito à origem e à procedência de seu reino do que à sua natureza e localização. De fato, mais adiante ele também afirma: "o meu Reino não é *daqui*". Há, contudo, um aspecto prático, a saber, o poder com o qual esse reino é estabelecido e protegido, que não será através de poderio militar. Significativamente, em Apocalipse 19 e 20, quando os exércitos se reúnem no Oriente Médio para atacar e destruir o povo de Deus, este não está armado para defender a si mesmo; a palavra de Cristo e o fogo divino alcançam a vitória nas duas ocasiões.

Mas o principal argumento para a contradição do Milênio está nos textos que descrevem como *simultâneos* os eventos que estariam separados no tempo por um interlúdio milenar.

Por exemplo, há versículos que parecem falar de uma ressurreição "geral" de toda a humanidade, justos e ímpios, ao mesmo tempo. As palavras de Jesus vêm à mente: "Está chegando a hora em que *todos* os que estiverem nos túmulos ouvirão a sua voz e sairão; os que fizeram o bem ressuscitarão para a vida, e os que fizeram o mal ressuscitarão para serem condenados" (Jo 5.28-29); mas observe que o versículo 25 fala de uma ressurreição seletiva anterior a esta.

Outros versículos sugerem que a segunda vinda e o juízo final são simultâneos. "*Quando* o Filho do homem vier em sua glória, com todos os anjos [...] ele separará [as pessoas] umas das outras" (Mt 25.31-32). "Isso [a vingança de Deus contra os perseguidores] acontecerá *quando* o Senhor Jesus for revelado lá do céu, com os seus anjos poderosos, em meio a chamas flamejantes" (2Ts 1.7).

E há passagens que sugerem que a dissolução do velho céu e da velha terra e a criação de novos céu e terra acontecem imediatamente após a vinda de Jesus (2Pe 3.3-10). Na verdade, os expositores do século 2º costumavam usar o versículo 8 como comprovação da realidade do Milênio, visto que a menção de mil anos ocorre *entre* a discussão sobre a vinda de Jesus e a proclamação da nova criação! Tal exegese soa bastante insólita hoje, pois esse versículo é uma afirmação geral que poderia ser aplicada a qualquer período da história, mas seu uso generalizado desta forma testemunha a crença anterior em um governo milenar de Cristo após o seu retorno.

Em todos esses casos, podemos ter o exemplo de uma característica frequente da profecia: o encurtamento do espaço que separa eventos futuros. O fenômeno pode ser ilustrado como a visão, através de um telescópio, de montanhas distantes cujos picos, embora separados, parecem conectados. O exemplo mais conhecido do Antigo Testamento é que somente uma vinda de Cristo é prevista, embora revelações posteriores demonstrem que haverá duas vindas, separadas por um longo período de tempo. Há um caso específico em Isaías (65.17-25) que funde em uma única visão o Milênio na velha terra e a eternidade na nova terra; pessoas morrerão em idade muito mais avançada na primeira, mas não na segunda.

Existem exemplos nas previsões de Jesus também. Um dos mais simples é a forma como ele sintetiza a condição intermediária do Hades com a condição final do inferno na parábola de Lázaro e o homem rico (Lc 16.19-26). Um caso mais complexo é quando ele funde em um discurso a queda de Jerusalém em 70 d.C. com os desastres que precedem seu retorno, de forma que se torna difícil saber a qual ele se refere (Mt 24; Mc 13; Lc 21).

Jesus não precisava dar muitos detalhes sempre que mencionava o futuro. Isso envolveria uma repetição desnecessária e poderia causar distrações. Ele escolhia os aspectos relevantes ao ponto que desejava frisar conforme a ocasião, e, se necessário, compactava elementos distintos em uma só afirmação.

O mesmo pode ser dito a respeito da frase "dia do Senhor". Ela é usada tanto para a segunda vinda quanto para o juízo final, mas insistir que, por essa razão, os dois eventos devem acontecer no mesmo espaço de 24 horas é negligenciar os vários sentidos da palavra "dia", que pode, da mesma forma, referir-se a uma época, como "os dias do cavalo e da carroça já passaram". Na Bíblia, "o dia do Senhor" contrasta com a era em que o pecado e Satanás foram autorizados a governar o mundo. É o "dia" em que o Senhor intervém diretamente nas questões do mundo, para cumprir seus propósitos. A duração daquele dia é irrelevante.

CAPÍTULO 17

O PROBLEMA FILOSÓFICO

Empecilhos intelectuais impedem que alguns acolham a ideia do Milênio futuro e terreno. Eles simplesmente não conseguem compreender como tal situação poderia ser produzida ou mantida. O problema talvez seja simplesmente falta de imaginação, a incapacidade de conceber uma mudança tão radical em nossa sociedade e meio ambiente.

Outros acham difícil encaixar todas as partes. O enigma mais comum é como os santos ressurretos e com seus novos corpos podem viver ao lado de mortais ainda em seu "primeiro estado" – ignora-se o fato de que essa mesma situação já aconteceu entre a ressurreição e a ascensão de Jesus; ele sentou-se e conversou com seus discípulos, comeu com eles, e até lhes preparou o café da manhã.

Mas os mortais ainda terão apetite e atividade sexual, enquanto os santos ressuscitados "não se casam nem são dados em casamento" (Lc 20.35). Como eles se sentirão a esse respeito? Estarão acima de qualquer tentação?

Também há questões no que diz respeito à localização e à comunicação. Se Jesus reinará de forma corpórea, ele poderá estar em apenas um lugar de cada vez. Ele ficará em Jerusalém ou viajará? E como é possível afirmar que seus representantes, governando regiões diferentes, estarão "com o Senhor para sempre" após sua segunda vinda (1Ts 4.17)?

É muito fácil compilar uma longa lista de perguntas igualmente desconcertantes. E seria extremamente improvável que tivéssemos qualquer resposta de antemão. O fato é que a Bíblia não trata dessas questões. Uma das características mais marcantes de Apocalipse 20 é seu total silêncio a respeito das condições durante os mil anos. É evidente que em nada nos ajudaria saber mais do que já sabemos.

Na verdade, essa meditação especulativa poderia revelar-se uma perigosa distração da tarefa vital de vivermos esta presente e decisiva fase de nossa existência.

Também precisamos ter em mente que é igualmente difícil, talvez mais difícil ainda, imaginar como será a vida eterna na nova terra. Não seria diferente se tentássemos imaginar como seria a vida neste mundo antes do nosso nascimento nele. É só pensar que nossos antepassados também considerariam praticamente impossível imaginar homens dirigindo carros e jogando golfe na lua, usando TVs e computadores, manipulando genes. O importante é que nossa compreensão é limitada por nosso conhecimento e experiência atuais; e seria uma grande tolice afirmar que algo é impossível simplesmente porque não entendemos como poderia funcionar.

No entanto, precisamos identificar as razões pelas quais temos dificuldades em acreditar em certas coisas. Por trás de muitas das perguntas práticas já mencionadas oculta-se um grande bloqueio mental decorrente da influência grega na filosofia ocidental.

O Milênio é, essencialmente, um conceito hebraico e, consequentemente, estranho ao pensamento grego. Por estar associada à esperança de uma ressurreição *corpórea*, que também é alvo de zombaria para os que acreditavam na necessidade de libertar a alma imortal de sua prisão física (cf. At 17.32), era ofensiva toda e qualquer ideia de um período futuro de existência neste mundo material e físico.

Os gregos nunca conseguiram relacionar de forma

apropriada as realidades física e espiritual. Diferentemente dos hebreus, que não separavam as duas esferas por seu entendimento da doutrina da criação, os pensadores gregos faziam clara distinção entre eterno e temporal, sacro e secular, céu e terra, alma e corpo. Platão concentrou-se na primeira realidade e Aristóteles, na segunda; nenhum deles preocupou-se em uni-las.

Isso produziu uma atitude ambígua em relação à "carne", levando a extremos de condescendência ou repressão. Inevitavelmente, o mal passou a ser associado e até identificado com o aspecto físico da existência. Consequentemente, a salvação significava libertar a "alma" da prisão do corpo e de seu ambiente, por meio da disciplina ou da morte.

Nada poderia estar mais distante da verdade bíblica, que afirma que o universo físico é basicamente "bom" (Gn 1), deteriorado apenas pela corrupção moral. Os desejos físicos, incluindo o sexo, foram planejados por Deus para serem desfrutados. O corpo pode ser um templo sagrado, um lugar de habitação do Espírito de Deus. Seu propósito eterno inclui corpos imortais em um universo renovado.

Mesmo no tempo do Novo Testamento, articulava-se uma batalha entre essas filosofias completamente diferentes.[117] A influência insidiosa do gnosticismo[118] tornou-se uma grave ameaça à fé judaico-cristã no segundo século. Os crentes corriam o risco de se tornarem superespirituais.

O triste fato é que a filosofia grega dominou grande parte da Igreja cristã e até os dias de hoje colore, ou melhor, descolore a teologia. A maioria dos ocidentais lê a Bíblia através de lentes gregas.[119]

---

117 Veja 1Timóteo 4.1-5 como exemplo.
118 A alegação de um conhecimento superior da realidade, o oposto de agnosticismo.
119 É essencial perceber que embora o Novo Testamento tenha sido escrito no grego comum de sua época – *koine* – seu pensamento era completamente hebraico e todo os seus escritores, com exceção de um, eram hebreus.

Esse desastre aconteceu no norte da África. Alexandria, na costa do Egito, vangloriava-se de ter a universidade mais prestigiosa do Mundo Antigo depois de Atenas. Como estava fora da Grécia, sua contribuição ímpar foi aplicar a filosofia grega a outras culturas. Foi ali que o Antigo Testamento foi traduzido para a língua grega por 70 acadêmicos.[120] O pensamento, no entanto, pode acompanhar a língua, e os acadêmicos judeus começaram a "pensar grego", sendo Fílon de Alexandria o mais notável entre eles.

Tempos depois, o mesmo processo sutil afetou os teólogos cristãos dessa universidade, particularmente Clemente e Orígenes. O segundo inventou uma forma radicalmente nova de abordar as Escrituras: o método *alegórico*. Ele instruía seus alunos a não se limitarem às afirmações literais da Bíblia, mas a encontrarem o sentido e a mensagem espiritual. Foi um passo considerável na direção oposta do sentido simples e claro das Escrituras; algo que persiste até os dias de hoje, afinal "você não continua interpretando a Bíblia de forma literal, certo?" A forma moderna dessa antiga técnica é tratar o texto bíblico como uma fonte de valores e princípios, e não de fatos.

Esse método de "espiritualização" foi levado ainda mais longe por um bispo de Hipona (hoje Tunísia) chamado Agostinho. Sua juventude promíscua o levou a associar de forma rígida o "físico" com o "mal"; ao longo de toda a sua vida, ele considerava moralmente comprometida qualquer atividade sexual, mesmo dentro do casamento. Talvez seja compreensível que ele tenha acolhido a separação entre o "espiritual" e o "material" defendida por Platão, cujo ensinamento ele havia estudado minuciosamente em sua educação "clássica". Desastroso para a Igreja foi quando ele reformulou a doutrina cristã inserindo-a nessa estrutura.

---

120 Daí seu nome, "Septuaginta", abreviado "LXX".

O PROBLEMA FILOSÓFICO

Mais do que qualquer outro, Agostinho influenciou o pensamento tanto católico como protestante. Não é exagero afirmar que ele conseguiu mudar a mentalidade da Igreja de hebraica para grega.

Embora isso tenha afetado muitas das principais doutrinas, vamos destacar aqui apenas a sua influência no Milenismo. Como veremos, a única perspectiva sobre a qual há registro dos Pais da Igreja[121] é a interpretação pré-milenista de Apocalipse 20 que já apresentamos aqui: que o retorno corpóreo de Jesus resultará em seu reino na terra por mil anos antes do Dia do Juízo. Não há indícios de qualquer discussão ou discordância até o tempo de Agostinho.

Mas Agostinho mudou tudo isso. Há evidências de que, no início de seu ministério, ele acreditava e ensinava o que fora, até então, a posição pré-milenista "ortodoxa", defendida aparentemente de forma universal e sem questionamento. Essa perspectiva, no entanto, é incompatível com a filosofia platônica. É demasiadamente física para ser espiritual, e excessivamente terrena para o reino do céu. Mudanças radicais teriam de ser feitas, duas em particular.

A primeira era romper a sequência presente em Apocalipse, separando o capítulo 20 do capítulo 19, para que a ordem pudesse ser invertida e a passagem do Milênio então fosse uma recapitulação de eventos anteriores à segunda vinda, e não posteriores. Afirma-se que se trata de uma descrição da era da Igreja, que tinha então quinhentos anos; hoje, quinze séculos depois, a figura de "mil" deve ser considerada como um símbolo de, no mínimo, dois mil anos!

Assim foram semeadas as sementes da visão pós-milenista – a crença de que Jesus retornará *depois* do Milênio. Surge, contudo, outra pergunta: "Depois de que tipo de Milênio?" Mesmo na época de Agostinho, período após a conversão do

---

[121] Como são chamados os acadêmicos dos primeiros séculos.

imperador Constantino e do estabelecimento do cristianismo como a única religião de Estado reconhecida, seria bastante difícil afirmar que o mundo estava sob o pleno controle de Cristo. As evidências dificilmente mostravam que Satanás não estava mais atuante ali. Fez-se, então, outra mudança importante de interpretação.

Essa segunda medida tornou o Milênio um reino "espiritual". Cristo governa no céu, e não na terra, embora esse governo se manifeste na terra onde quer que o evangelho seja pregado e a Igreja estabelecida. É somente nos limites dessa esfera (a "Cidade de Deus", como Agostinho a chamava) que Satanás pode ser preso e banido.

Estavam plantadas as sementes da visão "*a*-milenista" – segundo a qual Cristo jamais governará a terra de forma "terrena" (como no "trono de Davi"). O prefixo "a" significa "não" ou "sem", e sugere a ideia de afastamento ou privação (como em "amoral"), mas existe uma relutância em usar o termo "não milenista" para descrever essa posição, pois, aparentemente, indicaria a rejeição do texto de Apocalipse 20. O leitor atento talvez já tenha percebido que grande parte do amilenismo é, na verdade, uma forma espiritualizada do pós-milenismo e o trataremos como tal.

Tamanha era a influência de Agostinho, que o prémilenismo dos primeiros séculos acabou sendo condenado como heresia pelo Concílio de Éfeso, em 431 d.C.! Desde então, tem sido visto com muita suspeita tanto por católicos quanto por protestantes, embora os últimos dois séculos tenham assistido a um interesse reavivado nessa perspectiva, principalmente devido a um anseio renovado pelo retorno do Senhor, encorajado pela deterioração da condição do mundo, que hoje poucos negariam.

Esse contexto histórico/filosófico é um preâmbulo necessário para avaliarmos as várias posturas de hoje. As três perspectivas principais já estavam em vigor por volta do século 6º. A igreja primitiva "pré-milenista" tornou-se pós-milenista ou amilenista por meio da influência da filosofia platônica introduzida por Agostinho.

Mas o tempo não parou. Nem o pensamento. Houve desdobramentos em todas as três perspectivas.

Alguns pós-milenistas retornaram ao conceito de um reino terreno e político de Cristo, através de uma Igreja que assumirá o governo do mundo por um extenso período *antes* que ele volte. Devemos, portanto, fazer a distinção entre o pós-milenismo espiritual e o pós-milenismo político.

No início do século 19, o pré-milenismo reapareceu com outra roupagem. Era parte de uma nova proposta teológica que dividia a história do mundo em sete épocas distintas, chamadas "dispensações" e em cada uma delas Deus lidaria com a humanidade segundo bases ou alianças muito distintas. A última dispensação será o reino restaurado de Israel governado por Cristo em Jerusalém, enquanto os cristãos permanecerão no céu. Devemos, portanto, distinguir entre o pré-milenismo dispensacionalista dos tempos modernos e sua forma clássica na igreja primitiva.

O verdadeiro amilenismo, em seu sentido próprio de "não milenismo", é na verdade o produto do liberalismo generalizado do século 20. Essa visão considera absurda a ideia de um milênio cristão e a rejeita por completo ou descarta todo o capítulo 20 de Apocalipse reputando-o como mito; uma fábula não histórica que contém percepções, porém não previsões; o termo "mil anos" simplesmente faz parte do quadro poético, assim como os "seis dias" no "mito" da criação, portanto não se refere a determinado período. Vamos nos referir a estas como formas "cética" e "mítica" de amilenismo.

Apesar da pequena variação entre as perspectivas, a classificação em seis itens é o melhor que podemos oferecer para o debate e o discernimento contemporâneos. O leitor que já refletiu sobre o tema pode identificar sua posição respondendo o questionário abaixo.

1. Você acredita que a frase "mil anos" de Apocalipse 20 se refere a um período específico da história terrena?

    NÃO: Você é um AMILENISTA; siga para a questão 2.

    SIM: Siga para a questão 3.

2. A passagem tem algum sentido para nós hoje?

    NÃO: Você é um AMILENISTA CÉTICO.

    SIM: Você é um AMILENISTA MÍTICO.

3. Cristo voltará antes ou depois do período de mil anos?

    DEPOIS: Você é um PÓS-MILENISTA; siga para a questão 4.

    ANTES: Você é um PRÉ-MILENISTA; siga para a questão 5.

4. Os mil anos cobrem de forma simbólica toda a história da Igreja da primeira até a segunda vinda de Cristo ou, literalmente, o período final?

    TODA: Você é um PÓS-MILENISTA ESPIRITUAL.

    PERÍODO FINAL: Você é um PÓS-MILENISTA POLÍTICO.

5. O período de mil anos terá, essencialmente, um aspecto cristão ou judaico?

    CRISTÃO: Você é um PRÉ-MILENISTA CLÁSSICO.

    JUDAICO: Você é um PRÉ-MILENISTA DISPENSACIONAL.

Então, agora você sabe! Será? Se ainda tiver dúvidas, continue lendo. Felizmente, tudo se esclarecerá quando estudarmos em detalhe cada uma dessas posições. Vamos examiná-las sob três perspectivas: histórica (como, quando e por que surgiu), exegética (sua abordagem de Apocalipse 20) e prática (suas implicações para o evangelismo e a ação social).

Obviamente, é quase impossível sermos totalmente objetivos, especialmente no último aspecto, que se baseia mais na observação do que em estatísticas. E o leitor perspicaz já terá percebido o posicionamento deste autor (pré-milenista clássico, caso você não tenha notado!). Este estudo será concluído com uma afirmação pessoal das razões para esta convicção.

Mesmo assim, eu me esforçarei para apresentar de forma justa e honesta cada uma das perspectivas. Em todas há certo grau de dificuldade, mas algumas são mais difíceis do que outras! A questão também não é resolvida por maioria de votos, pois estes sempre variaram muito dependendo do tempo e do lugar.

Para os leitores "evangélicos", uma questão deve predominar em suas mentes: Qual delas "maneja corretamente a palavra da verdade" (2Tm 2.15)?

CAPÍTULO 18

AS DIFERENTES PERSPECTIVAS

1. AMILENISMO CÉTICO

Essa visão somente pode surgir na mente de alguém que deixou de acreditar na inspiração e na autoridade das Escrituras; alguém que afirma que a Bíblia pode "conter" a Palavra de Deus, mas não "é" a Palavra de Deus. Seria uma mistura de inspiração divina e imaginação humana. É preciso ter discernimento para distinguir o joio do trigo. Os critérios para esse exercício variam conforme a pessoa e são, portanto, extremamente subjetivos. Também foi chamada de "leitura bíblica com um par de tesouras"!

Apocalipse 20 costuma ser ignorado, bem como a maior parte do livro e de outras porções apocalípticas da Bíblia, frequentemente com certa dose de desprezo.

Por trás dessa rejeição radical está um ceticismo racionalista nascido do pensamento iluminista que contaminou os estudos bíblicos e teológicos na Alemanha por volta do final do século 19. O movimento recebeu o nome de "Alta Crítica" da Bíblia (em oposição à "Baixa Crítica", que buscava simplesmente reconstruir o texto mais preciso). O pressuposto básico era que o reino sobrenatural (se é que ele existe) não pode afetar o reino natural (eis o dualismo platônico novamente!). Assim, estão excluídos os milagres, a menos que uma explicação "naturalista" para eles possa ser encontrada; o mesmo a respeito da profecia e suas previsões do futuro.

Uma vez que o livro de Apocalipse se encaixa principalmente na categoria "profecia", ele se torna extremamente suspeito e é praticamente expurgado da Bíblia. Sendo assim, não conseguimos analisar a exegese dessa perspectiva!

No entanto, é preciso reconhecer que alguns evangélicos, apesar de discordarem veementemente dessa abordagem, concordam com ela na prática! Consciente ou inconscientemente, eles negligenciam os textos bíblicos apocalípticos de forma geral e ignoram a questão do Milênio em particular. Não consideram importante confrontar-se com o significado de Apocalipse 20, e classificam esse debate como uma distração acadêmica sem nenhum valor prático ou espiritual.

Isso, é claro, é acusar a igreja primitiva de ter errado ao incluir Apocalipse no cânon (= regra ou medida) bíblico. Incrivelmente, todos os principais Reformadores protestantes (Lutero, Calvino e Zuínglio) pensavam dessa forma!

Os efeitos dessa negligência variam de acordo com a seriedade com que outros textos bíblicos são encarados. Os herdeiros da Reforma ainda defendem com firmeza os outros aspectos importantes do fim dos tempos: a volta de Cristo, o Dia do Juízo, o inferno e o céu. Mas há um menor interesse na terra, tanto a velha quanto a nova.

Na ausência de um encontro real entre o reino do céu e os reinos da terra no Milênio, os evangélicos concentraram-se no primeiro e no mundo futuro, enquanto o enfoque dos liberais passou a ser os reinos da terra e este mundo. Nasce assim o "evangelho social", que interpretava reino em termos de melhoria das condições política e cultural aqui e agora; algo que seria estabelecido por meio da revolução, e não pela intervenção divina. Esse conceito traz em si um elevado grau de motivação para estar envolvido na sociedade.

O resultado, contudo, é que há pouca diferença entre a esperança cristã e a humanista a respeito do futuro. A segunda vinda de Cristo deixa de ser o centro de nossa expectativa para o futuro. Ainda pode ser um item do credo, mas deixou de ser a "bendita esperança" (Tt 2.13), o retorno da única pessoa capaz de colocar este mundo em ordem.

Há, portanto, uma grande ênfase no amor, alguma ênfase na fé, mas muito pouca na esperança. Os leitores devem reconhecer esse aspecto facilmente, tanto na pregação quanto na prática.

2. AMILENISMO MÍTICO

Essa perspectiva encara o capítulo 20 de Apocalipse com mais seriedade, tratando-o como um texto bíblico que tem uma mensagem. Ao mesmo tempo, contudo, rejeita seu sentido simples e claro como previsão de eventos futuros, pois trata a passagem como ficção [mito], e não como fato.

É importante entender o sentido da palavra "mito" quando aplicada à Bíblia. Ela não significa "não verdadeiro", embora sua frequente associação com o termo "lenda" possa dar essa impressão. A palavra define o *tipo* de verdade a ser encontrada no texto. É possível que a história não relate eventos literais que aconteceram ou acontecerão, mas ela pode ainda conter verdades espirituais que correspondem à realidade. Estão incluídas nessa categoria as fábulas de Esopo e as parábolas de Jesus.

Uma particularidade desses tais mitos é que nem todas as suas características têm relevância para a verdade. Algumas podem simplesmente ser parte da estrutura literária, licença poética do autor, para atrair e manter o interesse. É a essência do mito que contém sua mensagem. Os detalhes não merecem muita atenção. Não são alegorias absolutas nas quais cada elemento tem algum significado.

Os primeiros textos bíblicos a serem tratados como mito foram os capítulos iniciais de Gênesis. Isso ocorreu, em parte, porque a "Alta Crítica" não estaria mais propensa a aceitar profecias retroativas[122] (a revelação divina do passado desconhecido) do que as profecias progressivas[123] (o futuro desconhecido); mas principalmente em decorrência das descobertas científicas que contradiziam o relato bíblico. Foram necessários 4 bilhões e 250 milhões de anos para que a Terra atingisse seu estado atual, e não apenas seis dias (uma leve discrepância!). Costelas perdidas, árvores mágicas e serpentes falantes eram considerados elementos de fábula. No entanto, os mitos continham verdades vitais. Os detalhes mais difíceis eram meros enfeites literários.

Uma vez iniciada, essa resolução do conflito entre a ciência e as Escrituras provou ser uma ladeira escorregadia. O problema era este: onde termina o mito e começa a história (isto é, os eventos factuais)? Logo foram levantadas suspeitas sobre os patriarcas Abraão, Isaque e Jacó; depois sobre Moisés e o Êxodo. Mas as histórias ainda eram apreciadas por seus valores morais, aqueles ideais e padrões que regem nossas vidas.

Inevitavelmente, o Novo Testamento passou a ser examinado pelo mesmo escrutínio. As parábolas sempre haviam sido interpretadas dessa forma: histórias que contêm uma mensagem. Mas agora, eventos antes apresentados como históricos e aceitos como tais passaram a ser questionados. Os milagres de Jesus tornaram-se "parábolas encenadas" e depois, apenas parábolas. A história do nascimento virginal foi simplesmente uma maneira de apresentar o singular relacionamento de Jesus com seu Pai celestial (quem, então, era seu pai terreno? Jesus foi fruto de fornicação?). Rudolf Bultmann, um acadêmico alemão, levou essa perspectiva ao extremo ao aplicá-la ao cerne da fé cristã – a ressurreição corpórea de Jesus – hoje considerada uma fábula apostólica que

---

[122] Do inglês *backwards*, para trás.
[123] Do inglês *forwards*, para frente.

consagra a verdade de que a influência de Jesus sobreviveu à sua morte.

Evidentemente, o livro de Apocalipse parecia feito por encomenda para essa abordagem desmitificadora. Extremamente simbólico e cheio de linguagem pictórica, era um alvo fácil para os criadores de mitos. O livro contém percepções para o presente, e não previsões sobre o futuro; é uma verdade existencial, e não histórica. Essa escola de interpretação tornou-se conhecida como Idealista.[124]

A verdade mítica é atemporal e oportuna; é aplicável a qualquer tempo e lugar. Portanto, não está relacionada à passagem do tempo, ao fluxo da história, à ordem dos acontecimentos. Essa remoção virtual da referência do tempo de Apocalipse tem graves consequências para a interpretação e aplicação de sua mensagem, principalmente no que se refere ao capítulo 20.

O Milênio não é um período específico de tempo; os mil anos significam qualquer tempo ou todos eles. A verdade que ele contém é que Cristo e os cristãos juntos são capazes de assumir o controle do território de Satanás (presumindo que o próprio diabo não é um mito, uma mera personificação do mal!).

Isso é incontestavelmente verdadeiro e essa verdade serve de grande encorajamento aos crentes que enfrentam perseguição, ajustando-se ao propósito do livro de Apocalipse. Mas seria toda a verdade contida nessa passagem? Limitar sua mensagem a esse único tema é ignorar muitos dos detalhes específicos – por exemplo, a "primeira" ressurreição e a ressurreição "do restante" e a libertação de Satanás. É ignorar, acima de tudo, a sequência dos acontecimentos na série de visões das quais esta é apenas uma parte.

---

124 Veja as páginas 137-139.

Assim, embora essa interpretação seja em certo sentido verdadeira, ela está longe de ser uma explicação adequada. Ela exclui qualquer fundamento real para crermos que Cristo um dia governará este mundo depois que Satanás for banido dele. Em termos teológicos, a dimensão escatológica do evangelho (o que *certamente* acontecerá no final) é alterada para um modo existencial (o que *possivelmente* acontecerá no presente).

O amilenismo mítico é preferível ao amilenismo cético, pois encara o livro de Apocalipse com alguma seriedade, mas não muita. O pós-milenismo espiritual, para o qual nos voltamos agora, vai além. Nem sempre é fácil distinguir um do outro, uma vez que a diferença parece ser de intensidade, e não de tipo. Daí a frequente confusão em torno do termo amilenismo. Este termo deve ser limitado à visão de que mil anos não é uma referência a nenhum período de tempo em especial, enquanto o pós-milenismo aplica este termo à era da Igreja entre o primeiro e o segundo advento de Cristo, seja no todo (espiritual) ou em parte (político).

3. PÓS-MILENISMO ESPIRITUAL

Como vimos, essa é a segunda mais antiga intepretação, surgindo nos séculos 4º e 5º, principalmente através do ensinamento de Agostinho.

Era, em parte, uma reação contra a pregação um tanto insensata sobre os aspectos físicos do reino milenar, que extrapolava as Escrituras e se aproximava dos aspectos sensoriais. Agostinho afirmou ter sido induzido a abandonar a visão pré-milenista dos primeiros Pais da Igreja, porque alguns deles a haviam pervertido com noções carnais.

No entanto, isso se deu principalmente devido ao fato de Agostinho abraçar o dualismo platônico, que fazia uma distinção clara entre o espiritual e o físico, mas não tão clara entre o físico e o mal ("carnal" abrangia ambos). Para esse pensamento, o conceito tradicional do Milênio parecia muito "terreno".[125]

Sendo assim, o Milênio foi transferido do futuro para o presente (sendo a segunda vinda "pós = após" em vez de "pré = antes" dele) e despojado de seu contexto físico e político. Foi espiritualizado, com Cristo governando no céu e somente presente na terra por meio de seu Corpo, a Igreja.

Aqui, Apocalipse 20 é encarado muito mais seriamente do que por uma verdadeira interpretação amilenista. Apresenta-se uma explicação para cada elemento. Mas a principal inovação é tratar esse capítulo como uma recapitulação dos eventos que precedem o capítulo 19, interrompendo, dessa forma, a sequência de visões. Esse passo radical envolve interpretações bastante diferentes.

A princípio, os mil anos foram interpretados de forma praticamente literal como a duração da era da Igreja, mas hoje, passados mais de dois mil anos, eles devem ser vistos como um indicador simbólico de um período mais extenso, uma vez que se entende que o Milênio abrange todo o espaço de tempo entre os dois adventos.

Tendo em vista a óbvia influência de Satanás sobre o mundo ainda hoje, seu banimento é reduzido ao seu aprisionamento apenas, e o efeito disso limita-se à prevenção da propagação do evangelho. O "anjo" que o prendeu foi Cristo (Mt 12.29).

Os mártires estão reinando com Cristo no céu; isso teve início no momento em que morreram, quando foram estar com o Senhor. A primeira ressurreição não pode agora ser interpretada como um evento corpóreo; mas deve referir-se à regeneração, aquela experiência de conversão na qual

---

[125] Mais tarde, os cristãos usariam a palavra "mundano".

fomos ressuscitados com Cristo (Ef 2.6). Não se trata, portanto, de um evento coletivo, mas específico, para cada indivíduo.

A "volta à vida" para "o restante" é um evento físico e coletivo, a ressurreição geral dos justos e dos ímpios na segunda vinda para encarar o Dia do Juízo. Isso significa, é claro, que todos aqueles que experimentam a "primeira" ressurreição (a conversão) também estarão incluídos na segunda. Eles "voltarão à vida" duas vezes. Fica absurda, então, a referência ao "restante" visto que agora todos estão incluídos!

A libertação de Satanás para sua última tentativa acontecerá pouco antes do segundo advento e se refere à batalha de Armagedom. Assim, Apocalipse 19.19-21 e 20.7-10 seriam relatos paralelos do mesmo conflito, sendo a força destrutiva tanto a palavra de Cristo (19.15) como o fogo do céu (20.9).

O leitor deve julgar se está diante de exegese genuína (extrair do texto o que já está lá) ou eisegese manipulada (inserir no texto algo que não está lá). Em outras palavras, a interpretação do texto está alinhada a um esquema pré-concebido? O texto está sendo "forçado a encaixar-se" em um padrão predeterminado?

Fica evidente que algumas afirmações ("a primeira ressurreição") são interpretadas de forma metafórica, e não literal, daí a similaridade superficial com o amilenismo mítico. Ainda mais marcante é a mudança arbitrária, de metafórica para literal, da interpretação da mesma frase no mesmo contexto ("voltar a viver").

Ainda assim, essa linha de interpretação tem sido geralmente aceita na Igreja ao longo das eras. Como ela tem afetado a esperança cristã?

A resposta é: pessimismo a respeito deste mundo e otimismo no que se refere ao mundo futuro. Espera-se que o mundo permaneça praticamente igual. Tanto o reino de Deus como o de Satanás expandirão à medida que a população aumentar. O trigo e o joio "crescerão juntos" até o tempo da colheita (Mt 13.30). Na verdade, pouco antes do fim, a situação se agravará, com a "libertação" do semeador de joio.

As esperanças de todo um mundo trazido de volta ao domínio de Deus são adiadas até o surgimento da "nova terra", inaugurada imediatamente após o segundo advento, quando acontece o julgamento. Somente então, de forma plena e verdadeira, o reino terá vindo "assim na terra como no céu" (embora haja uma notável falta de ênfase na "nova terra" entre os defensores desta visão).

Todo esse esquema parece oferecer uma explicação satisfatória da condição atual do mundo, associada a uma expectativa encorajadora quanto ao futuro. Essa expectativa serve de forte motivo para o evangelismo, mas a convicção da improbabilidade de melhoria deste mundo tende a inibir a ação social. O subjacente dualismo platônico tende a enfatizar a "salvação de almas" em vez de corpos no nível individual.[126]

Ironicamente, uma versão muito mais otimista do pós-milenismo também considera Agostinho seu mentor. Havia certa ambiguidade em seu pensamento a respeito deste mundo, oscilando entre o pessimismo e o otimismo no que se refere à influência da Igreja. Vamos ver agora uma versão mais esperançosa.

4. PÓS-MILENISMO POLÍTICO

Na época de Agostinho, dois desdobramentos políticos afetaram de forma radical o pensamento cristão a respeito

---

126 O ensino de Agostinho frisava o fim dos milagres de cura após a era "apostólica"; próximo ao fim do seu ministério, ele foi forçado a rever sua opinião após certos acontecimentos em sua própria igreja!

do futuro. Por um lado, o império romano se tornara "cristão". A "conversão" de Constantino[127] havia levado ao estabelecimento do cristianismo como religião imperial e, posteriormente, à supressão de outras religiões (incluindo o judaísmo). A Igreja havia conquistado o mundo, embora os perspicazes questionassem se não seria na verdade o contrário quando viram o mundo infiltrar-se na Igreja de mais de uma maneira! Era o nascimento da "cristandade", como mais tarde seria conhecida, um "reino de Cristo" terreno – governado através de seu povo vicário (= delegado) e mais tarde por seu "vigário", o papa (= pai) de seu povo. Conquistar Roma em nome de Cristo parecia um prenúncio da "conversão" de todo o mundo.

Por outro lado, as fronteiras do próprio império estavam sob ataque, especialmente por bárbaros do norte; Roma seria saqueada e o imperador se mudaria para a nova capital, Constantinopla, no leste. Nada disso serviu para dissuadir a convicção de Agostinho de que a Igreja sobreviveria a tais reveses políticos e que impérios caídos seriam substituídos pela "Cidade de Deus". Roma poderia desaparecer, mas a igreja de Roma tomaria o seu lugar.[128]

Portanto, a Igreja, o reino de Cristo, se ergueria das cinzas da guerra como uma fênix, ameaçando todos os Estados políticos. Sobreviveria e cresceria, apesar de todos os aparentes contratempos, pois Deus estava ao seu lado.

Essa vertente mais confiante do pensamento agostiniano suscitou a inevitável pergunta: "Em algum momento, a Igreja e os cristãos assumirão o governo do mundo inteiro?" Ao longo dos séculos, essa esperança foi renovada e por vezes, ofuscada.

---

[127] Na batalha da Ponte Mílvia, ao norte de Roma, após ver no céu o emblema de Cristo e ouvir uma voz que dizia: "Com este sinal, vencerás".

[128] É interessante notar que até hoje os papas usam o título imperial *pontifex maximus* [pontífice máximo], as insígnias de ofício e até as vestimentas de antigos imperadores.

AS DIFERENTES PERSPECTIVAS

Durante a grande era da exploração, quando novos continentes estavam sendo descobertos, os padres católicos, motivados por esse imperialismo eclesiástico, navegavam com os exploradores. Muitos hinos missionários protestantes do século 19[129] revelam a mesma ambição global. Era uma visão bastante popular quando a Igreja passava por um período de avanço.

Essa perspectiva sofreu alguns reveses no século 20, com duas guerras mundiais centradas na Europa cristã, fator que contribuiu para a propagação do secularismo que se seguiu. No entanto, surpreendentemente, tem havido um recente ressurgimento do otimismo pós-milênio.

Este se concentrou no mundo ocidental com os movimentos de restauração na Grã-Bretanha e de reconstrução nos Estados Unidos. A "teologia do domínio" ensina que os redimidos são chamados para governar a terra[130] por meio do "Ide, portanto, fazei discípulos de todas as nações" [ARA].[131] Resumindo, a Igreja recebe o chamado ou a ordem de "dominar" o mundo e estabelecer um reino "político" do céu na terra, trazendo assim o Milênio à existência. Observe que isso acontece sem que Jesus precise retornar e, portanto, antes que ele volte para encontrar seu reino preparado para ele!

Obviamente, esta última forma de pensamento pós-milenar tem em si uma motivação extremamente forte para a ação social e não muito menor para o evangelismo, visto que a tomada de controle depende até certo ponto da proporção de cristãos na população. O mundo pode ser "cristianizado" sem que todos se tornem cristãos. O importante é que o poder e a autoridade estejam em mãos

---

129 *Jesus shall reign where'er the sun* [Jesus reinará onde quer que brilhe o sol].

130 Gênesis 1.28 é, por implicação, ampliado para incluir tanto seres humanos quanto animais.

131 Mateus 28.19 é interpretado como uma referência a Estados políticos, e não a grupos étnicos diversos.

cristãs. A igreja "militante" se tornará a igreja "triunfante" não apenas no céu, mas também aqui na terra.

Como essa perspectiva lida com Apocalipse 20, embora este não seja o fundamento básico para sua defesa? A maioria tem exatamente a mesma interpretação dos pós-milenistas espirituais[132] com duas exceções importantes.

A primeira é que o termo "mil anos" é interpretado de forma praticamente literal como o último milênio da era da Igreja, dez séculos de paz e prosperidade sob o governo cristão. É importante observar que essa era ainda não começou.

A segunda exceção é que a totalidade do governo milenar acontece na terra e tem características terrenas. É político. Será reconhecido por toda a população, por crentes e incrédulos.

Em ambos os aspectos, essa forma de pós-milenismo está muito mais próxima do pré-milenismo da igreja primitiva. Mas permanece a maior diferença: tudo acontece sem o retorno de Cristo e sua presença corpórea na terra.

E há algumas importantes objeções teológicas a esse cenário. Por um lado, ele tende a confundir "Igreja" e "reino", que não são identificados no Novo Testamento. A Igreja pode ser uma comunidade, uma "colônia" do reino, mas não é o reino propriamente dito, o qual se estende para muito além da Igreja. Quando a Igreja pensa em si mesma como um "reino", seus líderes começam a se comportar como reis e constroem seus próprios pequenos reinos. O imperialismo substitui o evangelismo.

Mais grave do que isso é a falha em reconhecer a tensão entre o "já e ainda não" do "reino" no Novo Testamento. O reino veio, e ainda virá. Foi inaugurado, mas não consumado. Metade das parábolas de Jesus concebe sua

---

[132] Veja a seção anterior.

chegada como um processo gradual de infiltração humana e a outra metade, como um acontecimento repentino de intervenção divina.[133] É possível "entrar" no reino hoje, mas ele não será universalmente "estabelecido" até o retorno do Rei.

Essa falha leva a uma relativa negligência em relação à segunda vinda, um ponto tão central da pregação apostólica. A segunda vinda é mencionada mais de 300 vezes no Novo Testamento e a expectativa revela-se, em grande parte, na aplicação prática dessa convicção. Mas na perspectiva que estamos considerando, esse advento se desvanece a ponto de tornar-se insignificante. Obviamente, se o Milênio deve preceder o retorno e ainda nem começou, a "esperança de sua vinda" está muito longe para que nos afete profundamente. Pertence ao futuro distante e sombrio – ao passo que as gerações anteriores o aguardavam "em breve", esperançosamente, enquanto ainda estivessem vivos, e isso afetava profundamente seu modo de viver.

E por fim, um entrave importante: Observamos hoje algum sinal de que a Igreja logo governará o mundo? Após dois mil anos, a Igreja está mais próxima desse objetivo? Alguns cínicos talvez observem que a Igreja parece incapaz de administrar suas próprias questões, quanto mais as de outros!

Seja o que for, o pós-milenismo político é um "triunfo da esperança sobre a experiência". É possível manter expectativas tão elevadas assim? A Bíblia reconhece que a "esperança que se retarda deixa o coração doente" (Pv 13.12), mas nossa pergunta é se a esperança é verdadeira ou falsa, não apenas se ela se concretizará em breve ou muito depois. É promessa de Deus ou não é?

Os eventos descritos em Apocalipse 20 se cumprirão

---

133 A parábola do trigo e do joio associa os dois conceitos; Mateus 13.24-30, 36-43.

antes da volta de Jesus? Se esse for o caso, então é possível que a maioria dos crentes esteja no céu, como ouvintes ou testemunhas desses eventos (Hb 12.18-29), sem contudo participar deles. Jamais os vivenciarão. Terá sido tarde demais.

Mas se eles se cumprirem depois da volta de Jesus e da "primeira ressurreição", todos os crentes terão a alegria de viver em um mundo sob o domínio cristão. Agora vamos voltar nossa atenção para essa visão pré-milenista.

5. PRÉ-MILENISMO CLÁSSICO

Essa perspectiva é um meio termo entre o *pessimismo* do pós-milenismo espiritual, que não crê na probabilidade de melhora deste mundo, e o *otimismo* do pós-milenismo político, segundo o qual este mundo será "cristianizado" pela Igreja. Pode alegar ser uma perspectiva *realista*, pois crê que este mundo recuperará seu estado original somente quando Cristo estiver de volta e Satanás for expulso dele.

Interpreta Apocalipse 20 em seu sentido mais claro e simples.[134] A sequência de visões é aceita, situando o governo milenar de Cristo na terra com seus santos, particularmente os mártires, depois da segunda vinda e antes do Dia do Juízo. Os justos serão ressuscitados primeiro, no início dos mil anos e o restante, somente no final. Satanás ficará totalmente confinado a maior parte desse período, mas será liberado para o desfecho. Na verdade, pergunte a um pré-milenista em que ele acredita e talvez ele diga: "Leia Apocalipse 19–22 sem dar ouvidos a mais ninguém!"

É provavelmente por essa razão que a perspectiva pré-milenista clássica parece ter sido unanimidade na igreja dos primeiros séculos. Eles simplesmente tinham as Escrituras e não eram confrontados com a desconcertante variedade de interpretações dentre as quais precisamos escolher.

---

[134] Se isso é visto como "sentido literal", seus defensores admitem sua culpa.

AS DIFERENTES PERSPECTIVAS

O termo "clássico" indica que esta é a crença mais antiga – e foi a única durante um período considerável. Os Pais da Igreja acreditavam no "reino corpóreo de Cristo nesta mesma terra", para citar Pápias, bispo de Hierápolis, na Ásia Menor. Alguns (por exemplo, Justino Mártir) associaram esse conceito à restauração do reino a Israel, embora nem todos concordassem. Muitos outros nomes são citados como defensores dessa posição pré-milenista, entre eles: Barnabé, Hermas, Inácio, Policarpo, Irineu, Justino Mártir, Tertuliano, Hipólito de Atenas, Metódio, Comodiano e Lactâncio.

Há evidências tanto positivas quanto negativas desses primeiros séculos. Não foram encontrados indícios de qualquer visão alternativa nos muitos documentos que sobreviveram. Michael Green, comentando sobre a citação do Salmo 90.4 ("Para o Senhor um dia é como mil anos, e mil anos como um dia" – 2Pe 3.8) afirma:

> Este versículo, Salmo 90.4, tornou-se, no segundo século, o principal texto-base do quiliasmo, a doutrina que afirma que Cristo reinaria por mil anos na *parousia*. Essa crença tornou-se praticamente um artigo da ortodoxia cristã desde o tempo em que Apocalipse foi escrito até Irineu (GREEN, 1968, p. 34).

As críticas à visão predominante só vieram à tona com Clemente e Orígenes (significativamente, na cultura grega de Alexandria). Os primeiros desafios diretos estão associados a Eusébio, Ticônio e Constantino no século 4º e Agostinho no século 5º. O pós-milenismo deste último se tornaria a ortodoxia da Igreja Católica, que mais tarde condenou o quiliasmo anterior como heresia.

No entanto, essa visão nunca morreu. Nos pequenos grupos que estudavam a Bíblia de forma independente, durante os séculos nos quais a maioria simplesmente aceitava as tradições da Igreja, o pré-milenismo ressurgiu – por exemplo, entre os paulicianos, valdenses, lollardos e wycliffitas.

Mesmo quando os Reformadores magisteriais[135] se apegaram ao pós-milenismo agostiniano, o pré-milenismo foi redescoberto pela ala esquerda radical dos anabatistas. Infelizmente, alguns desses tornaram-se extremistas e se reuniram em Münster, na Alemanha, para estabelecer o reino milenar. Embora este fiasco seja muitas vezes citado para desacreditar o quiliasmo, é preciso salientar que, na prática, tratava-se de uma forma fanática de pós-milenismo político!

Entre os pré-milenistas de períodos posteriores está o eminente cientista, Sir Isaac Newton. No século 19, um número surpreendente de bispos anglicanos defendia essa perspectiva,[136] embora poucos, ou quase nenhum, o faria hoje.

Sendo assim, tem havido um testemunho contínuo ao longo dos séculos, embora, depois de Agostinho, tenha se reduzido a uma minoria. Hoje, atrai um interesse renovado como uma alternativa ao dispensacionalismo (veja abaixo), que está perdendo credibilidade. Os escritos de George Eldon Ladd e Merrill C. Tenney têm feito muito para encorajar essa tendência. Entre os principais pré-milenistas do nosso tempo estão o dr. Francis Schaeffer e o dr. Carl Henry.

No entanto, mais uma vez, essa perspectiva ainda não é amplamente defendida, por isso torna-se difícil avaliar seu efeito prático na evangelização e na ação social. Em teoria, ela deveria ser benéfica, pois oferece esperança tanto para este mundo como para o próximo, evitando ambos os extremos do pessimismo e do otimismo.

---

135 Eram assim chamados porque confiavam na aliança Igreja-Estado de Constantino para promover mudanças.
136 Ryle, Westcott e Lightfoot, por exemplo.

AS DIFERENTES PERSPECTIVAS

O evangelismo torna-se vantajoso por causa do futuro glorioso que vislumbra. Os seguidores de Jesus que forem fiéis partilharão de seu reino tanto na velha como na nova terra (Ap 20.6 e 22.5). Esse destino está disponível a todos os que se arrependem de seus pecados e creem no Salvador. A alternativa é indescritivelmente horrível (Ap 20.10,15; 21.8).

A ação social torna-se vantajosa justamente porque, por fim, alcançará êxito. Virá o dia em que o bem vencerá o mal, a justiça vencerá a injustiça, a paz vencerá a guerra, a abundância vencerá a pobreza, e a saúde vencerá a doença. Se um comunista está disposto a sacrificar tudo por uma sociedade sem classes e sem crimes que ele talvez nunca viva para testemunhar (e que hoje sabemos que nenhum comunista jamais viverá para ver!), quanto mais um cristão viverá e trabalhará por um milênio que ele certamente conhecerá e no qual terá um papel a desempenhar?

Há mais um incentivo pessoal. Se os cargos de responsabilidade serão então designados de acordo com a integridade e a fidelidade demonstrada hoje (como Jesus ensinou de forma clara em Mt 25.21-23), que grande estímulo para que exercitemos essas qualidades agora! Se os tribunais estarão nas mãos de cristãos capazes de julgar com justiça (1 Co 6.2), os advogados e os juízes podem se habilitar agora. O Milênio precisará de banqueiros honestos, conselheiros atenciosos e um batalhão de homens e mulheres amorosos para prestarem um serviço verdadeiramente civil. Nessa perspectiva, toda uma série de empregos "seculares" se tornam vocações "sagradas". Dirigir táxis e lavar louça são tão importantes para Deus quanto salvar almas. A adoração e o trabalho se unem outra vez.

Algumas pessoas, é claro, argumentarão: "Se tudo se acertará na segunda vinda, por que devemos nos preocupar em tentar melhorar o mundo agora, diante de tantas probabilidades negativas? Além de não levar em consideração o fato de que a preguiça pode colocar tudo a perder (Mt 25.26-30), tal pensamento negligencia a própria essência da motivação cristã. Aqueles que realmente acreditam no que a segunda vinda trará procurarão, de antemão, obter dela o máximo que puderem. Para dar um exemplo paralelo, se "sabemos que, quando ele se manifestar, seremos semelhantes a ele, pois o veremos como ele é" então faremos de tudo para nos purificar agora, "assim como ele é puro" (1Jo 3.1-3). Os que aguardam herdar uma fortuna não se contentam em esperar se sabem que podem desfrutar de uma boa parte dela imediatamente!

Este mundo não está descartado. Jesus está voltando para recuperá-lo. Quanto mais pudermos reivindicá-lo hoje em seu nome, melhor este mundo será para glória dele, para o bem dos outros e até mesmo de nosso próprio futuro. Podemos ser "sempre dedicados à obra do Senhor" porque sabemos que nosso "trabalho no Senhor não será inútil" (1Co 15.58).[137]

Há, contudo, outra versão do pré-milenismo que tem efeito exatamente oposto. Infelizmente, é aquela com a qual a maioria hoje está familiarizada.

6. PRÉ-MILENISMO DISPENSACIONALISTA

Essa perspectiva é relativamente nova; não há vestígios dela antes de 1830. Isso nos leva a indagar, caso seja essa a interpretação correta, por que ninguém a tenha identificado na Bíblia antes dessa data.

Aqui, Apocalipse 20 é interpretado como no pré-milenismo clássico, mas todo o pacote é então colocado em uma estrutura de romance, com suas características próprias, apresentadas a seguir.

---

[137] Para o crente, a "obra" significa tanto o trabalho diário quanto o trabalho da "igreja".

AS DIFERENTES PERSPECTIVAS

A primeira característica é que a história do mundo é dividida em sete dispensações, ou eras, e em cada uma delas Deus se relaciona com os seres humanos de diferentes formas.

A última dispensação é o Milênio, a única verdadeiramente merecedora do título de reino, pois só então a terra é governada diretamente pelo Senhor.

A segunda característica é que esse reino foi oferecido por Jesus aos judeus em sua primeira vinda. Por ter sido rejeitado por eles, esse reino foi removido e adiado até a segunda vinda. A era da Igreja, portanto, é um "parêntese" no propósito de Deus, que está centrado em Israel. Os ensinamentos de Jesus sobre o reino, incluindo o Sermão do Monte, são aplicáveis primeiramente ao Milênio, não à Igreja.

A terceira é que o destino futuro dos cristãos está no céu (eles são o "povo celestial" de Deus), enquanto os judeus permanecerão na terra (eles são o seu "povo terreno"). Por toda a eternidade, "eles jamais estarão juntos"!

A quarta é que a Igreja será "arrebatada" da terra antes da Grande Tribulação, evento que precederá a segunda vinda e é chamado de "arrebatamento secreto", ou simplesmente "arrebatamento".[138] É o próximo evento no calendário de Deus e pode acontecer a qualquer momento, sem qualquer aviso. Os cristãos, portanto, estarão ausentes dos eventos catastróficos descritos em Apocalipse 4–18, mas retornarão à terra com Cristo no capítulo 19. Se permanecerão com ele depois disso é um pouco vago.

A quinta característica é que, durante o Milênio, o reino de Israel no Antigo Testamento será totalmente restaurado. Um templo reconstruído assistirá ao renascimento do sistema sacrificial, embora seja geralmente qualificado como um memorial do sacrifício de Cristo na cruz, uma

---

138 Consulte a seção sobre o tema nas páginas 229-262.

espécie de "eucaristia" judaica, e não um ritual expiatório.

Toda essa proposta dispensacionalista alterou de forma significativa o pensamento pré-milenista anterior. Em particular, tornou o Milênio mais judeu do que cristão. Apesar de ser uma ideia nova, rapidamente ganhou força, primeiro na Grã-Bretanha e depois nos Estados Unidos, onde talvez seja hoje a opinião majoritária entre os evangélicos.

Teve início em Dublin, com John Nelson Darby, um pároco auxiliar anglicano que se tornou o fundador da Irmandade, também conhecida como Irmãos de Plymouth, em homenagem a um dos mais fortes centros iniciais do movimento. Originalmente destinada a unir os cristãos de todas as denominações em uma adoração espontânea em torno do "partir do pão" e do estudo austero das Escrituras, logo se tornou uma denominação própria, dividindo-se mais tarde em muitos grupos distintos, alguns bastante abertos a outros crentes e outros muito exclusivos.

Desde o início, houve um profundo interesse pela profecia bíblica com o intuito de saber o que seria da Igreja em sua condição "arruinada", como Darby a descrevia. Foi ele quem abraçou e ensinou o enfoque dispensacionalista em Israel, e não na Igreja, e o "arrebatamento secreto" dos crentes antes da Grande Tribulação. Seus pontos de vista não ficaram sem contestação; homens como Benjamin Newton, S.P. Tregelles e George Müller (famoso pelo orfanato de Bristol) nunca os aceitaram. Mas sua personalidade dominante prevaleceu, e seu método de interpretar as Escrituras tornou-se a ortodoxia Brethren da qual poucos ousavam discordar.

Cruzando o Atlântico, ele convenceu um advogado, o dr. C.I. Scofield, da legitimidade de sua visão. Scofield, por sua vez, produziu uma Bíblia com anotações, às quais incorporou comentários dispensacionalistas. A Bíblia Scofield vendeu excepcionalmente bem entre os

AS DIFERENTES PERSPECTIVAS

evangélicos nos Estados Unidos. O perigo, contudo, era a dificuldade que os leitores tinham para diferenciar entre a Palavra divina e inspirada e o comentário humano, aceitando o segundo como se estivesse registrado na Bíblia.

Hoje, há seminários que ensinam somente essa perspectiva.[139] Algumas organizações missionárias só consideram candidatos com convicções dispensacionalistas.

A enorme influência desse ensino é inquestionável.

Por um ângulo positivo, deve-se reconhecer que essa perspectiva teve um grande papel na restauração do pré-milenismo à Igreja. Milhões de pessoas voltaram a acreditar que Cristo retornará para reinar sobre esta terra por mil anos.

Mas as consequências negativas superam as positivas. A embalagem contaminou o conteúdo. A estrutura teológica na qual o Milênio está emaranhado é fatalmente falha.

O erro mais grave diz respeito ao reino. Se os pós-milenistas políticos enfatizam de forma excessiva a dimensão do "agora" e veem o reino principalmente em sua manifestação presente, os pré-milenistas dispensacionalistas enfatizam excessivamente a dimensão do "ainda não" e o consideram exclusivamente futuro. Essa proposta não consegue fazer justiça à dialética do "já e ainda não" do Novo Testamento.

Isso leva, inevitavelmente, à nítida separação do destino de judeus e de cristãos e a uma ênfase descomedida no judaísmo durante o Milênio. Consequentemente, contrapõe-se à previsão de Jesus de "um só rebanho e um só pastor" (Jo 10.16), ao conceito de Paulo de uma oliveira na qual será enxertada "a plenitude dos gentios" e "todo o Israel" (Rm 11.17-26) e à visão de João de uma nova Jerusalém descendo do céu à terra trazendo os nomes das doze tribos

---

[139] O Seminário Teológico de Dallas é o mais conhecido; os livros de um de seus alunos, Hal Lindsay, são conhecidos em todo o mundo e milhões de exemplares foram vendidos.

de Israel e os doze apóstolos de Cristo (Ap 21.12-14).

A divisão da história em sete dispensações é extremamente suspeita. No extremo oposto do espectro teológico, os calvinistas reformados agrupam todas na "aliança da graça" (frase não encontrada nas Escrituras). A posição bíblica parece lidar com duas alianças, a velha e a nova, a lei e a graça, Moisés e Cristo; embora a "nova" incorpore as alianças com Abraão e Davi, enquanto toda a humanidade se beneficia da aliança com Noé.

Surge, então, outro problema. O autor da carta aos Hebreus se esforça para mostrar que a primeira aliança é "antiquada e envelhecida" e "está a ponto de desaparecer" (Hb 8.13). Isso inclui todo o sistema sacrificial em Levítico, que foi destruído pelo supremo sacrifício de Cristo na cruz. Seu reaparecimento durante o Milênio seria uma anomalia anacrônica!

A tragédia de tudo isso é que o pré-milenismo tornou-se tão inextricavelmente conectado ao pensamento dispensacionalista em tantas mentes que muitos acreditam que ambos estão associados e que é impossível ter um sem ter o outro. Quando as falhas do dispensacionalismo são descobertas, especialmente por aqueles que assim foram doutrinados, a tendência é descartar todo o ensino, em vez de separar o que é verdadeiro do que é falso. O Milênio é rejeitado como uma das dispensações. É jogar o bebê fora junto com a água do banho![140]

Muitos que assim fazem não sabem o que colocar em seu lugar e vagamente se consideram amilenistas – no verdadeiro sentido de não milenistas. Não significa que estejam rejeitando Apocalipse 20 em princípio, mas que, na prática, o texto deixou de fazer parte de seu pensamento ou pregação. Na maior parte das vezes, eles praticamente

---

140 Uma expressão antiga que se refere ao tempo em que todos os membros da família tomavam banho na mesma água da tina e que, no final, a água estava tão turva que o último ocupante não seria percebido!

AS DIFERENTES PERSPECTIVAS

desconhecem o pré-milenismo clássico, a visão da igreja primitiva.[141] Quando ouvem, a reação costuma ser de real alívio, pois é possível ser pré-milenista sem ser dispensacionalista.

Há mais um aspecto a ser considerado: o efeito prático do pré-milenismo dispensacionalista. Dentre todas as perspectivas, essa talvez produza a maior motivação para o evangelismo. A iminência da volta de Cristo ("ele poderia vir esta noite") incita nos salvos a urgência de levar a salvação a outros, e nos não salvos, a urgência de serem salvos. É bem possível que a maioria dos missionários evangélicos enviados dos Estados Unidos tenha sido impelida por esse tipo de pensamento.

O zelo, contudo, não justifica a motivação. Seitas também produzem missionários entusiasmados,[142] como faziam os fariseus no tempo de Jesus (Mt 23.15). Todas as motivações devem passar pelo crivo das Escrituras.

Mas se o dispensacionalismo produz a maior motivação para o evangelismo, o oposto acontece no que se refere à ação social. As crenças combinadas de um "arrebatamento" a qualquer momento e de um milênio "judaico" enfraquecem o desejo de tentar tornar este mundo um lugar melhor. Toda a atenção concentra-se no céu, e não na terra. Qual é o sentido de se envolver na reparação social a longo prazo quando Jesus e uma nação de Israel salva corrigirão isso?[143]

Embora ambas as formas de pré-milenismo encorajem o evangelismo, há um nítido contraste entre elas quando se trata de ação social. Agora que mais evangélicos estão recuperando um equilíbrio entre os dois aspectos da missão, é muito importante chamar a atenção para essa diferença marcante.

---

[141] Certo diretor de seminário disse a este autor que nunca tinha ouvido falar a respeito!

[142] Os mórmons e as testemunhas de Jeová são bons exemplos.

[143] Para um estudo fascinante sobre o efeito desse ensinamento na vontade política, confira o seguinte título: *Living in the Shadow of the Second Coming*, de Timothy P. Weber (1983).

CAPÍTULO 19

MINHA CONCLUSÃO PESSOAL

Nosso estudo das visões milenistas chegou ao fim. Espero que o pensamento do leitor esteja mais esclarecido e menos confuso! A essa altura já se perceberá, pelo menos, que o debate tem um objetivo prático e não se resume a um exercício acadêmico. Nossas convicções reais sobre o assunto têm um efeito bastante profundo em nossa atitude perante a vida.

Não escondi minhas próprias conclusões, às quais cheguei de forma bastante independente. Criado na Igreja Metodista, nunca ouvi a questão do Milênio ser mencionada, muito menos debatida, embora às vezes, talvez sem nos apercebermos, cantássemos a respeito; um dos meus hinos favoritos quando menino era: "Breve Jesus voltará". Quando comecei a ensinar a Bíblia de forma sistemática, como capelão da Força Aérea, passei a analisar e estudar essa questão. Depois de ler o máximo de opiniões diferentes e de compará-las com a Bíblia, fui convencido de que a igreja primitiva estava certa e afirmei isso em meu primeiro livro, *Truth to Tell* (1977).

Quero resumir minha peregrinação listando as razões para minha posição como pré-milenista clássico:

1. É a interpretação mais natural de Apocalipse 20. Senti que as outras forçavam essa passagem bíblica para que se encaixasse em suas próprias matrizes, apresentando

significados artificiais, muitas vezes até arbitrários, a algumas de suas características. É um princípio fundamental no meu estudo bíblico deixar a passagem falar por si mesma, tomando-a em seu sentido mais claro e simples, a menos que haja uma indicação clara do contrário.

2. Oferece a explicação mais lógica para a segunda vinda. O que Jesus poderá fazer somente se voltar? Por que ele precisa retornar ao planeta terra? Certamente não será para o julgamento final, que ocorrerá depois que a terra fugir (Ap 20.11). Então, para quê? E por que devemos voltar para a terra com ele (1Ts 4.14)? Se, juntamente com ele, não vamos reinar na terra por um tempo considerável, fica difícil encontrar outra razão adequada para o retorno dele, ou o nosso.

3. Dá mais ênfase à segunda vinda. Este ponto está relacionado ao anterior. Tanto os amilenistas quanto os pós-milenistas tendem a minimizar o segundo advento, removendo-o da centralidade que ele ocupa no Novo Testamento. A razão é simples. Se nosso único e principal desejo por seu retorno é estarmos em sua companhia, isso já terá acontecido para o crente no momento de sua morte (Fp 1.21).

4. Sempre fez mais sentido. Pude entender por que Deus desejaria justificar seu Filho aos olhos do mundo e encenar uma demonstração final do que este mundo deveria e poderia ser nas mãos certas. Pude até compreender por que razão ele acrescentaria uma revelação final da rebeldia de pecadores, mesmo em um ambiente ideal, antes do Dia do Juízo. A transição da velha à nova terra correspondia às fases da minha

própria redenção, primeiro no meu antigo corpo e, só muito mais tarde, no novo corpo.

5. Torna terreno nosso destino futuro. Aqueles que negam um futuro Milênio raramente falam ou sequer pensam sobre a nova terra. Tudo a respeito do futuro está centrado no céu. Mas o céu é apenas uma sala de espera para os crentes, até que eles voltem para esta terra e mais tarde para a nova terra, onde o Pai e o Filho habitarão conosco. Em vez de irmos viver no céu com eles para sempre, eles vêm à terra para viver conosco eternamente (Ap 21.2-3), como no princípio (Gn 3.8). Tudo isso confere ao nosso planeta uma relevância eterna.

6. Tem um toque de realismo. Evita tanto o pessimismo sombrio daqueles que acreditam que este mundo nunca será muito melhor do que é, e o otimismo ingênuo, até triunfalista, daqueles que acreditam que a Igreja pode destronar Satanás e entronizar Cristo assumindo o controle das nações. Os adeptos do pré-milenismo evitam os dois extremos, aceitando que a situação no mundo se agravará antes de melhorar, porém seguros de que tudo vai melhorar depois que piorar.

7. Apresenta menos problemas do que as outras! Já se reconhece francamente que todas as perspectivas têm alguns entraves. Mas o pré-milenismo clássico tem muito menos do que as alternativas, especialmente no que se refere à interpretação de Apocalipse 20. Ainda há muitas perguntas sem resposta, mas consigo conviver com elas. É a visão mais fácil de pregar com confiança, pois é aquela que o leitor comum tem mais probabilidade de encontrar na passagem apropriada.

8. É o que a igreja primitiva acreditava. A unanimidade dos primeiros séculos é extraordinária. Eles não eram infalíveis, mas eram as gerações mais próximas dos apóstolos. A ausência de qualquer debate impressiona, assim como o fato de que as diferenças só surgiram quando a doutrina cristã foi contaminada pela filosofia grega.

Por essas razões, com real significado e desejo, posso fazer a oração diária que Jesus ensinou aos seus discípulos: "Venha o teu Reino [...] assim na terra como no céu" (Mt 6.10). Seja assim tanto quanto for possível antes da vinda de Cristo e o restante depois dela.

BIBLIOGRAFIA

BIEDERWOLF, W. E.
The Prophecy Handbook.
World Bible Publishers, 1991.

DOUTY, N. F.
Has Christ's Return Two Stages?
Pageant, 1956.

GREEN, M.
Tyndale Commentary on 2 Peter and Jude.
Inter-Varsity Press, 1968.

HENDRIKSEN, W.
More Than Conquerors.
Baker, 1960.

LADD, G. E.
A Commentary on the Revelation.
Eerdmans, 1972.

PAWSON, D.
The Normal Christian Birth.
Hodder & Stoughton, 1989.

The Road to Hell.
Hodder & Stoughton, 1996.

Truth to Tell.
Hodder & Stoughton, 1977.

Uma vez salvo, salvo para sempre?
Anchor Recordings, 2021.

Understanding The Resurrection.
Anchor Recordings, 2017.

Understanding Water Baptism.
Anchor Recordings, 2017.

Understanding the Second Coming.
Anchor Recordings, 2017.

PAYNE, J. B.
Encyclopedia of Biblical Prophecy.
Hodder and Stoughton, 1973.

PETERSON, E.
Reversed Thunder,
Harper-Collins, 1988.

WEBER, T. P.
Living in the Shadow of the Second Coming: American Premillennialism 1875-1925.
Zondervan 'Academic', 1983.

www.ingramcontent.com/pod-product-compliance
Lightning Source LLC
Chambersburg PA
CBHW070459120526
44590CB00013B/691